労働法［第4版］

LABOR AND EMPLOYMENT LAW

著・小畑史子
緒方桂子
竹内（奥野）寿

有斐閣ストゥディア

第４版はしがき

労働法の全体像をできるだけわかりやすく読者にお示しすることを目的に，初版を出版させていただいてから９年あまり，第３版の出版から４年となりました。

その間，労働法の条文数はさらに増え，それに関連する重要な情報の量も増加しました。日々働く中で自分の賃金や労働時間等の労働条件に関する疑問を抱いている労働者が，労働法の条文の存在を知らない，またはその詳細を知らないために，権利を行使する機会を逸しているとすれば大変残念です。また，コンプライアンスを重視したいと願っている使用者が，労働法の改正の内容をフォローしていない，またはその詳細をフォローしていないために法律に違反しているとすれば，その責任は重大です。

本書は，最新の法改正の内容も盛り込んだ労働法の全体像を，読者の方々にとって理解しやすい形で，しかも法律書に求められる正確さを欠くことなくお示しする基本書を目指し，執筆者一同が議論を重ねて作り上げております。学部生のみならずロースクール生，大学院生，人事管理担当者等，多くの方々が本書を手に取ってくださり，このたび，そうした方々から，第３版出版以降に出された重要な最高裁判決や，育児介護休業法，労災保険法，高年齢者雇用安定法等の法改正等の内容を盛り込んだ新版を，との強いリクエストを頂戴し，第４版出版の運びとなりました。

この４年の間に新たなキーワードとして加わった，パワー・ハラスメント，産後パパ育休，複数業務要因災害等は，どれも条文を読んだだけではその内容を正確に把握することが困難です。既存の類似の制度との相違点を含め，周辺情報をお伝えすることが必要です。第３版までの方針を堅持し，第４版におきましても，これらのキーワードの解説をはじめ，正確で理解しやすい記述となるよう注意を払いました。

兼業・副業の増加，在宅勤務の普及，一層の少子高齢化等，雇用社会の変化を受けて，新たな立法や法改正がなされ，また，時代を象徴する事件についての重要判例が次々と生み出される中，現在労働者として働いている方，近い将来働く学生の方，職場を適切に管理する責任のある経営者の方，部下の相談や労働組合の組合員の相談を受ける方等，本書を手に取ってくださる全ての読者にとって，本書が信頼できる一冊となることを願ってやみません。

第4版の出版に当たりましても，有斐閣編集部の島袋愛未様に特に行き届いたお世話をいただきました。ここに記し，感謝の意を表します。

2023年2月

著 者 一 同

初版はしがき

本書は，労働法を初めて学ぶ方に，できるだけわかりやすく労働法の全体像を示すことを目指して執筆された教科書です。

労働法は，私たちの日々の生活において非常に身近な法律です。近い将来社会人となる学生の方，現在労働者として働いている方，労働者を雇用する経営者の方など，労働法の知識を習得したいと考えている人は多いと思います。また，会社の部下や労働組合の組合員からの労働相談に対応するため，労働法の基礎知識を持っておきたいと考える人も少なくないでしょう。

この本を執筆した３名は，そのような読者が，「法律書は難解で親しみにくい」と敬遠することなく，気軽に手に取り，そして，法制度の仕組み，法律の条文の意味，裁判例の傾向や学説の考え方などについて学ぶことができるようにとの思いで，議論を重ねて作り上げてきました。本書では，項目をなるべく細かく区切り，文章だけでは理解しにくいところにはできるだけ図表を添え，また，問題の生ずる場面の例をシーン（SCENE）として挿入するといった工夫をしています。これらは，読者の方が労働法をよりよく理解することを助けてくれると思います。

もちろん，わかりやすさを追求するあまり，あいまいで不確かな記述になってはならないのは当然です。法律書に求められる正確さを欠くことのないよう，用語の定義や法的問題の所在をきちんと示すとともに，記述の仕方や図表の作成にはより一層の注意を払いました。

法律を学ぶことは，たしかにやさしくはありません。しかし，法律を知りそれを活かしていくことは，日常の生活をスムーズにし，困難に立ち向かう力を与えてくれます。このことは，労働法について特にあてはまることだと思います。本書が，読者にとって，労働法への扉を開くための信頼できる一冊となることを願ってやみません。

本書の執筆にあたり，有斐閣編集部の一村大輔様，辻南々子様，小林久恵様に行き届いたお世話をいただきました。ここに記し感謝の意を表します。

2013 年 10 月

著 者 一 同

著者紹介

＊［　］内は担当箇所

小畑史子（おばた ふみこ）　［1～5章］

1994年　東京大学大学院法学政治学研究科博士課程修了

現　在　京都大学大学院人間・環境学研究科教授

主要著作

『条文から学ぶ労働法』（共著，有斐閣，2011年）

『裁判例が示す労働問題の解決』（日本労務研究会，2012年）

『よくわかる労働法（第3版）』（ミネルヴァ書房，2017年）

緒方桂子（おがた けいこ）　［6～10章］

2001年　大阪市立大学大学院法学研究科博士課程修了

現　在　南山大学法学部教授

主要著作

『事例演習労働法（第3版補訂版）』（共著，有斐閣，2019年）

『労働法・社会保障法の持続可能性』（共著，旬報社，2020年）

『労働法』（共著，日本評論社，2023年）

竹内（奥野）寿（たけうち（おくの）ひさし）　［11～15章］

1999年　東京大学法学部卒業

現　在　早稲田大学法学学術院教授

主要著作

『デジタルプラットフォームと労働法』（共著，東京大学出版会，2022年）

『労働者派遣法（第2版）』（共著，三省堂，2022年）

『プラクティス労働法（第3版）』（共著，信山社出版，2022年）

目　次

CHAPTER 3 労働条件の決定

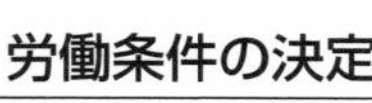

CHAPTER 4 労働契約の成立

CHAPTER 5 人　事

賃　金　80

労働時間・休憩・休日　97

CHAPTER 9 差別禁止・均等・均衡取扱いの法ルール　132

CHAPTER 10 安全衛生・労働災害　150

CHAPTER 11 労働契約の終了

CHAPTER 12 非典型雇用

CHAPTER 14 団体交渉・労働協約 229

CHAPTER 15 団体行動 246

Column●コラム一覧

もう1歩先へ

知って得する！

本書を読む前に

1　本書の使い方

本書は，労働法を初めて学ぶ人を主な対象として，大学などで行われる労働法の講義や，労働法の独習書として利用されることを念頭において執筆されています。本書の使い方は，もちろん読者のみなさんの自由ですが，講義の際の予習・復習あるいは独学にあたっては，以下のことを踏まえて利用することをおすすめします。

●リード文

各章の冒頭にはリード文を設け，その章でどういった労働法上の問題を取り扱うかを，簡単に説明しています。まずそれを読んだ上で，各章の本体に入っていきましょう。

●notes

notes では，本文の記述の補足説明や，用語説明をしています。また，本文ではとりあげなかった比較的細かい法的論点や学説の詳細（有力説，少数説など）などについても，**notes** で触れるようにしています。

●SCENE

本文ではところどころに，法的な問題が生じる場面を，SCENE という形で挿入しています。また，SCENE については，数ページ先に執筆者が解説をしています。もちろん解説は唯一の「解答」ではありません。重要なのは考え方です。まずは，SCENE で生じている諸問題について，どのように答えるべきかを自分自身で考えてみましょう。その後，自らの考えと照らし合わせながら本文および解説を読むと一層理解が深まると思います。

●コラム（📖／👆）

コラムでは，本文で述べている事柄に関連して，みなさんの法律の知識や理解をもう一歩先へ進めていくためのテーマ（📖のついたもの），および，知っておくと有用と思われるテーマ（👆のついたもの）を様々に取り上げています。本文の合間に，あるいは，本文を読んだあとに，読んでみましょう。

● CHECK

各章の最後にはCHECKを設け，それぞれの章で理解してほしい基本的事項について質問しています。これらの質問に答えられるようになることを一つの目標にしてみてください。CHECKに答えは付していません。知識や理解があいまいだと感じたら，その章の関係する箇所をもう一度読み直して，確認しましょう。

2 略語表

(1) 主要法令名略語

＊下記括弧内は，当該法律の通称名です。また，施行規則については，下記略語の「法」に代えて「則」を付しました。

育介休法	育児休業，介護休業等育児又は家族介護を行う労働者の福祉に関する法律（育児・介護休業法）
憲　法	日本国憲法
高年法	高年齢者等の雇用の安定等に関する法律（高年齢者雇用安定法）
雇均法	雇用の分野における男女の均等な機会及び待遇の確保等に関する法律（男女雇用機会均等法）
個別労紛法	個別労働関係紛争の解決の促進に関する法律（個別労働関係紛争解決促進法）
最賃法	最低賃金法
障害者雇用促進法	障害者の雇用の促進等に関する法律
承継法	会社分割に伴う労働契約の承継等に関する法律（労働契約承継法）
職安法	職業安定法
短時有期法	短時間労働者及び有期雇用労働者の雇用管理の改善等に関する法律
賃確法	賃金の支払の確保等に関する法律
任期法	大学教員等の任期に関する法律
派遣法	労働者派遣事業の適正な運営の確保及び派遣労働者の保護等に関する法律（労働者派遣法）
民訴法	民事訴訟法
労安衛法	労働安全衛生法
労基法	労働基準法
労契法	労働契約法
労災法	労働者災害補償保険法（労災保険法）
労審法	労働審判法

労組法　　　労働組合法
労調法　　　労働関係調整法
労働総合施策推進法　労働政策の総合的な推進並びに労働者の雇用の安定及び職業生活の充実等に関する法律

⑵　行政解釈等略語

基　収　　　労働基準局長が疑義に答えて発する通達
基　発　　　労働基準局長通達
厚労告　　　厚生労働省告示
雇児発　　　雇用均等・児童家庭局長名通達
発　基　　　労働基準局関係の事務次官通達

⑶　裁判例等略語（出典は索引のみ）

● 裁判所等

最大判（決）　最高裁判所大法廷判決（決定）
最判（決）　最高裁判所判決（決定）
高判（決）　高等裁判所判決（決定）
地判（決）　地方裁判所判決（決定）
支判（決）　高裁または地裁の支部判決（決定）

● 判例集等

民　集　　　最高裁判所民事判例集
刑　集　　　最高裁判所刑事判例集
労　判　　　労働判例
労民集　　　労働関係民事裁判例集
判　時　　　判例時報
判　タ　　　判例タイムズ
労経速　　　労働経済判例速報

CHAPTER

第1章

労働法を概観してみよう

労働法の全体を把握するためには，憲法・民法に加え，労働契約のルールに関する法律，労働基準に関する法律，労使関係に関する法律，労働市場に関する法律，紛争解決に関する法律と，これらに関わる判例を学ぶ必要がある。

読者の中には，他者を雇う立場にある人もいれば，現在または近い将来，会社・経営者等に雇われて働く立場にある人もいるだろう。本章では，どちらの立場の読者にも，労働法の全体像と基本的な考え方を正確に学んでほしい。そして，働く中で，現実に労働関係のトラブルに直面したら，どこに相談すればよいのかといった知識を得てほしい。

1 労働法が登場する場面

人が雇われて働くことをめぐっては，様々なトラブル（紛争）が生じている。その例を見てみよう。

大学の授業の後に工事現場でバイトをしたが，約束の半分の額しかバイト料をもらえなかった。何度かけあってもらちがあかないが，あきらめるしかないのか（⇒83頁，91頁第6章）。

時間とエネルギーを注ぎ込んだ就職活動の末に，やっと手に入れた内定が，突然取り消された。こんなことが許されるのだろうか（⇒52頁第4章）。

入社後，張り切って働いていたが，同期入社の全員の中で，組合に加入したメンバーだけが査定の結果が低かった。上司に尋ねると仕事の仕方に差があったと言われたが，納得できない。どうすればよいのだろうか（⇒223頁第13章）。

毎日残業しているが，残業時間を少なめに申告させられ，それに基づいた時間外賃金しか払ってもらえない。時間外賃金を残業した時間全部について支払ってもらうにはどうしたらよいのか（⇒101頁第7章）。

会社の機械を使って仕事をしていたところ，不注意で壊してしまった。会社は弁償しろと言うが，高価な機械でとても払える額ではない。借金をしてでも払わなければならないのだろうか（⇒24頁第2章）。

入社5年目に結婚し，1年後妊娠した。上司に産休や育児休業の相談をしたところ，「1人抜ければ周りがその分迷惑する。さっさと辞めてくれ」と言われた。家計の状況を考えても仕事はずっと続けたい。どうすれば上司に前言を撤回してもらえるのか（⇒124頁，128頁，140頁第8章・第9章）。

特に理由もないのに上司に目の敵にされ，繰り返し暴言を浴びせられいじめ抜かれるうちに，ひどい鬱（うつ）状態になってしまった。入院治療が必要だったため，休職したが，収入の減少分や治療費を何かでカバーしてもらえるのか。また上司はもちろんのこと，見て見ぬふりをした役員達にも責任をとってもらいたいが，どうしたらよいのか（⇒154頁，163頁第10章）。

勤め先の経営が悪化し，リストラが始まった。自分の部署でも数人が辞めさせられると聞いていたが，ある日，自分が被解雇者リストに入っていると上司から告げられた。解雇から逃れる道はあるのか（第 11 章）⇒176 頁。

これらの問いに答えるには，憲法や民法の関連する規定，そして，労働基準法，労働契約法，労働組合法，最低賃金法，男女雇用機会均等法，育児・介護休業法，労災保険法等の，労働法分野の法律や判例を学習する必要がある。

憲法の規定

まず，憲法の規定を確認しよう。

SCENE 1-1

大学卒業目前の私は，まじめに就職活動に打ち込んできたが，いまだに内定を得ていない。憲法には，すべて国民は勤労の権利を有するという条文があるのだから，これほど職を得ようと努力している私には，国が具体的に就職先を用意して，働く権利を行使できるようにしてくれるべきではないだろうか。

1　勤労の権利・義務

憲法 27 条 1 項は，「すべて国民は，勤労の権利を有し，義務を負ふ」と定めている。

勤労の権利

国民が勤労の権利を有するということは，働くことを望む国民に対し，国が働く場を提供するという，方針を宣言したものである。これに基づき，国は，労働者が自己に適した労働の機会を得られるように労働市場を整える義務を負い，また，労働の機会を得られなかった労働者に対し，生活を保障する義務をも負うと解されている。

SCENE 1-1 との関連では，この条文は，国が各労働者に対しその希望する仕事を提供する具体的な義務を規定しているのではなく，労働者の生活保障のための国政の基本方針を示したものであることを理解することが重要である。この条文が，国が労働市場を整える政策義務を負うと定めている効果としては，その政策義務に反する立法や行政行為が無効になることが挙げられる。しかし，この条文を根拠に，各労働者が希望通りの仕事を与えられるわけではない。

勤労の義務

国民が勤労の義務を負うとは，国民が自己の意思に反して強制的に勤労させられるという意味ではない。国は働く意欲のある者については働く機会を得られるように施策を講じ，それができない場合に生活を保障する義務を負うが，労働意欲のない者についてはそのような施策を講じなくてもよいとの政策上の指針を表明したものと解されている。失業時の給付を受けるためには求職活動を行っていなければならないとされるのは，この考え方に基づくものである。

2 勤労条件の法定

憲法 27 条 2 項は，「賃金，就業時間，休息その他の勤労条件に関する基準は，法律でこれを定める」と規定している。勤労条件は労働者の生活に大きな影響を及ぼすものであると同時に，社会にも広く影響を与えるものである。それゆえ，使用者・労働者という労働契約の両当事者に任せきりにするのではなく，国がその基準（最低基準）を法律で定める政策をとると宣言しているのである。

これを受けて労基法は 1 条 1 項において，「労働条件は，労働者が人たるに値する生活を営むための必要を充たすべきものでなければならない」と規定し，2 項で「この法律で定める労働条件の基準は最低のものであるから，労働関係の当事者は，この基準を理由として労働条件を低下させてはならないことはもとより，その向上を図るように努めなければならない」と規定している[1]。

3 児童酷使の禁止

産業革命初期から，児童が過酷な条件で鉱山労働等に従事し，健康を害した

notes

[1] **労基法 1 条の性格**　本条は労基法の基本原理を宣明した倫理的な規定，すなわち訓示規定であり，法的な権利義務を直接生じさせるものではない。1 項の「人たるに値する生活」とは，憲法 25 条の「健康で文化的な最低限度の生活」と同趣旨である。

り，命を失う事態にまでなっていることが各国で社会問題となっていた。憲法27条3項の「児童は，これを酷使してはならない」との規定は，このような歴史を踏まえたものである。

4　団結権・団体交渉権・団体行動権

憲法28条は，「勤労者の団結する権利及び団体交渉その他の団体行動をする権利は，これを保障する」と規定している。勤労者が団結し，労働組合を結成する権利⇒213頁，その労働組合を通して使用者と労働条件の向上等について交渉する権利⇒231頁，ストライキ⇒246頁等の団体行動をする権利の保障である。これら3つの権利を労働三権という。

この条文は，憲法27条とは異なり，単に政策上の責務を宣言して国の立法・行政を制約するだけではない。本来個々の労働者と使用者との間の自由な交渉によって決まるはずの労働条件について，労働者が交渉上弱い立場にあることを踏まえ，労働組合を結成し団体交渉を行い，時にはストライキの脅威を背景に，労働協約を締結して集団的に決定することを認めるものであり，労働組合と使用者の自治が適切に行われるよう場を整えるものである。

公務員と労働三権

憲法28条により労働三権が保障される「勤労者」には，公務員も含まれます。もっとも，地位の特殊性などを踏まえて，法律により，制限が加えられています（これら法律上の制限は違憲であるとの主張もあります）。団結に関係して，警察，消防職員などは，職員団体（労働組合）を結成することが禁止されています。また，団体交渉権との関係で，非現業の国家公務員，地方公務員は，団体交渉は行えるものの，団体協約（労働協約）締結権は認められていません。さらに，争議行為については，すべての公務員が禁止されています。

5　その他

憲法には，その他にも労働法に大きく関係する条文がある（下記の他，18条

~21条も参照)。

まず，25条は，「すべて国民は，健康で文化的な最低限度の生活を営む権利を有する」と定めている。これは，社会権の総則的規定として労働立法の基礎をなす憲法上の規定である。

また，22条の職業選択の自由（「何人も，公共の福祉に反しない限り，居住，移転及び職業選択の自由を有する」）は，たとえば労働者がライバル会社に転職する際や使用者が労働者を採用する際の紛争等において問題となる。職業選択の自由には，自ら会社を経営する等の営業の自由も含まれると解されている（三菱樹脂事件・最大判昭48・12・12)。

14条の法の下の平等（「すべて国民は，法の下に平等であつて，人種，信条，性別，社会的身分又は門地により，政治的，経済的又は社会的関係において差別されない」）は，労働関係における平等実現についての基本理念とされる。

13条（「すべて国民は，個人として尊重される」）は，表現の自由との関係で労働者の服装や身だしなみへの使用者の干渉が問題とされる場面等で登場する。

3 労働契約関係の特徴と法規制

SCENE 1-2

私は就職活動の真っ最中。けれど今年は，どの企業も新卒採用を絞り込んでおり，募集人数に比べて，応募者数が非常に多い。どんなに低い給料でも職にありつけないよりはましだから，内定さえもらえるなら，企業が設定した給料がどんなに安くても，喜んで契約するつもりだ。応募者がすべてこのような考えをもっていれば，給料は限りなく低くなり，生計を立てるのさえ難しくなるはずだけれど，実際には，時給にして950円はもらえる設定になっている。なぜだろうか。

1 特別法である労働法

労働法とは，労働を提供して賃金をもらう労働者と，労働の提供を受けて賃金を支払う使用者との間の労働契約関係に関連する法律である。

労働契約関係は，労働者と使用者という労働契約の両当事者の関係であるので，私人（または私的団体）と私人（または私的団体）の間の契約に関するルールを規定する一般法である民法を学べば済むのではないかとも考えられる。しかし，労働契約関係については，他の契約関係と異なる特徴がある。そのため，労働法と呼ばれる特別法が形成されている。

2 第1の特徴

人権侵害の生じやすさ

第1の特徴は，賃金を受け取るために労働を提供する労働者が，労働者を自らの指揮命令の下に置く使用者から人権侵害を受ける危険があることである。業務と無関係な屈辱的な命令を受ける（たとえば就業規則の書き写し100回の命令等），指揮命令という名の下に私的な事柄に干渉される等，労働契約関係は，他の契約関係よりも人権侵害の起こりやすい関係であるといえる。それゆえ，そうした人権侵害を防ぐための法規制が必要となる。

たとえば，雇均法は，募集，採用，解雇等における性別に基づく差別を禁ずるとともに，セクシュアル・ハラスメント，マタニティ・ハラスメントの防止に関する事業主による体制整備等を求める規定を置く（同法11条～11条の4）。育児介護休業取得等を理由とするハラスメントの防止については，育介休法が規定している（同法25条・25条の2）。事業主による体制整備等に関する規定は，パワー・ハラスメントについても，労働施策総合推進法に規定された（同法30条の2・30条の3）（マタニティ・ハラスメントにつき⇒140頁）。また，労基法には人権保障規定と呼ばれる諸規定が置かれている。

パワー・ハラスメント

職場におけるセクシュアル・ハラスメント，マタニティ・ハラスメント，パワー・ハラスメント，育児介護休業取得等を理由とするハラスメントは，男女差別，組合員差別，人種差別等と同様，労働者に苦痛を与え，職場環境を悪化させる。

パワー・ハラスメントについては，厚生労働省から「職場のパワー・ハラスメントの予防・解決に向けた提言取りまとめ」（平成24年3月15日）が発表されていた。この取りまとめは，まず，職場のパワー・ハラスメントを「同じ職場で働く者に対して，職務上の地位や人間関係などの職場内の優位性を背景に，業務の適正な範囲を超えて，精神的・身体的苦痛を与える又は職場環境を悪化させる行為」と定義し，上司から部下に行われるものだけでなく，先輩・後輩間や同僚間などの様々な優位性を背景に行われるものも含まれることを明らかにした。また，予防のための企業の取組みとして，トップによるメッセージ，ルールの策定，実態の把握，教育，周知等を，解決の取組みとして，相談や解決の場の設置，再発防止（研修等）を推奨していた。平成 30 年度末には「職場のパワーハラスメント防止対策についての検討会」の報告書が出され，同年末には，労働政策審議会の分科会において，事業主に対し，防止措置を講じるよう法律で義務づけるのが適当とされた。それを受けて，労働施策総合推進法 30 条の 2 が，事業主は，「職場において行われる優越的な関係を背景とした言動であつて，業務上必要かつ相当な範囲を超えたものによりその雇用する労働者の就業環境が害されることのないよう」，体制整備等の措置を講じる義務を負うと規定した。

この規定が置かれたのと同時に，労働施策総合推進法にパワー・ハラスメントに関する相談等を理由とする不利益取扱いの禁止（同条 2 項）が規定されたことを契機に，セクシュアル・ハラスメント，マタニティ・ハラスメント，育児介護休業取得等を理由とするハラスメントについても同様の規定が置かれた（雇均法 11 条 2 項・11 条の 3 第 2 項，育介休法 25 条 2 項）。また，労働施策総合推進法にパワー・ハラスメントに関する国・事業主・労働者の責務規定（同法 30 条の 3）が置かれたことを契機に，セクシュアル・ハラスメント，マタニティ・ハラスメント，育児介護休業取得等を理由とするハラスメントについても同様の規定が置かれた（雇均法 11 条の 2・11 条の 4，育介休法 25 条の 2）。

パワー・ハラスメントが起きた場合，被害者が，加害者に対し，不法行為に基づき慰謝料等の損害の賠償を請求し，認められる例がある。同時に事業主に対し，職場環境を整える義務を怠ったとして債務不履行に基づき損害賠償を請求したり，加害者の使用者としての使用者責任（民法 715 条）を追及し，認容される例がある⇒22頁（セクシュアル・ハラスメントについては，加害者・使用者に対する損害賠償請求の事例は，既に多数にのぼっている）。

また，パワー・ハラスメントを受けた労働者が精神疾患を発症したりその末に自殺した場合に，労働者やその遺族が，加害者・使用者に対し，不法行為・債務不履行に基づき，精神疾患・自殺に関する損害についての賠償を請求し，認められる例がある。これらの精神疾患・自殺が業務災害⇒157頁にあたるとして，労働者や遺族から労災保険給付の申請がなされ，支給処分を受けることがある。反対に不支給処分を受けた労働者や遺族が，その取消しを求めて行政訴訟を起こす例もある。

労基法の人権保障規定

労基法の人権保障規定の中でも，その違反につき最も重い刑罰が科されている労基法5条の強制労働の禁止は，特に重要である。同条により，使用者は，暴行・脅迫・監禁その他精神・身体の自由を不当に拘束する手段により労働者の意思に反して労働を強制してはならないとされている。

人権保障規定には，その他に下記のようなものがある。

① 使用者と労働者の労働関係の開始・存続に第三者が関与して利益を得ることを禁じる中間搾取の禁止の規定（6条）

② 期間の定めのある労働契約を締結する場合にあまりに長期に拘束されないよう期間の上限を原則3年とする規定（14条）⇒190頁

③ 契約期間の途中に転職した場合に違約金を支払わせる約定や，労働者の契約違反につきあらかじめ損害賠償額を予定する約定をして労働者を足止めし従属させることを防ぐための規定（16条）[2]

④ 戦前，農村の子女を採用する紡績工場や風俗店が子女の親と前借金契約を結び，先に親に前借金を渡して子女の賃金で返済させることとし，その約束に違反して途中で逃亡した場合に利息・違約金とともに即時に返還させるという足止め策が横行していたため，これを禁じるための前借金相殺の禁止の規定（17条）

留学費用と賠償予定の禁止

入社後，会社の留学制度を利用して海外研修・留学を行う場合に，会社の規則等に，その海外研修・留学制度を利用する者につき，帰国した後一定期間内に転職した場合に会社が支払った留学費用を返還させる旨の規定が置かれていることがある。

このような規定は，労基法16条に反し，無効となるだろうか。

notes

[2] **労働者の損害賠償責任**　本条は，契約違反につき損害の発生を問わず一定の金額の支払を定める違約金の約定や，損害の発生を前提にその賠償額をあらかじめ定める賠償の予定を禁ずるものであり，実際に発生した損害につき使用者が労働者に賠償請求を行うことは本条では禁止されていない。ただし労働者の損害賠償責任は，使用者が労働者から労働の提供を受けて利益を得ている以上，その労働者が自分や第三者に生じさせた損害も引き受けるべきであるという「報償責任の原則」にかんがみ，制限されることが多い（⇒24頁）。

これにつき，裁判例の結論は分かれている。研修内容を会社での業務内容に関係するものと定められ，海外研修中に会社の指示により調査業務にも従事した事案では，派遣費用は本来会社が負担すべきもので帰国後5年以内に退職した場合に費用を返還させる旨を定めた規定は労基法16条に反して無効となると判断された（富士重工業事件・東京地判平10・3・17）。他方で，海外留学が個人の意向による部分が大きく，留学中の行動はすべて労働者が個人として利益を享受できるうえ，業務との関連性は抽象的・間接的で，費用債務免除までの期間が帰国後5年に限られていること等にかんがみると，留学した労働者と会社との間には，帰国後5年間会社に勤務した場合に返還債務を免除する特約付きの金銭消費貸借契約が締結されているということができ，それは労基法16条に反しないとした裁判例（野村證券事件・東京地判平14・4・16）もある。

3　第2の特徴

白地性

労働契約は，期間の定めのない契約の場合，何十年にもわたり継続しうる。労働契約を締結する時点で，その間に好況不況の波がどのスパンで訪れ，業種の盛衰がどのような道をたどり，いかなる産業が勃興してくるのかをあらかじめ知ることはできない。そのため，たとえば3年後の今日，または10年後の今日，もしくは20年後の今日，具体的にどのような仕事をするかを，労働契約締結時に合意することはできない。このように契約の内容の多くをブランクにしたままにせざるを得ないことを「契約の白地性」という。

労働条件の変更

労働契約に白地性があると，ある時点において命じられた職務が契約で予定されていたものかどうか，または，提示された労働条件が契約の範囲内かどうか等を，その都度確認する必要が生じる。それが契約において予定されておらず，また契約の範囲外であれば，従う義務はない。

ところで，長い契約期間においては，景気が悪化して賃下げをせざるを得ない場合等，労働契約の内容となっている労働条件を変更せざるを得ない場合も

生じる。そのような場合に用いることのできる手段についても，労働法は規定している。⇒第３章

4　第3の特徴

労働者と使用者との交渉力の差

第3の特徴は，交渉力の差である。歴史上，働いて賃金を得たいと考える労働者の数に比して，働く場が少ないことが多かった中で，使用者は労働者と比較して，労働契約の内容たる賃金，労働時間等の労働条件を自らに有利に決めることができた。そのため，労働者が過酷な労働条件の下で働かざるを得ず，疲弊する，貧困にさらされる等の悲惨な状況に置かれがちであった。

一般に，私人と私人，私人と私的団体との契約については，契約自由の原則があり，契約を締結するか否か，契約を解消するか否か，契約の内容をどうするかは，両当事者の自由であるとされている（契約の締結および内容の自由につき民法521条）。しかし，労働契約という契約について契約自由の原則を徹底すると，労働者にとって著しく不利な内容の労働契約が締結されてもやむを得ないこととなってしまう。SCENE 1-2 はまさにこの点に着目している。

労基法等の強行的直律的効力

労働者がこのような状況に置かれることを防ぐため，労働者と使用者という契約の両当事者が契約自由の原則の下で契約の内容をすべて自由に決定するのではなく，国が契約の内容たる労働条件の最低基準を法律で決め，それを下回る労働契約の部分を無効とし，無効となった部分は法律の定める基準によるとする仕組みが採用された⇒31頁（労基法13条，最賃法4条2項）。

たとえば労基法の労働時間に関する規定や最賃法の規定は，そこで定める基準を下回る内容を労働契約で定めても，その部分は無効となり，労基法の労働時間の規定や最賃法に基づき定められた最低賃金が定めた内容となる（最低基準が守られているかどうかについては行政による監督の制度が整えられており，必要に応じて行政命令や罰則という手段を発動することが規定されている）。

これらの法の仕組みは，憲法27条2項が，「賃金，就業時間，休息その他の勤労条件に関する基準は，法律でこれを定める」と規定していることを受けて

設けられた。

SCENE 1-2で，企業が提示する給料の額がそれほど低くなかった主な理由は，以上のような法の仕組みの存在である。

団結権等の具体化

また，労働者が集まり組織した労働組合という団体に，使用者と労働条件向上のための交渉を行う権利を保障し，交渉の結果，労働組合と使用者との間の合意事項について労働協約という契約を締結すれば，組合に所属する個々の労働者の労働契約の労働条件が，労働協約で定めた通りになるという強い効力（規範的効力）を与える仕組みも整えられた（労組法16条⇒237頁）。交渉が難航した場合に，労働組合が使用者に対して圧力をかけるストライキについても，法的責任を免除される仕組みが整えられた⇒246頁。以上の事柄については，労働組合法が規定を置いている。

これらの法の仕組みは，憲法28条が，「勤労者の団結する権利及び団体交渉その他の団体行動をする権利は，これを保障する」と規定していることを受けて設けられた。

5　第4の特徴

労働権保障と社会の安定への影響

第4の特徴は，個々の労働者が労働を提供して賃金を受け取って生計を立てることや，労働の提供を受けた使用者がその労働を有機的に関連づけて行う企業活動が，国の経済力や社会の安定と深く結びついていることである。これは，国が，憲法に基づいて担っている労働権の保障のために，労働意欲のある者に労働の場を提供する政策義務を負っていることとも大きくかかわっている。

労働市場政策

これに関連して，職業紹介に関する職業安定法，職業訓練の規定を置く職業能力開発促進法，高年齢者や障害者の雇用を確保・促進する高年齢者雇用安定法，障害者雇用促進法等が存在している。

これらは，憲法 27 条 1 項が「すべて国民は，勤労の権利を有し，義務を負ふ」と規定したことを受けて設けられた。

以上のように，労働法とは，労働契約関係に他の契約と異なる特徴があることを踏まえ，それに対応して特別に設けられた法律の集まりであるといえる。

雇用契約と労働契約

ある者が他人のために労働して報酬を得る契約には，民法上，使用者に使用されてその指揮命令に従って労働を提供する「雇用」の他に，労働する者が仕事の完成や事務の遂行を約してその対価として報酬を受け取る「請負」・「有償委任」がある。このうち，労働法が規制の対象としているのは，「雇用」である。

民法は，契約を，対等な人格である当事者が合意によって自由に締結するもので，その内容も当事者の自由に決定できるとしている。民法の「雇用」に関する規定も，両当事者の合意による契約の締結・内容の決定を予定している。

しかし，雇用契約は実際には交渉力に差のある使用者と労働者の間で締結され，労働者に過酷な条件をもたらしがちである。また，雇用契約関係は，労働者が使用者の指揮命令に服して働く関係であるので，使用者による支配の行きすぎが問題となることがある。

このような雇用契約につき，労働者保護のために法規制を行うのが労基法をはじめとする労働法である。労働法では，このような規制が及ぶ労働関係を表現するために，「労働契約」という概念を設定した。労働法は，民法の雇用に該当する契約関係を想定して規制を行うが，雇用契約という民法の契約概念を用いずに，労働契約という概念を創設したのである。

4 労働法の５分類

労働法と呼ばれる分野には，実に多くの法律が含まれている。主要なものを表にすると**図表 1**⇒14 頁のようになる。

図表1 各分類上の主な法令

分類	法令名	内容	本書での関連箇所
労働契約のルールに関する法律	労働契約法	個別の労働関係の安定のため，労働契約に関する基本的事項を定めている。	第2～6章，第9章，第11章，第12章
労働基準に関する法律	労働基準法	労働条件の最低基準を定めて労働者が過酷すぎる労働条件を押しつけられることを防ぎ，また労働者の人権を守る規定を置いている。	第2～4章，第6～8章，第11章
	最低賃金法	賃金の低い労働者について，賃金の最低額を保障している。	第6章
	労働安全衛生法	労働災害の予防のための危害防止基準や責任体制等について定めている。	第10章
	労働者災害補償保険法	労働災害の被災者やその遺族の保護のため，保険給付を行うことや社会復帰の促進のための措置について定めている。	第10章
	男女雇用機会均等法	雇用分野における男女の均等な機会・待遇の確保を図り，また女性労働者の妊娠中・出産後の健康確保の措置等を定めている。	第9章
	育児・介護休業法	育児休業，介護休業，子の看護休暇，介護休暇，その他育児・介護を容易にするための措置等につき定めている。	第8章
	短時有期法	パートタイム労働者・有期契約労働者について，労働条件の明示や均等・均衡待遇等を定めている。	第9章，第12章
労使関係に関する法律	労働組合法	労働組合・不当労働行為，団体交渉・労働協約，団体行動について定めている。	第13～15章
	労働関係調整法	労働委員会による斡旋，調停，仲裁，内閣総理大臣による緊急調整等について規定している。	第15章
労働市場に関する法律	労働施策総合推進法	国が経済社会情勢の変化に対応して雇用政策等を総合的に講ずることを定めている。	第9章
	職業安定法	公的機関等による職業紹介，職業指導等について定め，各人にその有する能力に適合する職業に就く機会を与え，産業に必要な労働力の充足について定めている。	第4章
	労働者派遣法	職業安定法と相まって労働者派遣事業の適正な運営の確保に関する措置や派遣労働者の就業条件の整備等について規定している。	第12章
	高年齢者雇用安定法	定年の引上げ，継続雇用制度，高年齢者の再就職の促進等について定めている。	第9章，第11章
	障害者雇用促進法	障害者の雇用促進，リハビリテーション等につき規定している。	第9章
	雇用保険法	失業給付，育児休業給付等を定めるとともに，雇用安定事業等につき定めている。	第8章
紛争解決に関する法律	労働審判法	労働審判委員会が簡易迅速な手続で個別紛争解決を図る制度について規定している。	本章
	個別労働関係紛争解決法	行政による個別紛争解決のための制度を規定している。	本章

5 個別紛争の解決

それでは，労働者と使用者との間に生じた労働契約関係を巡る紛争について，労働者が解決を図ろうとした場合，どのような手段をとり得るであろうか。

1 身近な相手への相談

労働者が労働関係においてトラブルに直面した場合，まずは上司に相談する道がある。同じ職場の上司は状況を熟知しているのが通常であり，部下を監督する責任もあることから，職場のトラブルを解決する立場にある。

労働組合に相談することもよく行われる。労働組合が労働者に代わって問題解決のための交渉を行う場合もある。

2 企業内の苦情処理機関

労働法の中には，企業内に苦情処理機関を設置することを使用者に義務づけるものもある（短時有期法，派遣法等）。そうしたケースをはじめとして，企業内の苦情処理制度を用いて職場内の紛争を解決する仕組みを整えている企業は相当数ある。

3 申　　告

労基法 104 条等が規定する，労働者の申告権を用いて行政の助力を得て解決する方法もある。同条は，事業場に法律や命令に違反する事実がある場合，労働者が行政官庁や労働基準監督官に申告することができるとし，同時に，使用者に対し，労働者が申告をしたことを理由に不利益な取扱いをしてはならないと規定する。労働者が申告し，行政官庁の監督を促す方法である。

公益通報者保護法

労基法 104 条等の規定する申告権の行使を理由とする不利益取扱いの禁止は，労基法等の規定の違反に関する申告の場合のみをカバーしています。たとえば食品製造メーカーの労働者が，製造している製品に消費者の健康を害するものが含まれていることを行政に通報した場合，労基法違反の申告をした労働者に対する不利益取扱いを禁止する同条が適用されることはありません。このような事態に備え公益通報者保護法が制定されています。同法は，通報対象事実が生じ，またはまさに生じようとしている旨を通報する場合に，通報者に対する不利益取扱いを禁止しています。通報対象事実とは，個人の生命・身体の保護，消費者の利益の擁護，環境保全，公正競争の確保その他の国民の生命・身体・財産その他利益の保護にかかわる法律に規定されている犯罪行為の事実やそれらの法律の規定に基づき処分の理由となる事実です。同法は，「通報対象事実が生じ，又はまさに生じようとしていると思料する場合」には，労務提供先等に公益通報した場合のみ保護され，また，「通報対象事実が生じ，又はまさに生じようとしていると信ずるに足りる相当の理由がある場合」には，監督官庁への公益通報の場合でも保護されるとする等，通報の相手方によって保護の要件を変えています。

4 行政による個別紛争解決のための制度

個別労働関係紛争の解決の促進に関する法律に基づく，行政による個別紛争の解決のための制度が挙げられる。

すなわち総合労働相談（3条），都道府県労働局長の助言指導（4条），紛争調整委員会によるあっせん（5条）の3つの制度が設けられている。なお，集団的労使紛争の解決のための行政委員会である労働委員会が中央と各都道府県に置かれているが，⇒220頁多くの都道府県労働委員会で個別紛争の調整も行われている（20条1項）。

総合労働相談

総合労働相談とは，労働者や事業主等に対して，自主的解決のために，都道府県労働局長が，情報提供や相談その他の援助を行う制度である。労働基準監督署内や駅周辺のビル等に総合労働相談コーナーが設けられ，総合労働相談員が常駐している。

助言指導

都道府県労働局長の助言指導とは，当事者の自主的解決のため，事実関係を整理し，法令や判例等に照らして問題点を指摘し，解決の方向性を示すという内容である。

あっせん・調停

紛争調整委員会によるあっせんとは，都道府県労働局長が，当事者双方または一方から申請があった場合に，必要と認めたときは，学識経験者により構成される紛争調整委員会によるあっせんを行わせるというものである。自主的解決の促進のため，非公開で行われる調整手続である。調停については，短時有期法や雇均法に規定されている。⇒139頁

5 労働審判

第5に，労働審判という手段が考えられる。労働審判制度とは，労働者と使用者の間の個別労働紛争について，労働審判委員会が，3回以内の期日で簡易迅速な手続により解決を図る制度である。

労働審判委員会は，裁判官である労働審判官と，労働審判員と呼ばれる労働関係における専門的な知識経験を有する者からなる。証拠調べ等の審理を行い，調停による解決の見込みがある場合にはこれを試み，調停による解決が困難な場合には，合議により当事者間の権利義務関係を踏まえて審判を行う（労審法1条）。審判について当事者に異議がない場合には，審判は裁判上の和解と同一の効力をもつ（21条4項）。異議が申し立てられた場合には，審判の申立てがあったときに訴訟が提起されたものとみなされ（22条1項），より本格的な審理がなされる。

労働審判員は，労使それぞれの立場を代弁するものではなく，中立公正な立場で事件の解決に携わることが予定されている（9条）。

労働審判手続は，労働審判官の指揮により進められ（13条），労働審判員と労働審判官の秘密の評議を経て過半数の意見による決議が行われる（12条）。

6 訴　訟

第6に，裁判所を活用することが考えられる。裁判所に民事訴訟を提起し，判決を得るという手段がある。

また，判決を得るには時間とコストがかかることから，より簡易な手続で仮処分命令を得るという手段もある。

訴額60万円以下の金銭請求であれば，1回で審理が完了する，簡易裁判所による少額訴訟手続を利用することができる（民訴法368条・370条）。

労働者が職場の問題に直面したとき，以上の手段により，打開の道を探ることができる。

CHECK

① 憲法の27条・28条はどのような内容を定めているか。

② 他の契約関係と比べ，労働契約関係にはどのような特徴があるか。

③ 労働者と使用者との間に生じた労働契約関係を巡る紛争について，労働者が解決を図ろうとした場合，どのような手段をとり得るか。

CHAPTER

第2章

労働関係の当事者と基本的権利義務

労働契約を締結した労働者は，上司の命令に従い，真摯な態度で働くことが求められるが，その他にも何か義務を負うのであろうか。また労働者は，使用者に対して，どのようなことを要求する権利をもつのだろうか。

ところで，働くといっても，労働者として働く場合もあれば，自営業者として働く場合もある。そのどちらかによって，得られる法の保護は異なっているのだろうか。両者の境界線上にある者は，どのような基準で労働者か否かを判断されるのであろうか。

1 労働契約上の権利義務

1 労働契約上の主たる義務

労働契約関係

労働者は使用者の下で働き，その対価として給料を受け取る。使用者は，労働の提供を受けて，その対価として給料を払う。つまり，労働契約関係は，労働者が労働の提供を約束し，使用者たる会社が賃金を支払う約束をする関係である。

図表2 労働契約

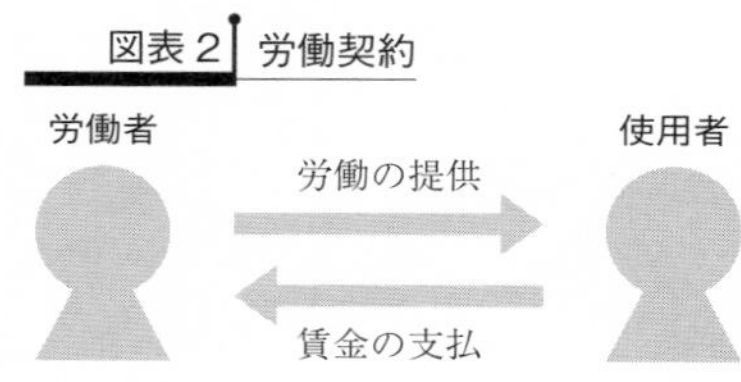

労契法6条は「労働契約は，労働者が使用者に使用されて労働し，使用者がこれに対して賃金を支払うことについて，労働者及び使用者が合意することによって成立する」と定めている。

労働提供義務と賃金支払義務

労契法2条は，1項で「この法律において『労働者』とは，使用者に使用されて労働し，賃金を支払われる者をいう」，2項で「この法律において『使用者』とは，その使用する労働者に対して賃金を支払う者をいう」と定めている。

このことから明らかなように，労働契約において，労働者の主たる義務は労働提供義務であり，使用者の主たる義務は賃金支払義務である[1]。

notes

[1] **就労請求権**　労働者は，労働契約上，使用者に対して，実際に仕事に就かせるよう請求する権利（就労請求権）を有するだろうか。これについて，通説・判例は，労働義務は義務であっても権利ではなく，特約のある場合や特別の技能者である場合を除けば就労請求権は認められないとする。使用者に労働受領義務はなく，使用者は賃金を支払う限り提供された労働力を使用するか否かを自由に決定することができる（読売新聞社事件・東京高決昭33・8・2，日本自転車振興会事件・東京地判平9・2・4）。これに対しては，就労が労働者にとって生活の手段以上の重要な意義をもつことから，信義則や使用者の配慮義務を根拠に就労請求権を肯定する有力な反対説がある。

職務専念義務・誠実労働義務

労働者が働くということは，始業時間に会社に行き，自分の机に座っていればよいわけではない。上司の指揮のもと，命令された内容の仕事を誠実にこなさなければならない。会社はそのような労働の提供を期待し，指揮命令権を行使するのであり，労働者はそれに応えて，労働契約の当事者として，職務に専念する義務（職務専念義務），誠実に労働を提供する義務（誠実労働義務）を負う。

労働契約は長期にわたる継続的契約であることが多いため，契約が継続する中でどの時点でどのような業務を行うかをあらかじめ決めておくことはできない（白地性⇒10頁）。それゆえ，どのような指揮命令を受けるかは，その都度決められることになり，労働者は，事業が展開する中で様々な指揮命令を受けることが予定されている。

2 信義則

当事者間の信頼

労働契約は，多くの場合１つの組織の中でその構成員が一体となって事業の目的の実現に向かうための契約であり，長期雇用の場合には特に，当事者間の信頼関係が重要となる。

すなわち，個々の労働者の労働が有機的に関連づけられて事業の目的が達成されていくことから，それらの労働を統率するリーダーの指揮命令が忠実に守られること，および事業の目的達成を阻害する行為が行われないことが必要となる。そして組織の成員として個々の労働者が継続的に配慮を受け，安全にまた組織を信頼して労働を提供できる環境の整備が求められる。

労働契約における信義則

このことから労契法は，労働者・使用者に，労働契約を遵守することと，信義に従い誠実に権利を行使し義務を履行することを義務づけている（労契法３条４項）。同条は，主たる義務を誠実に遂行することとともに，信義誠実の原則（信義則）により根拠づけられる付随義務を履行することを，労働者・使用者に義務づけている。信義誠実の原則は私法の大原則であり（民法１条２項），労契法3条4項はそれを労働契約に関して定めたものである。

信義則の機能

信義則は，労働者・使用者の権利義務の内容を解釈する際の基準となる。たとえば労働者の誠実労働義務，使用者の賃金の決定・変更時の説明・情報提供義務等の内容は信義則に沿って解釈される。

また信義則は，労使の多種多様な付随義務を根拠づける規範として機能する。

3 付随義務の例

労働者の付随義務としては，勤務先の営業秘密を漏洩しない義務（秘密保持義務），勤務先と競業関係にある会社等で働かない義務（競業避止義務）等が挙げられる。

使用者の付随義務の典型は，労働者が安全に働くことができるように配慮する安全配慮義務⇒第10章（労契法5条）である。その他にも，労働者の人格的利益を尊重する義務，整理解雇時の解雇回避努力義務⇒第11章等が挙げられる[2]。

秘密保持義務

労働者は，在職中，信義則に基づき労働契約の付随義務として秘密保持義務すなわち使用者の秘密を漏洩したりひそかに利用したりしない義務を負う。この秘密保持義務は，たいてい就業規則⇒35頁に規定されており，違反した場合には懲戒処分⇒74頁がなされたり，解雇の理由にもなり得る⇒172頁。使用者は，違反した労働者に対し，債務不履行や不法行為に基づき，損害賠償請求もなし得る。秘密保持義務が就業規則や契約で詳細に定められ債務として明確である場合には，差止請求も可能である。

不正競争防止法は，労働者が使用者から取得または開示された営業秘密（「秘密として管理されている生産方法，販売方法その他の事業活動に有用な技術上又は営業上の情報であって，公然と知られていないもの」2条6項）を

notes

[2] **使用者の付随義務**　労働者のプライバシーを侵害しない義務，セクシュアル・ハラスメント，パワー・ハラスメントが生じないよう環境を整える義務も使用者の付随義務と解されている。使用者は，これらの義務に違反した場合に民事責任を問われ得る（⇒7頁参照）。

「不正の競業その他の不正の利益を得る目的で，又はその保有者に損害を加える目的で」使用ないし開示する行為は，労働契約存続中のみでなく労働契約終了後も，営業秘密に関する不正行為の一類型にあたると規定し（2条1項7号），法的救済として差止請求（3条1項），損害賠償請求（4条），廃棄・除却請求（3条2項），信用回復措置の要求（14条）等が可能である旨を定める。同法は刑事罰の規定も備えている（同法21条以下）。

競業避止義務

副業，兼業の促進に関するガイドライン（平30・1策定，令2・9および令4・7改定）は，労働者が副業，兼業を行える環境の整備を促しているが，労働者は，在職中，ひそかにライバル会社で同じ業務を行ったり，同じ業務を自営業として行う等，使用者の利益に反する競業行為を差し控える義務を，信義則に基づき負うと考えられている。その旨はたいてい就業規則⇒35頁に規定されており，違反した場合には懲戒処分⇒74頁がなされたり，解雇の理由にもなり得る⇒172頁。

退職後も労働者に競業避止義務や秘密保持義務を負わせ続けるために，使用者が労働者との間で退職後の競業を制限する特約を締結する例や，退職金規程⇒88頁において同業他社に就職する場合に退職金を減額したり不支給とする条項を設ける例が多く見受けられる。しかし，退職した労働者の職業選択の自由の見地から，これらの特約や条項の効力については公序良俗等に反して無効ではないかを慎重に判断する必要がある。

なお，競業行為が，前使用者に重大な損害を与える不正な方法でなされた場合には，営業権を侵害する不法行為として損害賠償の根拠となり得る。

4　権利濫用の禁止

使用者の権利の広範さ

労働契約では，使用者に，指揮命令権をはじめ多様かつ広範な権利が認められていることが多い。たとえば事業の展開の中で，使用者は，労働者に対し，配転⇒62頁や出向⇒65頁をしばしば命じる。また，懲戒処分⇒74頁を行うこともある。このような多様かつ広範な権利の行使のいき過ぎにより，労働者の人権や生活が脅かされることがあってはならない。

権利濫用法理

そこで労契法は，権利の濫用を禁止している（労契法3条5項）。使用者のみでなく労働者の権利の濫用も禁止される。権利濫用の禁止は民法にもうたわれており（民法1条3項），本項はそれを労働契約に関して定めたものである。権利濫用にあたる法律行為は無効となる。労働契約が展開される中では，指揮命令権の濫用や配転命令権の濫用等，使用者の権利行使が権利濫用にあたる場面が多数想定される。出向命令権の濫用⇒66頁（労契法14条），懲戒権の濫用⇒77頁（同法15条），解雇権の濫用⇒174頁（同法16条）については，労契法の中で個別の条文が置かれているが，それらは権利濫用全体の規制の中の一部が抜き出されて条文化されたものである。

労働者の損害賠償責任

労働者が労働義務・付随義務に違反して使用者に損害を与えた場合，債務不履行に基づく損害賠償責任を負う（民法415条・416条）。

また労働者の行為が不法行為の要件を満たせば，不法行為に基づく損害賠償責任を負い（民法709条），それが第三者に損害を及ぼした場合には，使用者がその第三者に使用者責任（同法715条）を根拠に損害賠償を行い，それを労働者に求償する（同条3項）。

労働者にとってそれらの損害賠償が重い経済的負担となることから，裁判例は，労働者の労働により使用者が経済的利益を得ていることを考慮し，「損害の公平な分担という見地から信義則上相当と認められる限度において」のみ，使用者が労働者に損害の賠償または求償の請求をすることができるとしている（茨城石炭事件・最判昭51・7・8）。具体的には，労働者の故意・過失の程度，労働者の地位・職務内容・労働条件，損害発生に対する使用者の寄与度が考慮され，ケースごとに使用者による請求が棄却されたり，労働者の責任が軽減されている。他方，背任等の不正行為等の場合には責任の制限はなされない。

2 労働者・使用者

SCENE 2

私の従兄は，時間的・場所的に拘束されるのを嫌って，元の勤務先から独立して自営業を始めることにした。自分でトラックを所有し，元勤務先会社の工場にトラックを持ち込んで，運転手としてその会社の製品を運送する仕事のみを行っている。運送物品，運送先，納入時刻については会社の指示がありとても忙しそうなのに，その指示を拒否することはできないと言っている。それなのに，運賃はトラック協会が定める運賃表より 1 割 5 分低い額だそうだ。働き過ぎで倒れるのではないかと心配だが，従兄は，その会社の従業員であった以上仕方がないし，いざ倒れたら社長が労災の手続をしてくれると笑っている。でも，今はその会社に正式に雇われているわけではないのに，労災の制度を適用してもらえるのだろうか。

1 労契法上の労働者

基本的な考え方

労働契約の当事者とは誰か。互いに 1 で述べた義務を負い，相手方にその義務の履行を求めることができる者にあたるかどうかが問題となることがある。たとえば，労働を提供し賃金を支払われている以上，正社員のみでなくパートタイマーやアルバイトも労働契約上の労働者である。また，取締役も，代表者の指揮命令のもとで労働しているといえれば，その側面では労働者にあたる。

労働契約関係にある使用者と労働者が労働契約の当事者に含まれることは疑いないが，労働契約を締結していない者でも労働契約の当事者と認められることがある。以下，その要件について説明する。

使用従属関係

「労働者」の定義（労契法 2 条 1 項）の中で注目すべきは，「使用され」という言葉である。「使用され」るとは，使用者の指揮や命令に従い労働を提供することを指す。このような関係は「使用従属関係」と呼ばれる。

ある者が労働者か否か（労働者性）を判断する際には，使用従属性があるか否か，具体的には指揮された通りの方法で指揮された時間に指揮された場所で監督を受けて労働しているか否かがポイントとされる。

労働契約か請負契約か

ある会社と労働契約を締結したつもりで労働を提供していたところ，相手方から互いの関係を労働契約関係ではなく請負契約関係であると主張され，翌月は頼みたい仕事はないとして，あてにしていた定期収入が絶たれてしまった場合，自分が請負人であるのか労働者であるのかが問題となる。

この場合には，契約書の内容，契約締結過程での言動，職場での業務等の実態等を考慮し，労働契約を締結した労働者といえるか否かを判断することとなる。

2 労契法上の使用者

労契法上の使用者とは，労契法上の労働者の契約の相手方であり，労契法2条2項は「その使用する労働者に対して賃金を支払う者」と定めている。

親会社と子会社の労働者

自分と労働契約を締結している相手方が形式上はある会社の子会社であるが，その子会社は実は資金面をみても役員のメンバーをみても業務遂行方法の指導の実態をみても，親会社と同一の法人格といえる場合，子会社が倒産・解散したという理由で子会社から支払われなかった賃金を，親会社に請求することが考えられる。

こういったケースでは，法人格を否認して親会社を使用者と認める（法人格否認の法理）ことができるのではないかを検討する必要がある。その際には，財産関係の独立性や役員等の重複，業務の不分明さ等を詳細に分析して判断することとなる[3]。

notes

[3] **法人格否認の法理**　法人格否認の法理は法人格の形骸化と法人格の濫用に分けることができ，子会社が全くの傀儡（かいらい）であるケース（黒川建設事件・東京地判平13・7・25等）は法人格の形骸化の事例である。法人格の濫用の事例としては，子会社の企業活動全般を親会社が支配管理している場合に，親会社が子会社の組合を壊滅させる目的で子会社を解散させたケース（中本商事事件・神戸地判昭54・9・21）が挙げられる。

労契法・労基法の適用除外

国家公務員・地方公務員は，国家公務員法・地方公務員法の規定する任用関係にあるため，労働契約関係に関する法である労働契約法は適用されません（労契法 22 条 1 項）。また，同法は同居の親族のみを使用する場合の労働契約にも適用されません（同条 2 項）。他方，労基法は，現業国家公務員および現業・非現業の地方公務員に全面的ないし部分的に適用されます。しかし労基法は，同居の親族を使用する事業や家事使用人には適用されません（同法 116 条 2 項）。そのような関係に国家が罰則と行政監督を伴う規制をするのは困難かつ不適切と考えられるからです。

3 労基法上の労働者

法適用の対象者

労基法上の保護を受けるのは，同法が定義する労働者に限られる。たとえば自営で働く大工は，労働者ではないという理由で労基法の保護を受けることができない。それに対して建設会社に勤務する労働者は，同じく建設の業務を行っていても，労働者であるがゆえに，労基法の保護を受けることができる。

労基法は，労働者を，「職業の種類を問わず，事業又は事務所（以下『事業』という。）[4]に使用される者で，賃金を支払われる者をいう」と定めている（同法 9 条）。労基法と同様に個々の労働者の保護を目的とする最賃法，賃確法，労安衛法においても，「労働者」の定義は，本条によるとされており，労災法の「労働者」の定義も，同法がもともと労基法の労災補償責任を基礎とするものであることから，労基法の定義と同一であると解されている。それゆえ，

notes

[4] **労基法における「事業」**　労基法上の労働者は，「事業」という要件がある点で，労契法上の労働者と差異がある。労基法においては，「事業」すなわち「工場，鉱山，事務所，店舗等の如く一定の場所において相関連する組織のもとに業として継続的に行われる作業の一体」（昭 22・9・13 発基 17 号など）に使用されていない者は「労働者」となり得ない。

労契法は，契約の両当事者間の関係についての法であるが，労基法は，その契約関係につき行政が介入し監督することを基礎づける法である。「事業」は，労基法の適用の場所的単位を示すものであり，労働基準監督署の管轄等に関して意味をもつ。

図表3　労働者性の判断基準

① 使用従属性に関する基準

(ア) 指揮監督下の労働に関する判断基準

判断要素

(i) 仕事の依頼・業務従事への指示等に関する諾否の自由の有無

(ii) 業務遂行上の指揮監督の有無

(iii) 場所的・時間的拘束の有無

(iv) 代替性の有無

(イ) 報酬の労務対償性に関する判断基準

② 労働者性の判断を補強する基準

(ア) 事業者性の有無

判断要素

(i) 機械・器具の負担関係

(ii) 報酬の額など

(イ) 専属性の程度

判断要素

他社の業務への従事が制度上または事実上制約されていること等

(ウ) その他の要素

判断要素

(i) 採用時の選考過程が正規従業員と同じか

(ii) 報酬につき給与所得として源泉徴収を行っているか

(iii) 労働保険の対象となっているか

(iv) 服務規律・退職金制度・福利厚生を適用しているか等

「労基法上の労働者」と認められなければ，これらの法の保護を受けることができない。

労基研報告

ある者が労働者にあたるか否かの判断基準は，長年にわたり様々な裁判例で問題となってきた。それらをもとに一定の基準を示した，1985年の労働基準法研究会報告「労働基準法の『労働者』の判断基準について」（労基研報告）は，現在も広く用いられている（図表3）。

具体例

たとえば，劇場で音楽を演奏する者が，その劇場を運営する会社の労働者であれば，賃金が支払われないときに労働基準監督署に相談する等して，賃金全額払の原則（労基法 24 条）に基づき，支払を受けることができる。しかし，労働者ではなく請負人であれば，そうした制度を利用することも労基法に基づく請求をすることもできない。

またたとえば，勤務していた運送会社から独立し，自前のトラックを所有し，そのトラックを用いて元勤務先の運送業務を以前と全く同様の手順で行っている者は，労働者といえる場合もある。その場合，その者が業務上の事故に遭い負傷した際に労災保険給付を申請して受け取ることができる。

SCENE 2 において，従兄は，自分でトラックを所有し，自己の判断で，経営のリスクを背負い，運送業務に従事している。運送物品，運送先および納入時刻については会社の指示を受けていたが，それは運送という業務の性質上必要な指示である。それ以外は自分自身の判断で業務を遂行し，時間的にも場所的にもほとんど拘束されておらず，その点は会社の一般の従業員と異なっている。これらを踏まえれば，会社の指揮監督の下で労務を提供していたと評価することはできない。

確かに，1 社の製品の運送業務に専属的に携わっており，運送係の指示を拒否する自由はなく，毎日の始業時刻および終業時刻は，運送係の指示内容によって事実上決定されること，運賃がトラック協会が定める運賃表よりも 1 割 5 分低い額とされていたことなどの事情はあるが，従兄の場合，労基法上の労働者ということはできず，労災法上の労働者にも該当しない。仕事上事故に遭っても，労災保険給付を受けることは，特別加入（⇒155 頁）をしていない限り不可能だろう（横浜南労基署長〔旭紙業〕事件・最判平 8・11・28）。

年少者に関する労基法の規制

労働者になれるのは何歳に達したときからであろうか。各国において，児童が義務教育を終了する時点までは労働者として使用できないとの規制が存在する。日本においても労基法が，第 6 章「年少者」において，使用者に対し，満 15 歳に達した日以後の最初の 3 月 31 日が終了するまで，児童を使用してはならないと規定している（労基法56条1項。同条2項には例外規定があり，映画の子役などは同項により例外として取り扱われている）。

労基法第6章は他にも親権者（父母または養親を指す。民法818条）等が未成年者に代わって労働契約を締結することを禁止する（労基法58条1項）など，年少者を保護する規定を置いている。

4　労基法上の使用者

労基法10条は「この法律で使用者とは，事業主又は事業の経営担当者その他その事業の労働者に関する事項について，事業主のために行為をするすべての者をいう」と定めている。

この定義から，労基法上の「使用者」が，労働契約上の「使用者」である雇用主（労基法上の事業主）に限られず，業務を担当する支配人や取締役等の経営担当者，労働条件の決定・労務管理・指揮命令など現実に権限を行使する者を含むことが明らかである。つまり，労働者保護の観点から「使用者」として取り締まる対象と認めるべき存在が含まれる。

3　労働契約当事者の緊張関係と労働基準法の効力

労働者と使用者の関係

労働契約の当事者である使用者と労働者は常に緊張関係にある。すなわち，使用者は少ない賃金で多くの仕事をしてほしいと考え，労働者は少しの労働で多くの賃金を受け取りたいと考えるのが常で，お互いの利害が対立している。

使用者と労働者との力関係は，より資力があり，多くは組織という形態をとる使用者側が強いケースが圧倒的多数⇒11頁である。そのため，使用者の提案する労働条件がどれほど過酷であっても，就職できない（働けず無収入になる）よりは労働条件が悪くても働こうとする労働者は，過酷な条件に合意することになる。

労基法の３つの効力

労基法は，私法的効力，刑事的効力，行政法的効力の３つの効力を併せ有している。これは，先に述べたように，労働契約関係における労働者の立場を考慮して，国が労働者をサポートするための措置としてとられているものである。労基法を柱とする労働法は，私法と公法の性質を併せもった法律も含む特徴的な法分野であるといえる。

(1) 私法的効力　あまりに過酷な労働条件で働く労働者をなくすために，労基法等は，労働条件の最低基準を定め，それに違反する契約の部分を無効にし（強行的効力），法律で定める通りになる（直律的効力）としている⇒11頁。これらをあわせて私法的効力と呼ぶ。

(2) 刑事的効力　またこれらの基準に違反した場合，労基法の罰則の章で定められた各規定に対応する刑事的制裁を受ける。労基法は，法遵守のインセンティブを高めるため，このような刑事的効力を定めている。

(3) 行政法的効力　さらに労基法は，監督に関する章を置き，労働基準監督官らが営業所や工場を監督し，違反を是正するために命令や指導等を行う仕組みを整えている。このように労基法は，行政法的効力をも有している。

職務発明

労働者が行った発明が，その性質上使用者等の業務範囲に属し，かつ発明に至った行為が労働者の現在または過去の職務に属する場合，これを職務発明という（特許法35条１項）。

契約，勤務規則その他の定めによりあらかじめ使用者等に特許を受ける権利を取得させることを定めた時は，その特許を受ける権利は，その発生した時から当該使用者等に帰属する（同条３項）。また，労働者は，契約，勤務規則その他の定めにより，職務発明について，使用者等に特許を受ける権利を取得させ，使用者等に特許権を承継させ，もしくは専用実施権（独占して製品を製造・販売等する権利）を設定した時等は，相当の利益（相当の金銭その他の経済上の利益）を受ける権利を有する（同条４項）。相当の利益について定める場合には，その内容は，相当の利益の内容を決定するための基準の策定に際して使用者等と労働者との間で行われる協議の状況，策定された基準の開示の状況，労働者からの意見の聴取の状況等を考慮して，不合理でないものでなければならないと規定されている（同条５項）。

CHECK

① 労働契約において両当事者はどのような義務を負うか。
② 労働関係における信義則とはどのような原則か。
③ 労働関係において権利濫用法理はどのような役割を果たしているか。
④ 労働者とは誰か。

CHAPTER

第3章

労働条件の決定

ある会社に勤務する場合，どのような生活を送ることになるのかをシミュレーションするには，事業場における職場の規律や労働条件を定めた規則類である就業規則から情報を得て想像してみるのが確かな方法である。就業規則には，会社は何時に始まり何時に終わるのか，給料はどのように決まるのか，どのような行為をすると解雇されるのか，定年は何歳なのか等，重要で基本的な労働条件が明確に記載されている。

本章では，就業規則による労働条件の決定の仕組みを重点的に取り上げる。

1 労働条件の決定方法

労働条件の決定については，①第2章で説明した合意による決定，②本章で説明する就業規則による決定，③第14章で説明する労働協約による決定の3種がある。

労基法2条2項は，「労働者及び使用者は，労働協約，就業規則及び労働契約を遵守し，誠実に各々その義務を履行しなければならない」と定めている。

図表4 労働条件の決定

① 合意による決定
② 就業規則による決定
③ 労働協約による決定
＊いずれも強行法規[1]に反する内容を定めることはできない。

1 合　意

労働契約の内容である労働条件は，労働契約の両当事者の合意により決定されるのが原則である。

労契法1条は「労働者及び使用者の自主的な交渉の下で，労働契約が合意により成立し，又は変更されるという合意の原則」を定める。それを受けて，同法3条1項は「労働契約は，労働者及び使用者が対等の立場における合意に基づいて締結し，又は変更すべきものとする」と定めている。さらに同法8条は，「労働者及び使用者は，その合意により……労働条件を変更することができる」と定めている。

労基法2条1項も，「労働条件は，労働者と使用者が，対等の立場において決定すべきものである」と定めている。

2 就業規則

しかし，実際には，個々の労働者と使用者がそれぞれの労働条件について交渉して合意によって決定するよりも，使用者が作成した就業規則を提示された

notes

[1] 強行法規　法令のうち当事者の意思にかかわらず適用される規定。

労働者がその内容を承諾するという形をとることが多い。労働条件を変更する場合も，使用者が就業規則を変更することによって行うことが多い。

3 労働協約

労働条件は，合意と就業規則により決定されていることが多いが，労働組合が使用者と労働協約を締結している場合には，その労働組合の組合員の労働条件は，その労働協約によっても決定される。⇒236頁

労働協約とは，労働組合と使用者との間で締結される労働条件等に関する契約である。

就業規則

1 就業規則とは

集団をまとめるにはルールが必要である。その集団に属する全員が，そのルールに基づいて行動してこそ，秩序が保たれる。また，そのルールにより，集団に属する個人は，自分のもっている権利や，果たさなければならない義務を知ることができる。たとえば，学校においては校則がそれにあたり，会社においては就業規則がこれにあたる。

就業規則とは，使用者が，多数の労働者を雇い入れ，効率的に事業を経営するために，職場の規律や労働条件につき，作成する規則類である。就業規則で定められていることにより，労働者は職場の規律を知り，公平で統一的な労働条件を適用される。

2 就業規則と法令・労働協約

就業規則に定められた労働条件であっても，その内容は法令（法律，命令〔政令，府省令〕，条例，規則など）あるいは労働協約⇒236頁に違反することはできない。

労基法は，就業規則が法令または労働協約に反してはならないと規定し（同法92条），労契法も，就業規則が法令または労働協約に反する場合には，その反する部分は労働契約の内容とならないと規定する（同法13条）。

3 就業規則に関する労基法による規制

1 就業規則の作成・届出義務

労基法は，常時 10 人以上[2]の労働者を雇用する使用者に，就業規則を作成し，それを行政官庁に届け出る義務を課している（同法 89 条 1 項）。就業規則の内容を変更する場合も同様に届け出なければならない（同条同項）。この作成義務，届出義務に違反した場合には，30 万円以下の罰金が科される（同法 120 条 1 号）。

絶対的必要記載事項

就業規則の中に必ず記載しなければならないとされている「絶対的必要記載事項」は，以下の通りである（労基法 89 条各号）。

1 号：始業・終業の時刻，休憩時間，休日，休暇，交替制労働の就業時転換に関する事項

2 号：賃金の決定，計算，支払の方法，賃金の締切りと支払の時期，昇給に関する事項

3 号：退職に関する事項

相対的必要記載事項

絶対に記載しなければならないわけではないが，制度として行う場合には就業規則に記載しなければならない「相対的必要記載事項」は，以下の通りである（労基法 89 条各号）。

3 号の 2：退職手当の適用範囲，決定，計算，支払の方法と時期に関する事項

4 号：臨時の賃金等，最低賃金額に関する事項

5 号：食費，作業用品その他の負担に関する事項

6 号：安全衛生に関する事項

notes

[2] **10 人未満の場合**　労働者が 10 人未満でも使用者は任意に就業規則を作成できる。

7号：職業訓練に関する事項
8号：災害補償，業務外の傷病扶助に関する事項
9号：表彰，制裁の種類，程度に関する事項
10号：その他その事業場の労働者全員に適用される定めをする場合（配転，出向，休職，福利厚生，旅費規程等），それに関する事項

2 意見聴取義務・周知義務

意見聴取義務

労基法は，使用者が就業規則を作成・変更するときは，その事業場に労働者の過半数で組織する労働組合がある場合はその労働組合の，そうした労働組合がない場合には労働者の過半数を代表する者の意見を聴かなければならないと定めている（同法90条1項）。

しかし使用者に義務づけられているのは意見の聴取であり，それを超えて同意を得ることまでは必要とされてはいない。すなわち，意見聴取を受けた労働組合や過半数代表が使用者の作成・変更した就業規則に対し否定的な意見を出したとしても，使用者はそれに従う必要はない。

この義務に違反すると30万円以下の罰金が科される（労基法120条1号）。作成・変更を行政官庁に届け出る際には，この労働組合・労働者代表の意見を記した書面を添付しなければならない（同法90条2項）。（なお，短時間労働者ないし有期雇用労働者については第12章 1 2 参照 ⇒188頁）

周知義務

また使用者は，就業規則を常時作業場の見やすい場所に掲示し，または備え付ける等の方法で，労働者に周知させなければならないとされている（労基法106条1項）。これに違反すると30万円以下の罰金が科される（同法120条1号）。

この規定があるからこそ，労働者は自分の労働条件が就業規則でどのように定められているかを，いつでも確認できる。

4 就業規則の効力

1 労働契約の成立と就業規則

労働契約締結時の労働条件と就業規則

労契法7条は，労働契約締結時に存した就業規則につき，労働者に周知され，そしてそれが定めている労働条件が合理的である場合には，労働契約の内容はその就業規則で定める労働条件によると規定している。労働条件は，労働契約を締結する労働者と使用者が，合意により決定するのが原則であるが，労契法は，「周知」と「合理性」の要件を満たす場合に，労働者集団の労働条件を使用者が就業規則で定めて統一的に取り扱うことを許している。

ここでいう「周知」とは，労基法上の「周知」が労基則に列挙された方法[3]に限定されているのとは異なり，実質的にみて事業場の各労働者が就業規則の内容を知り得る状態に置いていたといえるか否かにより判断される（後述する労契法10条の「周知」も同様である)。「合理性」とは，就業規則が定める労働条件それ自体の合理性である。労契法10条の就業規則の変更の合理性とは異なる。

個別合意の優先

もっとも労契法7条はただし書で，労働者と使用者が，就業規則の内容と異なる労働条件を労働契約において合意していた部分については，就業規則によらず，その合意した労働条件により決定されると規定している。ここで，個別合意が優先することが定められている。

たとえば，就業規則に，使用者の労働者に対する広範な配転命令権が規定されていて，それとは別に両当事者が，個別の合意で配転につき地域の限定や職種の限定をした場合には，その労働者は合意された地域・職種内でしか配転さ

notes

[3] **労基則に列挙された「周知」**　労基則52条の2。「常時各作業場の見やすい場所へ掲示し，又は備え付けること」，「書面を労働者に交付すること」，「磁気テープ，磁気ディスクその他これらに準ずる物に記録し，かつ，各作業場に労働者が当該記録の内容を常時確認できる機器を設置すること」。

れることはない。

もっとも，労契法12条は就業規則の定める基準に達しない労働条件を無効とすると定めており，特別にした合意が就業規則の定める労働条件を下回る場合には，就業規則で定める基準によることになる。

2　就業規則の強行的・直律的効力

労契法は，就業規則で定める基準に達しない労働条件を定める労働契約は，その部分について無効となり（強行的効力），無効となった部分は就業規則で定める基準による（直律的効力）旨を定めている（同法12条。旧労基法93条）。

この仕組みは，労基法の強行的・直律的効力（労基法13条）と同様であり，労契法はこのような強い効力を就業規則に与えている。就業規則は，使用者が効率的な事業運営のために作成するものではあるが，労働条件の公平性・統一性確保につながり，労働者にも利益をもたらす面がある。そのような存在であるからこそ，法は就業規則に強い効力を与えている[4]。

5　就業規則の変更による労働条件の変更

SCENE 3

私の父は，大学卒業以来25年にわたり，県内トップクラスのK信用金庫に勤務している。

K信用金庫は，バブル経済崩壊後，他の信用金庫と同様経営状況が悪化の一途をたどり，5000万円の当期利益を計上したものの翌年度は2億円の赤字を計上すると予想される事態となった段階で，人件費削減のための就業規則の変更を行った。その内容は，「5年間にわたり従業員全員の給与を毎年4%減額する。ただし信用金庫の業績が予想を超えて急速に悪化した場合は，管理職の給与を4%を超えて減額する。」というものであった。K信用金庫は従業員に配慮し，変更時に従業員に対する貸付条件の緩和を行った。就業規則の変更にあたっては従業員全員に対する説明会で短時間

notes

[4] **就業規則の強行的・直律的効力の例**　北海道国際航空事件（最判平15・12・18）は，労働者が使用者との間で月の途中に基本賃金減額の合意をしたとしても，「月の途中において基本賃金を変更または指定した場合は，当月分の基本賃金は，新旧いずれか高額の基本賃金を支払う」という就業規則が存在する場合には，賃金減額の合意が旧労基法93条［現労契法12条］違反として無効となり，無効となった部分は就業規則の基準によると判断され，減額前の基本賃金の請求が認容されるとした。

の説明がなされ，従業員は意見があれば発言するよう求められたそうだが，父を含め，積極的に反対の意思を表明する人はなく，変更後は，全員が変更により減額された給与を受け取っていたそうだ。また，父の同期で管理職だったＬさんとＭさんは，説明会開催直前に変更の内容を口頭で伝えられ，「4％を超えて減額する」の具体的内容も説明されずに唐突に同意書の提出を求められ，「勤務先を助けるのは管理職の務めだ。」と上司に言われてサインをして提出していた。

父とＬさん・Ｍさんは就業規則変更後２年目にあらためて変更の影響の大きさを痛感し，Ｋ信用金庫に対し，就業規則の変更は無効であると主張して，この変更が行われなかった場合の給与と実際に支払われた給与との差額およびこれに対する遅延損害金の支払を請求した。父とＬさん・Ｍさんの請求は認容されるだろうか。

1　就業規則の変更による労働条件変更の必要

労働契約は継続的契約であるから，契約期間中に様々な要因により，使用者が就業規則による労働条件の変更を行おうとする場面が考えられる。

たとえば，勤務先会社が他の会社と合併することになり両社の就業規則をすり合わせることになった場合や，勤務先会社の経営状況が逼迫（ひっぱく）し人件費削減のための賃下げが行われることになった場合，労働時間や定年年齢等に関する法律の改正により各労働者の労働条件の中の労働時間や定年年齢等を変更することになった場合等である。

2　労契法９条を通じた変更

労契法９条は，使用者が労働者と合意することなく，就業規則の変更により労働者の不利益に労働条件を変更することはできないと規定する。労働者に有利な変更であれば差し支えないが，不利な変更であれば，就業規則による一方的な変更は行えないのが原則である。

労働者と合意することなく就業規則の変更により労働条件を変更できない，という条文は，いい換えれば，労働者と合意すれば，就業規則の変更により労働条件を変更できるということである（労契法８条・９条）。この場合には「合理性」（労契法10条⇒42頁）は要求されていない。そこで，いかなる状況において「労働者の合意」があったといえるかが慎重に探究されなければならない（山梨県民信用組合事件・最判平28・2・19）。

裁判例においては，労働者が自らの自由な意思に基づいて明確に合意した場合でなければ「労働者の合意」があったとは認められていない。

3 労契法 10 条を通じた変更

労契法 9 条は，使用者が労働者と合意することなく就業規則の変更により労働者の不利益に労働条件を変更することはできないと規定しているが，それには同法 10 条に掲げる例外があることが，同法 9 条ただし書において定められている。

労契法 10 条の仕組み

同法 10 条は，変更後の就業規則を労働者に周知させ，かつ就業規則の変更が合理的なものであるときは，労働契約の内容である労働条件は，変更後の就業規則に定めるところによるとする。同条は，労働者に不利な内容であっても，「変更が合理的なとき」と「変更後の就業規則を周知させたとき」という要件を満たせば[5]，労働者は使用者が一方的に変更した就業規則の内容に拘束されるとするのである（ただし労働契約において，労働者と使用者が就業規則の変更によっては変更されない労働条件として合意していた部分[6]については，同法 12 条に該当する場合を除き，例外である）。

「合理性」については，「労働者の受ける不利益の程度」，「労働条件の変更の必要性」，「変更後の就業規則の内容の相当性」，「労働組合等との交渉の状況」，「その他の就業規則の変更に係る事情」に照らして判断される（労契法 10 条）。

notes

[5] **就業規則変更の手続**　学説においては，届出や意見聴取は就業規則の変更の要件として労契法 10 条に挙げられていない以上，変更の要件ではなく，就業規則の変更手続は労基法 89 条・90 条の定めるところによると規定する労契法 11 条は単なる注意規定であるとする立場と，同法 11 条が同法 10 条に続けて規定されていることから届出と意見聴取をしたことが変更の合理性の判断要素である「その他の就業規則の変更に係る事情」の 1 つとして考慮されるとする立場が対立している。

[6] **就業規則の変更により変更されない部分としての合意**　たとえば，労働者が使用者との間で特別の年俸額を合意して中途採用され，個別合意による変更のみを予定していたにもかかわらず，使用者の就業規則改定により年俸額が引き下げられたケースでは，このただし書により本人の同意をとらずに年俸額を引き下げることはできない。

図表5 就業規則の変更の合理性の判断

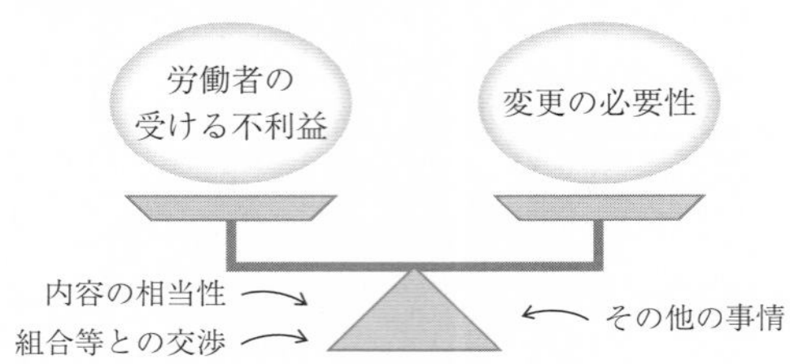

合理性の判断要素

労契法10条は，判例法理を条文化したものであるが，最高裁判例の到達点といわれる判決（第四銀行事件・最判平9・2・28）においては，就業規則変更の合理性の判断要素は，「就業規則の変更によって労働者が被る不利益の程度」，「使用者側の変更の必要性の内容・程度」，「変更後の就業規則の内容自体の相当性，代償措置その他関連する他の労働条件の改善状況」，「労働組合等との交渉の経緯，他の労働組合又は他の従業員の対応」，「同種事項に関する我が国社会における一般的状況等」とされていた。労契法10条に列挙された判断要素は，この内容に対応している。

合理性を否定した例

労契法制定以前に，合理性が否定された事例としては，経営が低迷している地方銀行が満55歳以上の管理職を専任職に移行させ，業績給の削減，専任職手当の廃止等を内容とする就業規則改定を行い，その結果，これらの労働者の賃金額を33%～46%引き下げた事案がある。最高裁は，変更の必要性は認められるものの労働者らの被る不利益が大きすぎ，高齢の特定層にのみそのような不利益を受忍させることは相当でなく，多数組合との合意も大きな考慮要素とすることはできない，として合理性を否定した（みちのく銀行事件・最判平12・9・7）。

合理性を肯定した例

また，労働条件変更の合理性を肯定した最高裁判決としては，7つの農協組織の合併に際し，元の1組織の退職金支給倍率を引き下げて他の6組織のそれに統一した事案がある（大曲市農協事件・最判昭63・2・16）。訴えを起こした労働者らの給与額が合併に伴い相当程度増額され，その賞与・退職金への反映分をも合計すると，支給倍率低減による退職金の減額分をほぼ補ってしまうこと，合併による新組織においては退職金を旧6組織の方に合わせて統一する必要性が高かったこと，合併によりこの労働者らが休日，休暇，諸手当，定年等においてより有利な取扱いを受けるようになったこと等の事情から，変更に合理性があると判断された。

SCENE 3について，まず労働契約法10条の関係では，就業規則の変更が，労働者に生活設計を根本的に揺るがし得るほどの大きな不利益を与えている一方で，労働条件の変更の必要性の程度が現実に破綻等の危険が差し迫っているほど高度なものではないことに注意が必要である。貸付条件の緩和という代替措置は一応講じられているものの不利益の程度と比較して不十分なものであり，従業員に対し説明を行い，従業員全員が異議を述べなかったこと等を考慮しても，合理性があるとは認められないと考えられる。

同法9条の関係では，労働者が就業規則の変更によって生じる不利益性について十分に認識した上で，自由な意思に基づき同意の意思を表明したと言えるか否かがポイントである。1回しか開かれなかった説明会で短い説明を受けた直後に，反対があればその場で意見を述べるよう求められても，従業員に自分の意見をまとめる時間があったとは言い難く，積極的に反対の意思を表明することなく変更後の給与を受け取っていたことをもって，就業規則の変更について黙示的に同意をしたと認めることができると言い切ることは困難だろう（協愛事件・大阪高判平22・3・18参照）。Lさん・Mさんも，変更の結果生ずる具体的な不利益の内容や程度について情報提供を十分に受けないままサインしており，そのような同意書の存在を理由に，自由な意思に基づく合意があったと認めることは困難だろう（山梨県民信用組合事件・最判平28・2・19参照）。

就業規則の法的性質

就業規則の不利益変更が当事者を拘束する根拠は，周知と合理性の要件を満たせば就業規則により変更できるとする労契法の条文（10条）である。この条文は判例法理を条文化したものであるが，判例法理形成の基礎となった最高裁判決は，秋北バス事件判決（最大判昭43・12・25）である。

同判決は，「元来，『労働条件は，労働者と使用者が，対等の立場において決定すべきものである』（労基法 2 条 1 項）が，多数の労働者を使用する近代企業においては，労働条件は，経営上の要請に基づき，統一的かつ画一的に決定され，労働者は，経営主体が定める契約内容の定型に従って，附従的に契約を締結せざるを得ない立場に立たされるのが実情であり，この労働条件を定型的に定めた就業規則は，一種の社会的規範としての性質を有するだけでなく，それが合理的な労働条件を定めているものである限り，経営主体と労働者との間の労働条件は，その就業規則によるという事実たる慣習が成立しているものとして，その法的規範性が認められるに至っている（民法 92 条参照）ものということができる」とした。この部分から就業規則の法的性質を法規範であるととらえる法規範説と，労働者と使用者との間の契約であるととらえる契約説とが，学説上長年対立してきた。近年の最高裁判決は，就業規則に定める労働条件は「労働契約の内容になる」と述べている（日本郵便事件・最判平 30・9・14）。これは就業規則が労働契約の内容を確定・補充するという契約説に立っていると解される。

CHECK

① 労働条件の決定方法にはどのようなものがあるか。

② 就業規則に関して，労基法は使用者にどのような義務を課しているか。それはなぜか。

③ 就業規則にはどのような効力があるか。

④ 労働条件を労働者の不利益に変更しようとする場合，使用者はどのような手段を用いることができるか。

CHAPTER

第4章

労働契約の成立

就職活動に取り組み，就職を希望した先から内々定を受け，内定を受け，入社する。このうちどの時点で労働契約は成立するのだろうか。使用者には採用の自由がどこまで認められているのだろうか。また，内々定や内定の取消しは法的に制限されていないのだろうか。内定辞退には制限があるのだろうか。

入社直後に，見習いとしての試用期間が設定されるのが通例であるが，そこで少しでも失敗をすれば，本採用されないのだろうか。

1 採用の自由

SCENE 4-1

私は，就職活動に向けて地道な努力を積み上げたおかげで，筆記試験もトップクラスで通過し，数度の面接も完璧な出来で，最終面接のグループ・ディスカッションでも周囲のメンバーに気を配りながらリーダーシップを発揮して，面接官から口々に誉められた。これで採用は決まったと思ったが，数日後，不採用通知がきた。聞けば，グループ・ディスカッションで一緒だったメンバーの中で唯一採用されたのは，間違った回答をした落ち着きのない学生で，採用されたのは強いコネがあったせいだという。こんなことが許されていいのだろうか。

1 長期にわたる関係

労働者と使用者が，正規雇用として期間の定めのない労働契約を締結することは，原則として長期にわたって両者の労働契約関係が継続することを意味する。そのため，採用する使用者側は，入社を希望してきた各応募者が長期にわたって関係を継続するべき人物といえるかどうかを慎重に吟味することになる。

労働者の個人情報の保護

就職活動では，応募の際に，希望する先の企業の求めに応じて，自分についての様々な情報を開示することになる。それが悪用されれば，大きな被害が生じることも考えられる。

個人情報の保護に関する法律（平成 15 年法律第 57 号）8 条の規定に基づく，「雇用管理に関する個人情報の適正な取扱いを確保するために事業者が講ずべき措置に関する指針」（平 16・7・1 厚労告 259 号）が改正され，「雇用管理分野における個人情報保護に関するガイドライン」（平 24・5・14 厚労告 357 号）が平成 24 年 7 月 1 日から施行された。

それには，事業者が，①雇用管理情報を取り扱うにあたって，その利用目的を可能な限り具体的に特定しなければならないこと，②あらかじめ本人の同意を得ることなく，①の利用目的の達成に必要な範囲を超えて，雇用管理情報を取り扱ってはならないこと，③契約書等の書面等により，直接本人から雇用管理情報を取得する場合は，あらかじめ本人に対しその利用目的を明示しなければならないこと，④その取り扱う個人データの漏洩等の防止その他の個人データの安全管理のために必要かつ適切な措置を講じなければならないこと，⑤あらかじめ本人の同意を得ないで，個人データを第三者に提供してはならないこと等が示されていた（現在は同法のもと，一般的ガイドラインにより規律）。

2 採用の自由の意義

契約締結後と締結前

一般に，契約には契約自由の原則が当てはまる。その内容は，契約を締結するか否かの自由，どのような契約内容とするかの自由，契約を終了させるか否かの自由の３点である。労働契約においては，契約締結後の事柄である契約内容，そして特に契約の終了については様々な制約があるが，契約の締結については，広く契約自由の原則が妥当している。

具体的には，使用者・企業は，雇入れ人数の決定についても，公募・縁故等の募集方法の選択についても，いかなる者をどのような基準で採用するかについても，自由を保障されている。

SCENE 4-1 との関連でいえば，筆記試験や面接の得点が高い応募者ではなく強いコネのある応募者を採用することも自由である。また，使用者は特定の応募者との労働契約の締結を強制されることはない。

最高裁の立場

最高裁判決（三菱樹脂事件・最大判昭 48・12・12）においても，「憲法は，思想，信条の自由や法の下の平等を保障すると同時に，他方，22 条，29 条等において，財産権の行使，営業その他広く経済活動の自由をも基本的人権として保障している。それゆえ，企業者は，かような経済活動の一環としてする契約締結の自由を有し，自己の営業のために労働者を雇傭するにあたり，いかなる者を雇い入れるか，いかなる条件でこれを雇うかについて，法律その他による特別の制限がない限り，原則として自由にこれを決定することができるのであって，企業者が特定の思想，信条を有する者をそのゆえをもって雇い入れることを拒んでも，それを当然に違法とすることはできない」とされている。

また，労基法3条の定める均等待遇原則⇒134頁は雇入れ後の労働条件に関する制限であり雇入れそのものには無関係であるとされた。

3　採用の自由の制限

このように使用者には採用の自由が認められているが，一定の事項については法律による制限がかかる。

法律による制限の代表例としては，雇均法5条の「事業主は，労働者の募集及び採用について，その性別にかかわりなく均等な機会を与えなければならない」という規定が挙げられる（労組法7条1号については第13章⇒223頁参照。労働施策総合推進法9条，高年法20条1項，障害者雇用促進法38条以下も参照）。

調査の自由とプライバシー

上記の三菱樹脂事件において，最高裁は，「企業者が雇傭の自由を有し，思想，信条を理由として雇入れを拒んでもこれを目して違法とすることができない以上，企業者が労働者の採否決定にあたり，労働者の思想，信条を調査し，そのためその者からこれに関連する事項についての申告を求めることも，これを法律上禁止された違法行為とすべき理由はない」と述べている。

使用者に採用の自由がある以上，採否の判断材料となる情報の調査の自由が認められなければならない。

しかしその自由も，応募者の尊厳やプライバシーとの関係で，調査方法が社会通念上妥当なものであること，調査事項が応募者の職業上の能力・技能，従業員としての適格性に関連する事項に限られること等の限界がある。たとえば応募者本人の同意を得ずにHIV抗体検査をしたこと（警視庁警察学校事件・東京地判平15・5・28）や同意を得ずにB型肝炎ウイルス感染検査をしたこと（B金融公庫事件・東京地判平15・6・20）がプライバシー侵害の違法行為とされた例がある。三菱樹脂事件の最高裁判決についても，将来の管理職候補となる労働者の採用が問題となった事案であり，そのような者についての判旨と理解すべきとの有力説がある。

 労働契約締結プロセスと労働法上の課題

1　新卒一括採用

日本では，高校・大学の卒業を控えた新卒者につき，卒業の時期に長期雇用を前提に会社に迎え入れ，新入社員として新人教育を受けさせ，育てていく「新卒一括採用」と呼ばれるシステムが社会に根付いている。

近年は，採用時期や採用方式も多様化する傾向にあるが，新卒一括採用はいまだ多くの企業で行われており，それが新卒者の失業率の引下げに貢献している。見方を変えれば，新卒一括採用という制度のために，そこで就職できなかった若者が，その後就職のチャンスをなかなか得られない状況となる。

2　採用内定までのプロセス

図表6　一般的な採用内定までの流れ

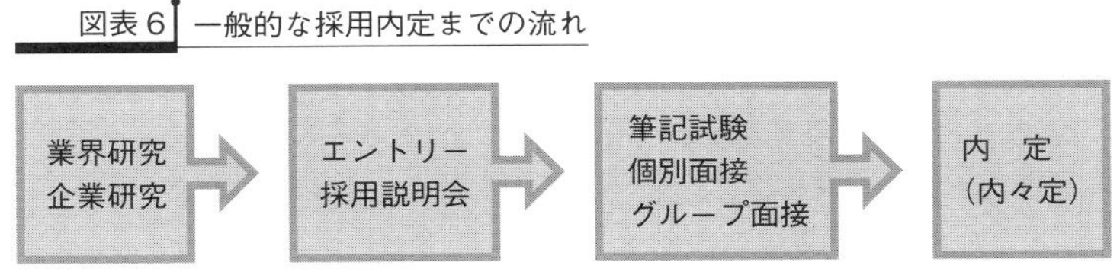

伝統的な大企業への就職を例にとると，就職活動は一般的にはまず，入社を希望する会社の採用情報をホームページ等で入手し，研究することから始まる。

次に，その会社にエントリーをする。エントリーシート等の書類情報を会社が検討し，書類選考を通れば，採用説明会に参加することができる。

採用説明会会場では同日に筆記試験が行われることもある。説明会後に改めて筆記試験が行われることもある（なお，エントリーしなくても説明会に参加でき

るところもあり，また説明会・筆記試験がなく，いきなり面接をするところもある）。

筆記試験に続いては，第一次面接から始まり，会社によっては幾度も面接が繰り返され，個別面接とグループ面接の両方が行われることもあり（グループ・ディスカッションをさせる会社もある），それらの面接等の選抜をすべてパスした者に，内定通知が届くこととなる（内定の前に内々定を出す企業もある。また，一般的な就職活動の前に行われるインターンシップの終了時点で，囲い込みのために内定を出す企業もある）。

内定通知には通常，卒業の時期に入社すること，留年した場合や健康状態の悪化により労働できなくなった場合，刑事事件の被告人となった場合等に内定を取り消すことが書かれており，それに同意したことを示すための誓約書にサインして返送するよう指示されるのが通例である。

3　就労開始までに生じる法的問題

伝統的な大企業に関しては，このような過程をたどることが多いが，法律的にはいくつかの問題が生じうる。

第１に，どの時点で労働契約は締結されたといえるのだろうか。労働契約が成立した時点から，労働契約に関する法規制が始まるため，それがどの時点からかは重要な問題である。

第２に，会社側から一方的に内定を取り消された場合，内定者はどのような法的手段をとり得るのだろうか。内定者は内定により他の会社への就職活動を中止するため，後から内定を取り消されると，それ以降に他の会社の内定を得ることはほぼ不可能であり，内定取消しのダメージは大きい。

第３に，内定辞退について法的ルールはあるのだろうか。

3　労働契約の成立時点

1　合意成立時点の多様性

労働契約の成立時点は，各企業の具体的採用過程によって異なる。

応募者に対する試験や面接の末に企業が出す内定は，採用を希望して申込みをした応募者に対する承諾にあたる可能性があり，この時点を契約成立の時点とみるべきケースは相当数存在する。しかし，採用内定の実態は多様であるため，具体的な事実関係に即してその法的性質を検討すべきである（大日本印刷事件・最判昭 54・7・20）。各事例につき，具体的に，両当事者の合意がなったといえるのがどの時点かを見極めることが重要である。

内定に先立ち，より多くの候補者に対して内定の可能性があるとして主に口頭で行うのが内々定であるが，これを契約の成立時点とみるべきケースもある。逆に，内定から辞令交付までは労働契約締結過程にすぎないとみるべきケースもある[1]。

2 始期付解約権留保付労働契約

始期付解約権留保付労働契約の成立

このように労働契約の成立時期は多様であるとされているが，前掲大日本印刷事件において最高裁は，労働契約が成立したといえるのは，内定通知が到着して誓約書を提出した時点であるとした。同判決は，以下のように述べている。①契約は申込みと承諾がそろった時点で成立するが，会社側の募集は申込みの誘引にすぎない。②その募集情報を見た就職希望者が応募をしたり，採用試験を受験して入社の希望を表明することが，契約の申込みにあたる。③それに対して会社側が内定を出したことが承諾であり，これにより始期付解約権留保付労働契約が成立する。

「始期付」とは，入社時期を卒業後の 4 月 1 日とする等，契約の始期が付されている契約である。「解約権留保付」とは，留年した場合や健康状態が著しく悪化した場合，刑事事件の被告人となった場合等に解約することを誓約している場合を指す。

このような判断を行った最高裁判決は複数ある（電電公社近畿電通局事件・最判昭 55・5・30 等）。

notes

[1] **内々定取消しに関する損害賠償請求**　採用内々定につき始期付解約権留保付労働契約の成立ではないとしつつ，その取消しが労働契約締結過程における信義則違反にあたるとして取り消した企業の損害賠償責任を認めた事例としてコーセーアールイー（第 2）事件・福岡高判平 23・3・10 がある。

4 内定取消し

SCENE 4-2

地道な就職活動の末に，やっと１社から内定を得た。早速誓約書を提出し，他の会社への就職活動は取りやめた。入社まではまだ半年あったので，学業とスポーツに精を出していたが，入社まであと２か月になった時点で内定先の工場で数百人もの住民を巻き込む大事故が起き，ずさんな管理体制と放漫経営が露呈して株価が暴落し，大規模なリストラが始まったことが報道された。ほどなく内定を取り消す旨の通知が届いたが，既に他社の採用活動は終わってしまっており，４月から無職で既卒者として必死に就職活動をしなければならないのかと思うとやりきれない。何とか入社できないだろうか。

SCENE 4-3

友人のＰは，就職活動の努力が実り，昨年 10 月にＱ社から採用内定通知書を受け，同封されていた誓約書に所定事項を記入して返送した。誓約書には，①提出書類の虚偽記載，②政治運動への関与，③卒業不可，④健康状態の悪化，⑤その他入社後の勤務に不適当と認められたとき，の５項目の採用内定取消事由が書かれていた。Ｐはその後，他社への就職活動を一切やめて，入社を楽しみにしながら卒論作成に取り組んでいた。ところが今年２月初めに突然Ｑ社から採用内定を取り消すとの通知が届いた。Ｐは驚いてＱ社に連絡をとり，何度も交渉したが無駄に終わり，卒業して無職のまま４月１日の入社日が過ぎた。Ｐはどうしても納得がいかず，Ｑ社を相手取り，採用内定通知により労働契約が成立し，内定取消しは無効であるとして従業員としての地位確認請求の訴えを起こした。訴訟の中でＱ社の内定取消しの理由が，Ｐに対して内定を決定する前から「雰囲気が暗い」と思っていたが，そのうちいい材料も出てくるかもしれないので内定としたが，その後も何の材料も出てこなかったので内定を取り消した，というものであることが判明した。Ｐの請求は認められるだろうか。

1　内定取消しの適法性

内定時に労働契約が成立する場合には，企業による内定の取消しは，既に成立した労働契約を解約することを意味する。

日本では，労働契約を使用者が一方的に終了させる解雇については，客観的に合理的で社会通念上相当と認められない限り解雇権濫用として無効とする旨の判例法理，そしてそれを条文化した労契法 16 条⇒174 頁がある。それとのバランスで，内定の取消しも労働契約の解約である以上，内定取消しの理由が客観的に合理的で社会通念上相当といえるものである場合以外は，内定を取り消すことはできない。

他方で，客観的に合理的で社会通念上相当と認められる場合であれば，解約事由として明示されていなかった事由によっても，留保解約権の行使が認められるという点で，本採用後に解雇できる範囲と比較すれば，解約の範囲はより広いといえる（前掲電電公社近畿電通局事件参照）。

2　違法な内定取消しの救済

適法性が認められない内定の取消しについては，従業員としての地位の確認請求が認められる。

また，取消しの態様によっては，誠実義務違反として債務不履行または期待権侵害として不法行為に基づき労働者からの損害賠償請求が認められる（前掲大日本印刷事件では慰謝料 100 万円が認められた）[2]。

SCENE 4-2 と関連するが，客観的に合理的で社会通念上相当といえるような例外的場合とは，どのような場合であろうか。就業規則の中に掲げられている解雇事由にかんがみても，会社の経営状態が著しく悪化し，内定取消しにとどまらず，正社員の整理解雇まで行う事態に至った場合には，例外的に内定取消しが権利濫用とならないといえるだろう。SCENE 4-2 はこれにあたり，内定を取り消されてもやむを得ない例外的なケースといえよう。

SCENE 4-3 において，P が応募したのは，Q 社からの募集（申込みの誘引）に対する，労働契約の申込みにあたり，Q 社からの採用内定通知は，P の申込みに対する承諾であって，P の本件誓約書の提出とあいまって，P と Q 社との間に，就労の始期

notes

[2] **内定取消しに関する行政的措置**　厚生労働大臣は，採用内定取消しが① 2 年以上連続して行われた，②同一年度内で 10 名以上に対し行われた，③事業活動の縮小を余儀なくされているとは明らかにいえない，④取消対象者に対し理由を十分説明していないか，就職先の確保に向けた支援を行わなかった，のいずれかにあたる場合には，企業からの採用内定取消しの報告内容を公表できる（職安則 17 条の 4 第 1 項。平 21・1・19 厚生労働省令 4 号）。

を大学卒業直後とし，それまでの間，誓約書記載の５項目の採用内定取消事由に基づく解約権をＱ社が留保した労働契約が成立したといえよう。

判例上，「採用内定の取消事由は，採用内定当時知ることができず，また知ることが期待できないような事実であって，これを理由として採用内定を取消すことが解約権留保の趣旨，目的に照らして客観的に合理的と認められ社会通念上相当として是認することができるものに限られると解するのが相当である」とされている。

Ｐの雰囲気が暗いのはＱ社には面接のときからわかっていたのであり，採用内定当時知ることができなかった事実とはいえず，暗いから内定を取り消すというのは，解約権留保の趣旨，目的に照らして客観的に合理的と認められ社会通念上相当として是認することができるとは考えられない。Ｑ社のＰに対する内定取消しは解約権の濫用にあたり無効である（前掲大日本印刷事件参照）。

5 内定辞退

労働者が辞職することについては，労働法はそれを制限する規定を置いていない。⇒168頁労働法に規定がない場合は，契約に関する一般法である民法に立ち返るのが原則⇒6頁であり，民法627条によることになる。同条は，労働者には解約の自由があるとしており，労働者は２週間の予告期間をおけばいつでも自由に解約できる。それは内定の辞退についても同様である。

ただし，会社に不利益を与える目的で行うなど，内定辞退をあまりに信義則に反する態様で行った場合には，例外的に契約責任または不法行為責任を問われ損害賠償を請求されることが考えられる。

6 入社前の労働者と使用者の関係

SCENE 4-4

私の学部は卒論が厳しいことで有名である。毎年何人か卒論審査で落とされて留年するほどである。就職活動の末に内定を勝ち取ってから，卒業論文の執筆に没頭していたが，その間に内定先企業から，入社前研修に参加するよう電話とメールが複数回あった。そのたびに卒論を理由に断っていたところ，「入社前研修を軽んじる人の入社はお断りします」との，内定を取り消す旨の書面が送られてきた。内定のときには，入社前研修に出席することが入社の条件であるとは伝えられていなかったし，むしろ，卒業できなかった場合に内定を取り消すと念を押されたため必死に卒論に取り組んでいたのに，入社できなくなるなんて納得できない。内定を取り消すのは違法ではないだろうか。

1　内定後入社までの法律関係

入社前研修

内定の確定時期は，企業によって多様である。場合によっては大学卒業の1年以上前に内定を出す企業もあれば，卒業直前にやっと内定を手にする学生もいる。一般には，内定から入社まで数か月から半年ほどの時間があるケースが多い。この期間を活用して，入社前研修を実施する企業もかなりある。そのため，内定後，内定者は入社前研修に参加するよう指示されることがある。入社前研修の内容は会社により異なり，電話の受け方や名刺の渡し方等の新人研修から，専門的な資格の取得のための研修まで多様である。

その研修が学業の妨げとなる場合等，内定者が入社前研修に参加する義務があるのか否か等が問題となるケースがある。

始期付契約における労働者の入社前の義務

前述のように，日本の伝統的な大企業における一般的なプロセスを経て内定により成立する契約について，始期付解約権留保付労働契約であるとした最高裁判決があった。そのようなケースにおいて，契約の始期は入社時であるから，それ以前は労働契約の効力は発生しておらず，入社後の労働者とは異なり，就業規則の適用は受けない。しかし，内定者として，内定先企業の信用に傷がつくような行動をとってはならない等，就業規則の中でも就労することと関係のない部分については適用があると解される。

2　入社前研修を受ける義務

このような契約締結過程をたどった場合，内定者は入社前研修を受ける義務を負うだろうか。入社後に研修を欠席することは許されないが，入社前は学業を優先しても不参加を理由に不利益を課されることはないといえるだろうか。

新卒一括採用のシステムの中で内定者は大学・高校の最高学年であり，学業の集大成をするべき時期にある。そのような時期に，内定先が入社後に行う研修を前倒しして，それへの出席を義務づけ，不参加者に不利益を課すことは，学業におけるその時期の重要性からすればあってはならないことである。内定を取り消す等の措置をとることは許されない。

SCENE 4-4 との関係で，大学院生の事例であるが，内定者の同意に基づく内定期間中の研修も内定者の学業を阻害しない態様で行うべきであるとした裁判例として宣伝会議事件・東京地判平 17・1・28 がある。SCENE 4-4 についても内定取消しは違法であるといえよう。

 入社後本採用まで

使用者は，入社日の後，入社してきた労働者を，試用期間を設けて観察し，大きな問題がないことを確認して本採用するのが一般的である。

1 試用期間の意義

入社後に現場で働く様子を確認し，採用した相手が組織の一員としてやっていけると確信してから本採用したいと考える企業は多くある。そこで，多くの企業は，入社後一定期間，現場の仕事を学んだり，実際に体験させて，鍛え，労働者として一人前の働きができるかどうかを現場で確認する試用期間を設けている。内定を出す際に，試用の結果，実力に問題があると判明した場合に解約する権利を留保しておき，入社試験や面接では判明しない点につきチェックするのである。

法的には，その期間が終了するまでは，まだ正式な労働者とはいえず，試用期間中に不適格とされた場合に本採用にならないという条件のついた労働契約が結ばれた状態である。見習い・試用期間を経て，本採用となった場合に何の条件もつかない労働契約関係に移行する。

試用期間の長さは多様であるが，裁判例においては，長すぎる試用期間は公序違反とされている。

2　本採用を拒否できる場合

本採用になった後は，前述のように労働者は原則として長期雇用を保障される。企業側としては，試用期間を設けることで，そのような関係に移行する前に適性・能力を再確認する機会を留保しているといえる。

最高裁判決（前掲三菱樹脂事件）は，試用期間を，試みに用いてその間の観察により従業員としての適格性を判断する実験・観察の期間であるのみならず，適格性に関する身元調査の補充期間でもあるとして，試用期間中に補充的身元調査により不適格性が判明したことも解約事由となり得るとしている。この判決は，留保していた解約権を行使できる場合とは「企業者が，採用決定後における調査の結果により，または試用中の勤務状態等により，当初知ることができず，また知ることが期待できないような事実を知るに至った場合において，そのような事実に照らしその者を引き続き当該企業に雇傭しておくのが適当でないと判断することが，上記解約権留保の趣旨，目的に徴して，客観的に相当であると認められる場合」であるとしている。

つまり試用して大きな問題がなければ原則として解約権の行使は許されない。

3　試用期間の延長

試用期間中は，都道府県労働局長の許可を得れば，労働能力その他の事情を考慮した最低賃金額よりも少ない額の賃金を支払うことも許されており（最賃法7条2号），低い給料で作業を行わせることができる。そこに着眼した企業が，試用という目的は達成されているにもかかわらず，試用期間を延長して安い賃金で作業を継続させることがある。このようなことがあってはならず，試用期間の延長や更新は，合理的な理由がなければ許されないと解されている。

4　試用期間か契約期間か

労働者と使用者が労働契約を締結する際，期間を設けた場合に，それが契約の存続期間を指すのか，試用期間を指すのかが不明確なことがある。

たとえば私立高校と教員志望の応募者が締結した労働契約書に「期間：1年」と記載してあり，面接の際に面接官であった校長や教頭から応募者が「1

年は適性を見させていただきますが，末永く一緒にわが校を盛り立ててくれるようお願いします」と言われたにもかかわらず，1年後に「期間1年という契約でしたから，明日から出勤しなくて結構です」と告げられたような場合，1年という期間が労働契約の存続期間を指していたのであれば，労働契約は期間満了により終了したことになる。そうではなく，1年が試用期間を指していたのであれば，問題がなければ本採用に移行するはずである。

最高裁判決の中には，契約書に，期間1年，という文言があるものの，期間満了により終了する明確な合意がないケースにつき，試用期間についての定めと解釈したものがある（神戸弘陵学園事件・最判平2・6・5）。また，契約の期間の定めと解したものもある（福原学園〔九州女子短期大学〕事件・最判平28・12・1）。

 労働条件の明示

1 労基法の規定

労基法は，労働契約の締結に際し，使用者が労働者に対し，賃金，労働時間その他一定の労働条件を明示しなければならないと定めている（労基法15条1項。労基則5条で定める一定の事項については同条3項により書面の交付を行うこととされている）。これは，労働契約関係に入った後に，どのような内容の労働条件を合意したかの争いが生じることを防ぐ意義がある（短時有期法の定める労働条件明示義務については第12章⇒188頁参照）。

この労働条件明示義務は，職業安定所の求人の申込みや労働者の募集に際しても課されている（職安法5条の3・42条）が，たとえば賃金に関して求人・募集の時点での現行賃金額を記入すれば足り，入社日に賃金確定額が明示されたときに低い額に下がっていたとしても差額を請求できるわけではない。

労働契約締結時に明示された労働条件が，事実と相違する場合には，労働者は労働契約を即時に解除できる（労基法15条2項）。この解除により帰郷する労働者に対しては，使用者は旅費を負担しなければならない（同条3項）。

2　労契法の規定

労働契約において合意の内容を明確化することは，紛争を防止し，労働者と使用者との契約関係がスムーズに継続されるために重要であるが，そのような配慮から，労契法においても合意内容の明確化のための規定が設けられている。使用者が労働者に提示する労働条件・労働契約の内容について，「労働者の理解を深めるようにするものとする」という規定（労契法4条1項）や，労働者・使用者は労働契約の内容を「できる限り書面により確認するものとする」という規定（同条2項）である。

これらの規定は具体的な請求権を発生させるものではないが，契約内容の解釈や使用者の権限行使に関する具体的問題において援用されることもある。

CHECK

① 採用の自由とは何か。
② わが国における伝統的な大企業の新卒一括採用の一般的なプロセスにおいて労働契約はどの時点で成立するのだろうか。
③ 内定を出した後に会社からの取消しが許されるのはどのような場合か。
④ 試用期間経過後に本採用の拒否が許されるのはどのような場合か。
⑤ 労働条件の明示について法はどのような規制をしているか。

CHAPTER

第5章 人事

労働者は，入社後，試用期間を経て本採用になり，最初の部署に配属される。しばらくして他の部署に異動を命じられたとき，労働者はそれを拒むことができるだろうか。使用者は，命令に従わないことを理由に労働者を懲戒できるだろうか。

配置や昇進，懲戒などの「人事」は，使用者からみれば経営を左右する重要事項であり，労働者一人一人にとっても，キャリアや生活水準を左右する大きな関心事である。

このような「人事」に関して法はどのような規律をしているのだろうか。

1 人事権

使用者はたいてい複数の労働者と労働契約を締結し，それらの労働者を雇い入れてうまく機能するように組織として編成し，労働力の相乗効果が生まれるよう工夫する。使用者は，経営の観点からその裁量で労働組織を編成し，各労働者をその中に位置づけようとする。このように使用者が労働者を位置づける個別の命令の権限は，一般的に，「人事権」と呼ばれている。

人事権の行使

人事権の行使として使用者が決定権限を有する労働者の地位の変動や処遇の例としては，以下のようなものがある。

採用

配転（配置転換）：同一企業内における労働者の配置の変更で勤務場所または職務内容の変更を伴う

出向：労働者を自企業に在籍のまま長期間にわたり他の企業の業務に従事させる

転籍：労働者の籍を自企業から他の企業に移してその企業の業務に従事させる

昇進：企業組織における管理監督権限や指揮命令権限の上下関係における役職の上昇や，役職をも含めた企業内の職務遂行上の地位の上昇を指す

昇格：労働者の職務遂行能力を体系的に位置づけてこれに応じた処遇を行う職能資格制度における資格の上昇を意味する

降格：職位や役職を引き下げ，また職能資格制度上の資格や職務等級制度上の等級を低下させる

休職

懲戒

解雇等

基本的には，個別の労働契約，就業規則，労働協約に，使用者がこれらの処分や命令を行うことができると規定すれば，労働契約上，そのような権利が基礎づけられ，労働者はそれに従う義務を負うことになる。

また，これらの処分や命令を行う際に大きな影響を与えるのが，人事考課

(査定）である。人事考課とは，労働者に対する使用者の評価行為であるが，どのような基準を用いて評価するかも含め，いかなる評価を行うかは，原則として使用者の裁量に任されている。

これらの人事権の行使としての処分や業務命令は，解雇の法規制や均等待遇原則などの法規制を受け，また，労働契約で定められた枠を超えるものは無効である。そして，労働契約の範囲内にあったとしても，不当な動機・目的でなされた場合等，裁量の範囲を逸脱している場合には，人事権の濫用として無効となる。

2 配転

SCENE 5-1

私は大学卒業後，営業担当社員として入社した。会社には，業務上の必要に応じて労働者を転勤させることがあるとの就業規則があったが，私は労働契約を締結する際に，勤務地の限定を申し出ることはなかった。会社には，全国に十数か所の営業所があり，それらの間で営業担当者の転勤を頻繁に行っていた。

私は入社後大阪で勤務していたが，大阪を離れたことのない 71 歳の母と，保育士をしている妻，2 歳の子と 4 人で暮らしていた。ある日私は，会社から名古屋営業所への転勤を命じられた。家族がその転勤を望んでいないことを理由に転勤命令を拒否すると，会社は数回にわたり話し合いの場をセッティングし，その転勤の業務上の重要性を説明した。しかし，私は転勤命令を拒否し続けた。すると会社は私を懲戒解雇した。このような懲戒解雇は許されるのだろうか。

1 配転の意義

配転とは，同一企業内における労働者の配置の変更で勤務場所または職務内容の変更を伴うものを指し，配置換えとも呼ばれる。勤務地の変更を伴う配転は，転勤と呼ばれる。

日本の大企業においては，多くの部署を経験させることにより，視野の広い労働者を育成できるという考えに基づいて，定期的な配転が盛んに行われている。定期的な配転は各労働者の職業能力の発展のためだけではなく，各部署での人事の刷新や，労働力の補充・調整等を目的として行われることもある。

2　配転命令権の根拠

期間の定めのない労働契約を締結して働く労働者については，長期雇用システムの中で，人事権の一内容として労働者の勤務地や職務内容を決定する使用者の権限が労働契約で定められていることが多い。この権限を配転命令権という。具体的には，就業規則において「業務の都合により，出張，配置転換，転勤を命じることがある」等の包括的な規定がなされ，配転命令権が根拠づけられる。

3　契約による限定

使用者に配転命令権が認められるとしても，労働契約の締結の際や展開の過程で，職種や勤務地が限定された場合には，使用者はその範囲を超える命令を行うことはできず，それでも配転を命じようとする場合には労働者の合意を得る必要がある（アール・エフ・ラジオ日本事件・東京高判昭58・5・25）。

たとえば，職種を看護師に限定して契約した場合の経理職員への配転，また，勤務地を京阪神地区に限定して契約した場合の首都圏への転勤には労働者の合意を得る必要がある。

4　権利濫用による制約

配転命令に関しては，権利濫用による制約もある。「業務上の必要性が存しない場合又は業務上の必要性が存する場合であっても，……他の不当な動機・目的をもってなされたものであるとき若しくは労働者に対し通常甘受すべき程度を著しく超える不利益を負わせるものであるとき」には，配転命令は権利濫用として無効となる（東亜ペイント事件・最判昭61・7・14）。

たとえば，労働組合活動に熱心な労働者を遠ざけて組合活動の柱を失わせ壊滅させようという動機のもとに行う配転命令は権利濫用で無効である（北海道コカ・コーラボトリング事件・札幌地決平9・7・23）。また，転勤対象とされている労働者の家族のうち複数の者が病気療養中で転勤先にその病気の専門医がおらず，その労働者以外に面倒を見て生計を支える者がいないといった事情があった事例についても配転命令が権利濫用として無効とされる（日本電気事件・東京地判昭43・8・31)。

SCENE 5-1の場合，就業規則に，会社の業務上の都合により労働者に転勤を命ずることができる旨の定めがあり，現に，全国に十数か所の営業所の間において営業担当者の転勤を頻繁に行っていた。「私」は大学卒業資格の営業担当者として入社し，労働契約成立時に勤務地を限定する旨の合意はしていなかった。このような場合には，会社は個別的同意なしに「私」の勤務場所を決定し，転勤を命じて労務の提供を求める権限を有すると解される（東亜ペイント事件・最判昭61・7・14)。

すなわち，配転命令権を根拠づける就業規則の定めがあり，営業担当者という転勤が頻繁である職種として採用され，勤務地限定の合意もなかったことから，契約上，会社は「私」に対し転勤を命令する権利を有するといえる。またその転勤命令は，不当な動機のもとになされたものではなく，「私」の家族状況に照らしてもその転勤命令により「私」が被る不利益は通常甘受すべき程度のものと判断されるだろう。たとえば母が重病で他に看病できる家族もいない等の事情があれば，配転命令が権利濫用にあたるとされることも考えられるが，「私」の家族状況では，過去の判例に照らしても，権利濫用にはあたらないと判断されるだろう。

賃金が下がる職種への配転

賃金が下がる職種への配転については，そのような配転は労働契約上予定されていたといえず労働契約の枠を超えているのではないか，労働者にあまりにも大きな不利益を与えており無効ではないかが慎重に検討される。⇒70頁

育児・介護と配転

判例上，共稼ぎや子の教育等の事情で夫婦別居をもたらす配転命令は，業務上の必要性が認められ，労働者の家庭に対する配慮（別居手当等）をしている場合には，有効とされてきた。通勤時間の長時間化による育児の支障が，なお通常甘受すべき程度の不利益とされた裁判例もあった（ケンウッド事件・最判平12・1・28)。

2001年に至り，育介休法26条は「事業主は，その雇用する労働者の配置の変更で就業の場所の変更を伴うものをしようとする場合において，その就業の場所の変更により就業しつつその子の養育又は家族の介護を行うことが困難となることとなる労働者がいるときは，当該労働者の子の養育又は家族の介護の

状況に配慮しなければならない」と規定した。⇒125頁また，2007年，労契法3条3項が，労働契約締結・変更の基本理念として，「仕事と生活の調和」への配慮を規定した。育児・介護と仕事との両立を目指す現行法制の中で，育児・介護中の労働者に対する配転命令権は制限される傾向にある。

3 出　向

SCENE 5-2

叔母はY社に25年勤務し，工場構内で製品を運搬する輸送業務に従事してきた。Y社の労働者で組織するC組合の組合員でもあった。Y社は急激な経営悪化を受けてリストラを計画し，その一環として関連会社への出向を行うことを決め，C組合と，それに関する団体交渉を行った。その結果，出向期間を原則3年以内とすることや出向期間中の労働条件等に関する社外勤務協定が締結された。Y社の就業規則には，業務上の都合により社外勤務をさせることがある旨の規定があった。

叔母は構内輸送業務に従事していた同僚らと共に，Y社の協力会社であり構内輸送業務の委託を一括で受けたD社に出向するよう命じられた。叔母は不同意のままD社に赴任した。

勤務場所，勤務内容，勤務形態には変化がなかったものの，不同意であるにもかかわらず出向させられたことに立腹した叔母は，同じく出向した同僚と共に，Y社による出向命令の無効確認請求の訴えを起こした。叔母らの訴えは認められるだろうか。

1　出向の意義

出向とは，労働者を自企業に在籍させたまま長期間にわたり他の企業の業務に従事させる人事異動である。出向は，たとえば自社製品の販売を委託している販売店に数日間販売の手伝いに行く等，自企業の業務として他企業に短期的に応援に行くのとは異なる。次項で述べる「転籍（転籍出向）」との区別のために，「在籍出向」と呼ばれることもある。

出向は，関連会社への技術移転や労働者のキャリア形成のために行われることもあれば，人件費節減を狙った雇用調整のために行われることもある。

長期間，他の企業で働くことは，たとえ従来勤務してきた企業に籍を残したままであっても大きな変化である。このような変化を強いる命令を，勤務先企業は労働者の同意もなく行うことができるのだろうか。

2　契約上の根拠

包括的同意

民法 625 条 1 項によれば，使用者は労働者の承諾がなければその権利を第三者に譲渡することはできない。それでは使用者は，労働者に出向を命じる際に，個別に同意をとらなければ出向させることができないのだろうか。

通説・判例においては，労務の提供先が変わる以上，就業規則や労働協約上の根拠規定や採用の際の同意等，明示の契約上の根拠がない限りは出向命令権が労働契約の内容となっているとはいえないものの，その同意は，労働契約締結時に，就業規則等で出向があり得ることを提示されてそれに同意した等の，事前の包括的な同意があればよいとされている。

包括的同意の具体的条件

判例において，包括的規定・同意によって命じる出向が有効であるためには，密接な関連をもつ会社間の日常的出向であり，出向先での労働条件，出向期間，復帰の仕方等に関する出向規程等を整備し労働者の利益に対する配慮がなされており，その職場で出向を通常の人事異動として受容していることが，判断の前提とされている（新日本製鐵〔日鐵運輸第二〕事件・最判平 15・4・18）。

3　権利濫用による制約

出向命令が有効と認められるためには，契約上の根拠があることに加え，配転命令と同様，その命令が人事権の濫用にあたらないことが必要である（JR 東海事件・大阪地決昭 62・11・30）。業務上の必要性に比して労働者の被る不利益が著しく大きい場合には，出向命令は権利濫用として無効となる。労働組合との協議により出向期間中の労働条件や職務内容に関する十分な配慮を行っていた場合には権利濫用は否定される（前掲新日本製鐵〔日鐵運輸第二〕事件）。

労契法は，この判例法理を条文化し「使用者が労働者に出向を命ずることができる場合において，当該出向の命令が，その必要性，対象労働者の選定に係る事情その他の事情に照らして，その権利を濫用したものと認められる場合には，当該命令は，無効とする」と規定している（同法 14 条）。

SCENE 5-2 については，Y 社の就業規則に，業務上の都合により社外勤務をさせることがある旨の規定があること，Y 社が，急激な経営悪化を受けて関連会社への出向に関する団体交渉を行い，出向期間中の労働条件等に関する社外勤務協定を締結したことに注目する必要がある。叔母には不利だが，Y 社の就業規則および労働協約は，個別の同意に代わり得る出向命令権の根拠たり得るといえよう。

Y 社は，協力会社であり構内輸送業務の委託を一括で受けた D 社に，構内輸送業務に従事していた叔母と同僚らを出向させている。経営悪化を受けて，委託した業務に従事していた労働者らを出向させたのであるから，業務上の必要性および人選の合理性はあるといえよう。また Y 社は，出向期間中の労働条件についても社外勤務協定を締結して出向労働者らに配慮している。実際，叔母も同僚も，勤務場所，勤務内容，勤務形態には変化がなかった。叔母にとっては不本意だろうが，Y 社の出向命令が権利の濫用にあたるとはいえないだろう。

4　出向中の法律関係

出向中は，労働者は出向先の労務管理や服務規律に服することとなるが，就業規則のうち労務提供を前提としない部分については，出向元企業の就業規則の適用を受け続ける。たとえば，労働義務の履行請求権，指揮命令権，出勤停止など就労を前提とする懲戒権は出向先に移るが，解雇権，復帰命令権，懲戒解雇権など契約関係を終了させる懲戒権は出向元に残る。

労働者に対する保護を目的とする法規（労働保護法）に関する責任を負うのは，出向先企業と出向元企業のうち，問題となった事項につき実質的権限を有している方である。たとえば，時間外労働に関する労基法 36 条，労災法等，現実の就労に着目した規制は出向先に適用され，解雇予告に関する労基法 20 条等，契約関係の存続に着目した規制は，出向元に適用される。

給与は，通常は出向先企業から支払われるが，出向先企業と出向元企業との取決めで，出向に伴う減少分を出向元企業が支払うケースもある。

4 転　　籍

転籍（転籍出向）とは，労働者の籍を自企業から他の企業に移してその企業の業務に従事させる人事異動である。在籍出向と転籍出向の両方を含む人事異動を「出向」と呼ぶ場合もあるが，通常は在籍出向を「出向」と，転籍出向を「転籍」と呼ぶ。

1 転籍の意義

転籍は，従来の労働契約関係を終了させて，新たに他の企業と労働契約を締結するのであるから，労働者の同意なしに行うことはできないのが原則である（三和機材事件・東京地決平4・1・31）。実質的に独立の法人格をもつ会社の間においては，たとえ労働条件に差がなく，人的にも資本的にも両者の結びつきが強いとしても，労働者の同意なしに転籍させることはできない。

転籍の方法として，転籍元との労働契約を合意解約し転籍先との労働契約を新たに締結する場合にも，労働者の同意が必要であるが，労働契約上の使用者の地位を転籍元から転籍先に譲渡する方法による場合も，民法625条1項の規定により使用者は労働者の承諾がなければその権利を第三者（転籍先）に譲渡することはできない。

2 転籍後の法律関係

転籍の場合は，転籍先企業との間に労働契約が成立するので，原則として労働契約上の使用者も労働保護法上の使用者も，転籍先の使用者のみである。

5 昇進・昇格・降格

1 昇　進

昇進とは，企業組織における管理監督権限や指揮命令権限の上下関係（ライン）における役職（管理・監督職）の上昇や，役職をも含めた企業内の職務遂行上の地位（職位）の上昇を意味する。

役職への昇進の人事は，その労働者の管理職としての能力適性を総合的に評価して行われる裁量的判断であり，また企業の業績を左右する重要な決定である。それゆえ，国籍・信条・社会的身分による差別⇒134頁や性を理由とする差別⇒136頁，組合員であることや労働組合の正当な行為をしたことを理由とする差別⇒223頁が行われた場合を除いては，法は介入せず，使用者の人事権を尊重すべきであると考えられている。また，判決等により昇進差別が是正される場合にも，使用者に対して特定労働者の特定管理職への昇進を強制する救済を命じることまでは認められていない。

2 昇　格

昇格・昇級

昇格とは，従業員の職務遂行能力を体系的に位置づけて，これに応じた処遇を行う職能資格制度⇒85頁における資格の上昇（例：3等級から2等級へ）を意味する。職能資格制度においては，その企業における職務遂行能力が分類・類型化され，さらにその中で等級化されている。その級の上昇は昇級と呼ばれる。

昇格や昇級は，昇格試験の結果や上司の人事考課（査定）に基づいて決定されるが，昇格・昇級は労働者に職能給の上昇をもたらし，その結果一時金や退職金の上昇にもつながる。役職や職位が一定の資格と対応している場合には，昇格は一定の役職・職位への昇進の前提条件となっている。

昇格・昇級差別

昇格・昇級についての判断は，使用者の裁量に任されている。

ただし，昇進の場合と同様，昇格・昇級についても，国籍・信条・社会的身分，性や組合員であることを理由とする差別が行われた場合には，昇格・昇級の決定は違法となる。裁判所はこうした差別が行われた場合に，使用者に対し，強行法規違反の不法行為として損害賠償を命じることができる。しかし，昇格・昇級は使用者の意思に基づいてなされるものであるため，労働者は，差別禁止規定に基づき，直接，あるべき昇格・昇級の請求を裁判所に求めることはできず（芝信用金庫事件・東京地判平8・11・27），特別な場合に就業規則等を手がかりに昇格・昇級が認められるケースが考えられるにすぎない（社会保険診療報酬支払基金事件・東京地判平2・7・4）。

以上のような差別が存在しない場合には，著しく不合理で社会通念上許容できない判断が行われたのでない限り，昇格・昇級の決定についての人事を違法ということはできない。

3 降　　格

SCENE 5-3

私は，H 証券会社の営業員として働いている。H 社の就業規則には，従来は，職能資格制度に基づく給与システムが定められていて，事務補助・一般事務・主任・代理・課長・次長・部長等の区分とこれらに対応する職級とが資格として設定され，各職級に対応する標準年齢と号俸（級に応じた給与）が定められている。そして H 社は，同一職級では学歴と標準年齢を基準に号俸を上げ，上位の職級の職務遂行能力の有無を判定して昇格させてきた。しかし，H 社は突然，従業員の営業成績に応じて資格や号俸を決定するようになり，私は成績不振等を理由に資格，号俸が引き下げられ，月給が 5 分の 3 になってしまった。私は減額分の支払を H 社に求める訴えを起こしたが，勝訴できるだろうか。

降格と昇進・昇格

降格とは，昇進の対概念でもあり，昇格・昇級の対概念でもある。すなわち降格とは，職位や役職を引き下げる場合，また職能資格制度や職務等級制度上の資格・等級を低下させる場合（降級と呼ぶ会社もある）を意味する。降格は，業務命令による人事上の措置であり，権限や責任，賃金の低下をもたらすことが多い。

なお，降格は，懲戒処分として行われることもある。⇒76 頁

人事上の降格の効力

昇進の対概念としての降格は，使用者の裁量的判断にまかされている（エクイタブル生命保険事件・東京地決平 2・4・27)。職業能力の展開に応じて職務やポストを配置していく長期雇用システムにおいては，一定の役職を解く降格については，労働契約上当然に予定されていると考えられている。

しかし，賃金の低下が著しく労働者の被る不利益が大きすぎる等の場合には，権利の濫用として無効である。また，中途採用で部長として採用された場合等，労働契約で地位等につき制限が設けられている場合には，その制限を超える降格は無効である。

職能資格制度や職務等級制度における資格や等級を引き下げる降格について

は，到達した職務遂行能力が下がることは本来予定されていないのが通常であるため，そうした降格があり得ることを就業規則等に明記し，労働契約上根拠づけなければ行うことはできない。また契約上の根拠がある場合にも，著しく不合理な評価により大きな不利益を与える降格がなされた場合等には人事権の濫用となり得る。

SCENE 5-3 において，H 社でとられている職能資格制度は，他の会社でも見られる一般的なもののようである。各職級に対応する標準年齢が定められており，同一職級では学歴と標準年齢を基準に号俸を上げていること等からして，いったん職務遂行能力が備わっていると判断されたにもかかわらず，営業実績や勤務評価が低い場合に突然職務遂行能力が備わっていないとして降格することは労働契約上予定されていなかったのではないだろうか。入社時の合意内容や実際の人事の事例等に照らして，降格があり得る労働契約関係であるのかを確認する必要がある。もし降格が予定されていない労働契約関係であれば，H 社が「私」の資格，号俸を，成績不振等を理由に引き下げ，月給を 5 分の 3 にした降格は無効であり，H 社は減額分を「私」に支払う義務がある（アーク証券事件・東京地判平 12・1・31 参照）。

6 休　職

SCENE 5-4

伯父は鉄道会社に職種や業務内容の限定なく雇われ，車両の交番検査業務に従事していたが，作業中に脳内出血を発症し，1 年間の病気休職とされ，それが 2 回更新された。その鉄道会社の就業規則では，病気休職の期間は 3 年以内とされ，3 年の期間が満了する際に治癒していなければ自動退職となるとされていた。復職については，医師の診断書に基づいて傷病が治癒したことを会社が認めた場合に 7 日以内に復職を命ずるとされていた。3 年経過後，伯父は一部後遺症が残り，「軽作業なら行えるが右手の巧緻（こうち）障害（字を書く，ボタンをかける等の動作の障害）は認められる」との診断書を提出したが，会社は復職できる状態ではないとして伯父を退職扱いとした。伯父は退職手続を拒み，社内のできる仕事をやらせてほしいと復職を頼み込んだが，会社の姿勢は変わらなかった。伯父は会社を相手取り，従業員としての地位の確認請求の訴えを起こした。裁判所は伯父の請求を認めてくれるか。

1　休職の意義

休職とは，ある労働者につき，労務に従事させることが不能または不適当な事由が生じた場合に，使用者がその労働者に対し，労働契約関係を維持しながら労務に従事することを免除し，または禁止することである。これに関する法律上の規制はない。

休職の種類としては，以下のようなものがある。

傷病休職：業務以外の原因による負傷や疾病（私傷病）のための長期欠勤が一定期間に及んだ場合の休職

事故欠勤休職：負傷・疾病以外の自己都合による欠勤が一定期間に及んだ場合の休職

起訴休職：刑事事件で起訴された者に対し一定期間または判決確定までの間行う休職

出向休職：労働者が出向している間の休職

自己都合休職：労働者の公職就任・留学等の期間中の休職

専従休職：労働組合の役員として専従する期間中の休職

なお，ここでいう休職は人事上の措置としての休職であるが，懲戒処分としての休職もある。

休職期間の長さおよび休職期間中の賃金や勤続年数の算定についての取扱いは，企業により多様であり，また各企業も休業の種類により異なる取扱いをしているのが通常である。たとえば，傷病休職中の賃金については，時間の経過とともに段階的に減額される企業もあれば，当初から無給である企業もある。

2　傷病休職からの復帰

傷病休職の期間中に負傷や疾病が治癒すれば復職となる。それに対して期間満了時に治癒していない場合には，その企業の就業規則等に従い，退職または解雇となる。それゆえ，期間満了時に治癒しているか否かの判断が重要となる。労働契約において職種が限定されていない場合には，原職復帰が困難でも，現実に配置可能な業務があればその業務に復帰させるべきであるとして，原職復帰の可能性を問わずに復職を認める裁判例が多い（東海旅客鉄道〔退職〕事件・

大阪地判平 11・10・4)。

SCENE 5-4 との関係で重要なのは，労働者が私傷病により休職となった以後に復職の意思を表示し，使用者がその復職の可否を判断する際，「労働者が職種や業務内容を限定せずに雇用契約を締結している場合においては，休職前の業務について労務の提供が十全にはできないとしても，その能力，経験，使用者の規模や業種，その社員の配置や異動の実情，難易等を考慮して，配置替え等により現実に配置可能な業務の有無を検討し，これがある場合には，当該労働者に右配置可能な業務を指示すべきである」という裁判例の傾向である。

伯父は鉄道会社に職種や業務内容の限定なく雇われていたのであり，社内のできる仕事をやらせてほしいと復職を頼み込んでいる。確かに，休職前に行っていた車両の交番検査業務は十全には行えない。しかし，それなりの規模で社内に多様な業務があり人事異動もそれなりに行っている会社であれば，伯父の能力等を踏まえて，配置替え等により現実に配置可能な業務の有無を検討し，これがある場合には，伯父に右配置可能な業務を指示すべきである。配置可能な業務があれば，伯父の従業員としての地位の確認請求は認められる（前掲東海旅客鉄道〔退職〕事件参照)。

3 起訴休職処分の適法性

起訴休職とは

起訴休職については，就業規則においてたとえば「刑事事件で起訴された者は，その事件が裁判所に係属する間はこれを休職とする」等と規定されている。

起訴休職制度の趣旨は，刑事事件で起訴された従業員をそのまま就業させると，職務内容または公訴事実の内容によっては，職場秩序が乱されたり，企業の社会的信用が害され，また，当該従業員の労務の継続的な給付や企業活動の円滑な遂行に障害が生ずることから，これらを避けることにある。

したがって，裁判例においては，従業員が起訴されたという事実のみで形式的に起訴休職の規定の適用が認められるものではなく，職務の性質，公訴事実の内容，身柄拘束の有無など諸般の事情に照らし，起訴された従業員が引き続き就労することにより，会社の対外的信用が失墜し，または職場秩序の維持に障害が生ずるおそれがあるか，あるいは当該従業員の労務の継続的な給付や企業活動の円滑な遂行に障害が生ずるおそれがある場合でなければならないとされる（日本冶金工業事件・東京地判昭 50・2・7）[1]。

7 懲戒処分

SCENE 5-5

叔父は義を重んじる性格で，彼の経営するＹ社は，普段から会社の経営方針として，企業の社会的責任を強調し，従業員に対し，職場諸規則の厳守，信賞必罰の趣旨を強調していた。ところがＹ社の蒸熱作業担当の工員であったＸは，深夜に他人の居宅の風呂場の扉を開けて屋内に忍び込み，住居侵入罪で罰金１万円に処せられた。Ｘの逮捕の事実は数日を出ないうちに噂となって広まった。

Ｙ社は，従業員賞罰規則の「不正不義の行為を犯し，会社の体面を著しく汚した者」に該当するとして，Ｘに懲戒解雇を言い渡した。この懲戒解雇は有効か。

1 懲戒権の根拠と限界

企業秩序と懲戒

企業は組織であり，そこに所属する構成員に統制を及ぼす。その構成員に対する統制の全般を企業秩序と呼ぶ。企業秩序を定め維持する権利は，組織の運営を担う使用者がもち，労働者は企業秩序遵守義務を負う。使用者は，企業秩序を維持するため，就業規則に，従業員の心得や服装規定，会社施設の利用制限，職務専念規定，法令規則の遵守義務，上司の命令に服する義務，信用保持義務，秘密保持義務等の，従業員の行為規範を定めている。

企業秩序に違反する労働者に対しては，使用者は解雇や損害賠償請求等の手段をとることができる。また使用者は，そのような手段とは別個に，制裁罰（懲戒処分）を実施することもできる。懲戒処分は，規律違反や秩序違反に対する制裁罰であることが明確な，労働関係上の不利益措置と定義できる。懲戒処分は使用者にとって企業秩序の維持に役立つが，労働者に大きな不利益を及ぼす可能性があるため，いかなる言動をとると懲戒の対象となるのか（懲戒事由），

notes

① **起訴休職が有効であるための要件**　全日本空輸事件・東京地判平 11・2・15 は，上記の要件に加え，起訴事実が確定した場合に行われ得る懲戒処分が軽すぎて起訴休職とバランスがとれない場合も起訴休職は無効であるとする。

および懲戒処分としていかなる種類の手段がとられ得るのかが就業規則上明らかにされていなければならない（フジ興産事件・最判平15・10・10）。つまり，合理的な内容を就業規則に明記する等して，制裁を加える権限を労働契約上根拠づける必要がある。

懲戒権の限界

企業秩序は企業や労働契約の本質に根ざしたものであるが，労働契約上基礎づけられる懲戒権も，企業・労働契約の目的上必要かつ合理的な限度を超えた支配までは予定していない。たとえば，労働者の私生活上の行為は，実質的に企業秩序に関連するもの，企業の社会的評価を毀損するおそれのあるもののみが規制の対象となる（組合活動に関連した公務執行妨害行為を理由とする懲戒免職処分を有効としたものに国鉄中国支社事件・最判昭49・2・28）。企業秩序による規制も労働者の人格や自由に対する行きすぎた支配や拘束になってはならない。裁判所は，就業規則上明記された懲戒事由が広がりのある表現である場合に，合理的な内容に限定解釈する等して，使用者の権限を適切に限界づけている。

2　懲戒処分の種類

上記のように，懲戒処分とは，企業秩序違反に対する制裁としての罰であり，違反した労働者に不利益を及ぼす処分である。使用者が懲戒処分を行うためには，どのような場合に懲戒されるかという具体的な懲戒事由と懲戒の手段を就業規則に明記し，労働契約の内容として定めなければならない。

譴（けん）責・戒告

懲戒処分のうち一番軽微なものは，始末書を提出させて将来を戒める「譴責」，始末書を提出させることなく将来を戒める「戒告」である。

これらは実質的には不利益を課さない処分ではあるが，昇給・ボーナス・昇格などにおいて不利に考慮されることがある。また複数回重なった場合に，より重い懲戒処分とされると就業規則で定められていることもある。

減給

次の懲戒処分は，現実になした労務の提供に対応して受けるべき賃金額から一定額を差し引く「減給」である。

減給は処分を受けた労働者の家計に影響を与えるものであるから，労基法は，名称の如何を問わず，1回の額が平均賃金（⇒93頁 notes ⑪）の1日分の半額を超えてはならず，また総額が一賃金支払期の賃金の総額の10分の1（同一賃金支払期間中に数回の懲戒事由該当行為が繰り返された場合，減給額を総額を決めて制限している）を超えてはならないと定めている（同法91条）。なお，出勤停止に伴う賃金の不支給は労務不提供の結果であるため本条の減給にはあたらない。

出勤停止

第3の懲戒処分は，労働契約を存続させながら，労働者の就労を一定期間禁止する「出勤停止」である。「自宅待機」，「懲戒休職」と呼ばれることもある。

出勤停止期間中は賃金が支給されず，勤続年数にも算入されないことが多い。

出勤停止期間が著しく長い場合は，公序良俗に反し無効とされる。

なお，出勤停止には，たとえば労働者がスキャンダルに巻き込まれた場合等，その労働者を出勤させることが不適当である場合に，使用者が業務命令として命じる出勤停止もあり，この場合には業務を行っていることになるので賃金が支払われる企業が多い。

降格

第4に，職位や役職を引き下げる「降格」がある（なお，人事上の措置としての降格については⑤（⇒70頁）参照）。

懲戒解雇

懲戒処分のうち最も重い処分は，解雇予告も予告手当（⇒173頁）の支払もせずに即時に行う「懲戒解雇」である。懲戒解雇の際には退職金を支給しない，または一部しか支給しない旨を退職金規程等の就業規則に定めている企業も多く，また懲戒解雇とされた労働者は，その後再就職先を見つけるのが困難となるため，懲戒解雇は労働者に特に重大な不利益を及ぼす。

諭旨解雇

懲戒解雇を軽減した懲戒処分として，退職願，辞表の提出を勧告し，即時退職を求め，所定期間内にこれに応じない場合に懲戒解雇に処する，諭旨解雇という取扱いを行う企業がある。これについては，退職金は全額ないし一部が不支給とされる企業もあり，自己都合退職と同様に支給する企業もある。諭旨解雇は実際上は懲戒処分の一種であるので，懲戒解雇同様に，その法的効果を争い得る。

3 懲戒事由

懲戒事由の例としては，以下のようなものが挙げられる。

経歴詐称：最終学歴や犯罪歴の詐称

職務懈怠：無断欠勤や勤務成績の不良

業務命令違背：上司の指示・命令への違反

職場規律違反：横領，背任，同僚への暴行，セクシュアル・ハラスメント，許可を得ずに行う集会やビラ配布等 ⇒251頁

従業員たる地位・身分による規律の違反：私生活上の非行，秘密漏洩等

4 懲戒権濫用法理

労契法 15 条

労契法 15 条は，「使用者が労働者を懲戒することができる場合において，当該懲戒が，当該懲戒に係る労働者の行為の性質及び態様その他の事情に照らして，客観的に合理的な理由を欠き，社会通念上相当であると認められない場合は，その権利を濫用したものとして，当該懲戒は，無効とする」と規定する。

懲戒することができる場合

懲戒処分が有効であるためには，第１に「使用者が労働者を懲戒することが

できる場合」でなければならない。「懲戒することができる場合」とは，使用者に懲戒権が認められる場合である。それには就業規則において懲戒の理由となる事由と，これに対する懲戒の種類・程度が明記されていなければならない。

懲戒事由該当性

第2に，労働者の行った行為が，就業規則に定められている懲戒事由に該当し，「客観的に合理的な理由」があると認められなければならない（懲戒事由該当性）。懲戒処分の対象とされた具体的な行為が，懲戒事由に該当するか否かが，具体的行為の性質・態様等に照らして判断される。懲戒事由の規定の意味する内容が不明確で広範な場合には，合理的な限定解釈がなされることが多い。

処分の相当性

第3に，懲戒事由に該当していても，「当該懲戒に係る労働者の行為の性質及び態様その他の事情に照らして」「社会通念上相当であると認められない場合」には無効となる。懲戒処分は，その規律違反行為の性質・態様その他の事情に照らし，行われた処分の内容がバランスのとれた相当なものでなければならない（処分の相当性）。処分の内容が重すぎる場合には，社会通念上相当であると認められず，懲戒権を濫用したものとして懲戒処分は無効となる[2]。

懲戒処分に関するその他の制限

懲戒処分は，その根拠規定が設けられる以前の行為に関しては，遡って適用することはできない（不遡及の原則）。同一の行為につき2度懲戒処分を行うこともできない（一事不再理の原則）。同じ規定に同じ程度違反した場合には，懲戒処分が同一の種類・程度でなければならない。従来黙認していた行為に関して懲戒処分を行うには，事前に十分警告しなければならない。

懲戒処分を行う際には，本人に弁明の機会を与える等の手続を踏まなければ

notes

[2] **懲戒処分と不法行為**　懲戒処分は，労働者の名誉・信用を害し，精神的苦痛を与え，また経済的不利益を与える措置である。それゆえ，懲戒処分が権利濫用にあたる場合には，処分が無効となることに加え，使用者の故意・過失が認められる等の要件を満たせば不法行為を成立させ得る。

ならない。就業規則で労働組合との協議や労使の代表からなる懲戒委員会での討議を経るべきことを定めている企業が多いが，その場合にそれらの手続を遵守すべきことは当然である。

SCENE 5-5 で，Y 社は，従業員に対し，職場諸規則の厳守，信賞必罰の趣旨を強調していた。経営者である叔父は，自分の会社の人間が犯罪を犯すなど，どれほど些細な犯罪であれ，許しがたいと思うだろう。深夜に他人の風呂場から室内に忍び込むなど，恥ずべき行為であり，しかも逮捕の事実が広まってしまったのならば，会社から追い出したいと考えたのも叔父の性格からすれば理解できる。

しかし，X は管理職ではなく工員であり，犯した罪も仕事とは無関係の私生活上のものである。受けた刑罰も罰金 1 万円であり，「不正不義の行為を犯し，会社の体面を著しく汚した者」にあたるとはいえないだろう。判例の傾向からしても，懲戒解雇が有効とされるとは考えられない（横浜ゴム事件・最判昭 45・7・28 参照）。

CHECK

① 配転命令・出向命令は，それぞれどのような場合に無効となるか。
② 人事上の措置としての降格と，懲戒処分としての降格では，その効力を判断する方法にどのような違いがあるか。
③ 休職の種類はどのようなものがあるか。各休職処分の効力を判断する際に何を考慮に入れるか。
④ 懲戒処分はどのような場合に無効となるか。

CHAPTER

第6章

賃　金

使用者が労働者に対し，労働の対価として支払うものを賃金という。労働者にとって，賃金は自らの生活や家族を支えるための非常に重要な手段である。それゆえ，賃金が発生する仕組みや最低額の保障，賃金の確実な支払を保障するための法制度を知ることは，とても大切である。

また，健康上の理由などで，会社から指示された業務を十分に行うことができない場合，あるいは，会社側の事情で仕事ができなくなった場合に，賃金はどのようになるのかといった問題についても，ここで考えていきたい。

1 賃金とは

1 労働契約の本質的要素

労働者と使用者との間を法的に結びつけているのは「労働契約」である。「労働契約」については，労契法が，「労働者が使用者に使用されて労働し，使用者がこれに対して賃金を支払うことについて，労働者及び使用者が合意することによって成立する」（同法6条）と規定しているが，このことからわかるように，使用者が労働者に対して「賃金を支払うこと」は，労働契約におけるもっとも重要な取決めであり，労働契約の本質である[1]。

したがって，労働に対して支払われる賃金の額や支払方法等については，労働者および使用者が対等の立場における合意に基づいて取り決めることや変更することが求められる（労契法3条1項）[2]。

2 労基法による賃金の定義

労基法11条による定義

労基法上，「賃金」とは，賃金，給料，手当，賞与その他名称のいかんを問わず，労働の対償として使用者が労働者に支払うすべてのものをいう（同法11条）。つまり，労基法上の「賃金」とは，労働の対償であること，および，使用者が支払うものという2つの要素を満たすものをいう。「労働の対償」とは，使用されて労働したことに対する対価という意味である（労契法6条参照）。また，「賃金」といえるためには，「使用者が労働者に支払うもの」でなければならない。したがって，客が従業員に対して渡すチップは，客が当該従業員に対

notes

[1] **「賃金」と「報酬」**　民法623条は「雇用契約」について，「当事者の一方が相手方に対して労働に従事することを約し，相手方がこれに対してその報酬を与えることを約すること」とする。ここでいう「報酬」は，「賃金」と同じ意味である。

[2] **賃金の計算方法等を定めているのは何か**　多くの場合，労働者の受けとる賃金額の計算方法等を定めているのは就業規則あるいは労働協約である。また，会社との間で交わす個別の労働契約において取り決められている場合もある。したがって，賃金額を変更する（とりわけ引き下げる）際には，それぞれの不利益変更のルールに従って行われることになる（⇒41頁，238頁）。

して与えるものであるがゆえに賃金にはあたらない。

使用者が労働者に対して与える給付が「賃金」にあたる場合，当該給付に対しては，労基法の「賃金」に関わる規定，すなわち12条および24条以下が適用されることになる。

「賃金」性の判断

使用者が労働者に対して与える給付が，賃金にあたるか否かは，問題となる給付の性質や内容に照らして，個別具体的に判断される。しかし，その判断は容易ではない。

そこで，行政実務では，賃金にあたらないものを示し，それ以外のものを賃金と判断する方法をとっている。賃金にあたらないとされているのは，①任意的恩恵的給付，②福利厚生給付，③企業設備・業務費である。なお，①であっても，労働契約，就業規則，労働協約等によって，あらかじめ支給条件が明確である場合には「賃金」にあたると解されている（昭22・9・13発基17号，図表7参照）。

図表7　賃金にあたらないものの具体例

①任意的恩恵的給付の例

退職金，賞与，結婚祝金，
死亡弔慰金，災害見舞金等

②福利厚生給付の例

資金貸付，住宅貸与，
レクリエーション施設の利用等

③企業設備・業務費の例

作業衣，作業用品代，出張旅費，
役職員交際費，器具損料等

賃金請求権の発生

SCENE 6-1

最近，外回りの仕事がツライ。病院に行ったら，バセドウ病と診断された。通院治療を受けているが，なかなか調子が戻らない。今の状態では外勤を続けるのは難しいので，かかりつけ医に診断書を書いてもらい，上司に，内勤の事務作業の仕事に回して欲しいと申し出た。ところが，その後，僕は，7月1日から8月末日までの2か月間について会社を休んで自宅で治療に専念するようにとの命令を受けた。これは「自宅療養命令」というやつで，会社の就業規則によれば，この間，賃金が出ないそうだ。
　でも，僕は内勤の事務作業だったら，それほど困難なくやれるんだ。診断書にもそう書いてあるし，そのことは上司にも伝えている。だいたい２か月間も収入がなくなるなんて，生活していけないよ。困った。どうすればいいんだろう。

1　基本的な考え方

労働者が使用者に対し賃金の支払を請求する権利のことを賃金請求権という。賃金請求権は，原則として，労働者が労働契約で取り決めた内容の労働を行った場合に発生する（民法624条1項）。つまり，労働者が使用者の指揮命令に従って労働を行った場合に（同法415条「債務の本旨に従った履行」），労働者は賃金請求権を手に入れることになる。労働者は，使用者の指揮命令に従った労働を行えば十分であり，使用者の望む成果を出さなければ賃金が支払われないということはない[3]。

2　命じられた労働を行うことができない場合

労働者が，健康上の理由などにより，使用者に命じられた特定の業務を十分に行うことができず，そのために休業が命じられたような場合，その労働者は賃金請求権を有するだろうか。

この点について，最高裁は，「労働者が職種や業務内容を特定せずに労働契約を締結した場合においては……その能力，経験，地位，当該企業の規模，業種，当該企業における労働者の配置・異動の実情及び難易等に照らして当該労働者が配置される現実的可能性が認められる他の業務について労務の提供をすることができ，かつ，その提供を申し出ているならば」，賃金請求権を失わないとしている（片山組事件・最判平10・4・9）。賃金請求権の有無を決するポイントとなるのは，労働契約の内容と当該職場における配置の現実的な可能性で

notes

[3]　**労働契約は「結果」を求める契約ではない**　　労働契約は，指揮命令の下で労働を提供することを目的とする契約であって，仕事の完成を目的とする契約ではない。したがって，労働者が仕事を完成しなかったからといって，使用者が賃金の支払を拒否することは許されない。

ある[4]。

SCENE 6-1 では，「僕」が会社との間でどのような内容の労働契約を結んでいたかがポイントとなる。もしも労働契約において，「僕」の業務が外勤に限定されていれば，たとえ「僕」が内勤の事務作業ができると申し出，労働を行う意思を明確に示していたとしても，それは労働契約で取り決められた労働ではないがゆえに，「債務の本旨に従った」ものとはいえず，したがって賃金請求権は発生しない。

しかし，「僕」の業務が労働契約において特定されておらず，内勤の仕事への異動が現実に可能であれば，「僕」が就労の意思を示している以上，会社としては，「僕」を異動させ，労働をさせる義務があるといいうる。そして，会社が，そのような措置を取らず，自宅療養命令を発して「僕」の労働の提供を拒む場合，「僕」が労働を行うことができないのは会社に責任があるといえるので，現実に労働を行っていなくとも，その間について賃金請求権が発生する。他方，会社に，「僕」の希望する内勤の事務作業のための空きポストがなければ，「履行の提供」ができないため，賃金請求権は発生することはない。

3 賃金の構成要素

1 所定内賃金・所定外賃金

賃金は，大きく，所定内賃金と呼ばれる部分と，所定外賃金と呼ばれる部分からなる。所定内賃金は，日，週または月単位で固定的に支払われる賃金部分である。多くの場合，基本給と諸手当からなる。諸手当には，役職に就いた場合に支払われる役職手当や技能に対して支払われる技能手当といった職務に関連するもののほか，家族手当や住宅手当など当該労働者の生活保障を目的としたものもある。

所定外賃金は，労働者が実際に時間外労働や休日労働，特殊勤務等に従事し

notes

[4] **労務提供不能と賃金請求権の発生**　民法 536 条 2 項は「債権者の責めに帰すべき事由によって債務を履行することができなくなったときは，債権者は，反対給付の履行を拒むことができない」と規定する。この規定を，労働契約関係に即して読み替えるならば，「債権者」が使用者，「債務者」が労働者，「債務」が労働を行うこと，そして「反対給付を受ける権利」が賃金請求権のことを指しており，労務提供が不能となった理由が，使用者の責任によるものならば，労働者は賃金請求権を失わない，という意味になる。

た場合に支払われる賃金部分である。

そのほか，夏季および年末の一時金（賞与あるいはボーナスとも呼ばれる）や退職金が支払われる場合も多い。

2 基本給の算定方法

労働者が受け取る賃金の中心は，「基本給」と呼ばれる部分である。典型的な基本給の算定方法には，年齢や勤続年数に則して算定される場合（「年齢給」「年功給」），当該労働者の職務遂行能力に照らし格付けられた資格に則して算定される場合（「職能給」[5]），あるいは，当該労働者の就いている職務に則して算定される場合（「職務給」）がある。

賃金額の算定をどのような方法で行うかは，労働者と使用者との間の契約に委ねられている。法律による特別の規制はない。日本では，以前は年齢や勤続年数を重視した年齢給，年功給が多かったが，能力主義の拡大とともに，職能給ないし職能給と年齢給を組み合わせる方法が広がっている。また，最近では外資系企業の影響もあり，職務給を基本とする欧米の賃金制度にならって職務給を採用する企業も少なくない。

図表8 職能資格制度の例

職　層	資格名	役職名
管理職層	9等級 8等級 7等級	部長 次長 課長
指導監督職層	6等級 5等級 4等級	係長 主任
一般職層	3等級 2等級 1等級	

さらに，仕事の成果や現実に発揮された能力を重視して賃金額を決定する成果主義を指向した賃金制度も活用されている。その典型が年俸制である。年俸制は，労働者の前年度の業績等に関する目標達成度を評価するなどして，それをもとにその労働者の賃金の全部または相当部分を年単位で算定する制度であり，会社役員や上級管理職を中心に広まっている。

notes

[5] **職能資格制度**　職務遂行能力をランク付けし，序列化したものを職能資格制度と呼ぶ。そして，職能資格制度上の序列を上昇することを「昇格」ないし「昇級」，降下することを「降格」ないし「降級」と呼ぶ。これらは，使用者による人事考課（査定）を通じて決定されるのが通常である（図表8参照）。

4 一時金

1 一時金とは

一時金（賞与・ボーナス）は，毎月支払われる賃金以外に臨時に支払われるものをいう。多くの場合，夏季と年末の2回に分けて支給される。労働契約，就業規則，労働協約等によって支給条件が明確に定められている場合には労基法上の「賃金」にあたる。その額の算定は，基本給にその時々の経営状況に合わせた支給率と支給対象期間の出勤率ないし成績係数等を乗じることによって行われる。支給率については，労働組合がある場合には，労働組合と使用者との交渉によって決せられることが多い。また，成績係数は使用者による個別の人事考課（査定）を通じて決定されるのが一般的である。

使用者が労働者に対して一時金を支給することには，支給対象期間の労働に対する功労報償の意味と，今後の労働への意欲を刺激する意味がある。

2 一時金請求権の発生と支給日在籍要件

一時金の支払を求める権利，すなわち一時金請求権は，当該支給対象期間に労働を提供していれば当然に発生するというものではなく，各時期について算定基準・方法が定められ，算定に必要な成績査定等が行われて初めて発生する。

一時金の支給に関しては，就業規則等において，支給日あるいは基準日に在籍する者にのみ支給するという規定が置かれている場合も少なくない。当該日に在籍していなければ，たとえ一時金の支給対象期間に勤務していても，一時金を支給しないとする扱いである。これを支給日在籍要件という。

支給日在籍要件の有効性について，最高裁は，支給日に在籍する者にのみ一時金を支給するという扱いには合理性があるとして，当該要件を有効と認め，一時金支給日前に自発的に退職した者に一時金請求権は認められないとの判断を示している（大和銀行事件・最判昭57・10・7）。また，懲戒解雇，普通解雇，定年などにより退職日を自ら選択できない労働者についても，一時金支給日に在籍していなければ一時金請求権は発生しないとした裁判例もある[6]。

5 退 職 金

SCENE 6-2

うちの社員Aのことで相談があります。大変お恥ずかしいことなのですが，Aは，先月，電車内での痴漢行為で逮捕され（その日，Aは休日でした），その後，迷惑防止条例違反の罪で略式起訴され罰金刑に処せられました。再犯です。もはや雇い続けることはできません。懲戒解雇することにしました。懲戒解雇されることについては，Aも仕方がないと受け止めているようです。

ところで，うちの会社の就業規則には，懲戒解雇された者に対して，退職金を支払わない旨の規定があります。ですから，今回もAに退職金を払うつもりはありませんでした。しかし，Aは，自らの20年余りにわたる勤続の功労を考えれば，退職金全額不支給はおかしいと言っています。たしかに，Aは，痴漢行為で処罰されたことを除けば，きわめて勤勉で熱心に働く優秀な従業員でした。「規定で決まっていることだから」とAの言い分を突っぱねても大丈夫でしょうか。

1 退職金とは

退職金は，労働者が退職時に受領する金銭のことを指す。退職金は，労働契約，就業規則あるいは労働協約において支給することが規定されている場合には，賃金である。退職金額の算定は，算定基礎額に勤続年数毎に設定された支給率を乗じて行われることが多い[7]。

一般に，退職金には，功労報償的性格と賃金の後払としての性格との2つがあるとされる。功労報償的性格とは，その労働者の長年の勤続における功労を

notes

[6] **支給日在籍要件に関する学説の見解**　学説においては，支給日在籍要件を有効とする見解と無効とする見解に分かれている。しかし，有効とする見解であっても，労働者が退職日を任意に選択できない場合にまで支給日在籍要件を適用することは不合理であるとして，同要件の適用ないし不支給について，一定の条件をつけ，制限的に解する見解が多い。また裁判例において，支給日以前の退職予定者と支給日以降の一定期間在籍した労働者との間の支給額の差を80%とすべきとした判断もある（ベネッセコーポレーション事件・東京地判平8・6・28）。

[7] **退職金の算定方法**　退職金の算定は，算定基礎額に一定の支給率を乗じるもの，それにさらに一定額を加算するものなど企業ごとに様々である。算定基礎額については，退職時の基本給額や退職時の基本給額に一定率を乗じて算出した額とする場合が多い。また，退職金受給のための最低勤続年数（たとえば3年など）を設定している企業も少なくない。

たたえることをいう。この性格ゆえに，退職金の支給基準が自己都合退職の場合と会社都合退職とで区別されたり，勤務成績を勘案した算定が行われる。

2 退職金没収・減額条項の有効性

就業規則において，懲戒解雇される労働者，あるいは，同業他社に転職する労働者に対して退職金を没収あるいは減額する条項が置かれている場合がある。判例・通説は，このような条項も，退職金のもつ功労報償的な性格に照らして，原則として有効と解する[8]。

しかし，裁判所は，懲戒解雇の場合に退職金を全額不支給とすることの有効性が争われた事例において，懲戒解雇の原因となった行為が「当該労働者の永年の勤続の功を抹消してしまうほどの重大な不信行為があることが必要であ」り，特に，「職務外の非違行為である場合には，それが会社の名誉信用を著しく害し，会社に無視しえないような現実的損害を生じさせる」等の強度の背信性があることが必要であるとしている（小田急電鉄事件・東京高判平 15・12・11）。

また，同業他社へ転職した場合の退職金減額・没収条項については，労働者の職業選択の自由（憲法 22 条 1 項）を制限する側面もあることから，合理的な範囲内で限定的に解釈し，使用者側の利益と労働者側の利益との均衡を図ることが求められる（三晃社事件・最判昭 52・8・9，中部日本広告社事件・名古屋高判平 2・8・31）。

SCENE 6-2 において，A に対する退職金不支給が許されるかどうかは，懲戒解雇の理由となった A の行為がそれまでの勤続の功を抹消してしまうほどに重大な背信行為であるといえるか否かによる。また，その際，A の問題となった行為が，休日という私的な時間に行われた，職務外での非違行為であるという点に留意しなければならない。この場合，背信性の程度は，職務上の行為が問題になっている場合よりも一層高度であることが求められる。つまり，職務外での非違行為であっても，会社の名誉信用を著しく害し，会社に無視しえないような現実的損害を生じさせたといいうる場

notes

[8] **退職金の減額・没収条項と賃金全額払原則（労基法 24 条）との関係**　減額・没収条項は退職金の算定方法を定めたものであって，この時点ではまだ退職金債権は確定的に発生していないことから，労基法 24 条違反は生じないと解される。同法 24 条は，既に発生している退職金債権を確実に受領させることを目的とした規定である。

合に初めて，会社はＡに対して没収条項を適用し，退職金を支給しないということが許されると解される。

 賃金の支払に関する法的規制

SCENE 6-3

僕は現在30歳。最近，もう少し大きな会社で活躍したいと思うようになり，今の会社を辞めることにした。辞めるにあたって退職金が200万円くらい出る。

ところが，昨日，総務部長に呼び出されて，「最近，交際費が不正使用されているとの告発文が届いた。そこで，調査をしたら，君と君の部下の交際費の使用について不正の疑いが出てきた。君は近いうちに転職すると聞いている。退職金を受けないならば，処罰もしないし，公にもしないつもりだ。よかったら，この書面にサインをしてくれないか」といわれ，1枚の書類を示された。そこには，「このたびの退職にあたり，私と会社との間にいかなる性質の請求権（退職金債権を含む）も存在しないことを確認します」旨の記述があり，僕がサインをする欄が設けてあった。

なんだ，これは？　と思ったけれど，転職前にゴダゴタしたくないという気持ちが先にたって，サインをしてしまった。月末，僕は，会社を退職した。もちろん，200万円の退職金の支払はない。なにか納得いかない。こういうことって許されるの？

1　賃金支払に関する4原則

労基法24条は，賃金の支払に関して4つの原則を定めている。それは，通貨払の原則，直接払の原則，全額払の原則，毎月1回以上一定期日払の原則である。

2　通貨払の原則

使用者は，賃金を「通貨」で支払わなければならない。「通貨」とは，日本において強制通用力を有する貨幣を意味し，外国通貨は入らない。この原則は，価格が不明瞭で換価にも不便であり，弊害を招くおそれの多い実物給与を禁止することを目的としている。

通貨払の原則の例外は，①法令に別段の定めがある場合，②労働協約に別段の定めがある場合，および，③労基則で定める賃金について労基則で定める確実な支払の方法による場合である。現在のところ，①にあたるような法令は存在しない。②について，たとえば賃金である通勤手当を通勤定期券で支給することを，労働組合と使用者が労働協約で取り決める場合などが考えられる。その労働協約の効力は当該組合の組合員にのみ及ぶ。③については，賃金の口座振込み，自己宛に振出しもしくは支払保証した小切手の退職手当の支払等がある。この場合，労働者の同意が必要である（労基則7条の2）。

3 直接払の原則

使用者は，賃金を，直接労働者に支払わなければならない。この原則は，第三者を介在させることによって生じうる中間搾取（ピンハネ）を防止し，賃金が確実に労働者本人にわたるようにすることを目的としている。したがって，使用者は，賃金を，労働者の親権者その他法定代理人ないし任意代理人へ支払うことは許されない。未成年者について，親権者または後見人が，未成年者の賃金を代わって受け取ってはならないとする労基法59条は，この原則を確認するものである。なお，使者に対する賃金の支払は適法とされている（昭63・3・14基発150号）。

また，労働者が第三者に賃金債権を譲渡し，その旨の通知を受けた場合であっても，使用者はその第三者に対して賃金を支払うことは許されず，あくまでも当該労働者に支払わなければならない（小倉電報電話局事件・最判昭43・3・12）。

4 全額払の原則

意義

使用者は，賃金の全額を労働者に支払わなければならない。この原則は，労働者が，その生活を支える賃金を確実に受領できるようにすることを目的としている。

同原則について，同条は2つの例外を認めている。1つは，法令に別段の定めがある場合である。ここには，給与所得税の源泉徴収（税金分を会社があらかじめ引くこと），社会保険料の控除（差し引くこと），財形貯蓄金の控除などが含まれる。もう1つの例外は，使用者が，事業場の労働者の過半数で組織する労働組合がある場合はその労働組合，それがない場合に事業場の労働者の過半数を代表する者との間で協定（労使協定）⇒100頁を締結している場合である。もっとも，当該労使協定の法的効力は，労基法上の罰則（同法120条）の適用が免除されるという効果にとどまる。そのため，労働契約，就業規則あるいは労働協約に賃金控除を行う旨の規定を置き，使用者の控除する権利を契約に根拠づけなければならない。それらの条件が揃っている場合に，使用者は，社宅賃貸料や親睦会費などを賃金から直接控除することが可能になる。

相殺禁止の原則

全額払の原則にかかわって，まず問題となるのは，相殺の有効性である。たとえば，労働者が会社の物品を壊すなどして使用者に損害を与え，そのために使用者が当該労働者に対し当該損害についての賠償請求権をもっている場合に，それを当該労働者に支払うべき賃金額から差し引くこと（相殺）が許されるかということが問題となる。

この点，最高裁および通説は，相殺は全額払の原則に違反するものとして許されないとする（関西精機事件・最判昭31・11・2，日本勧業経済会事件・最大判昭36・5・31）。つまり，会社は，労働者に対して賃金を支払ったうえで，別途，壊された物品等についての損害賠償を請求するという手段をとるしかない。

過払賃金清算のための相殺

賃金支払の事務手続においては，賃金減額事由が賃金の支払日に接着して発生しそのために減額不能あるいは計算未了となる場合や，賃金計算の過誤，違算が生じる場合がある。このような場合に，次期以降の賃金から，過払相当額を差し引いて清算することが許されるかが問題となる。

これもまた相殺のひとつの形ではあるが，最高裁は，過払賃金精算のための相殺（「調整的相殺」）については，一定の場合には許されると解している。一定の場合とは，過払のあった時期と清算調整の時期のズレが清算調整としての意味を失わない程度の合理的な範囲内にとどまっており，また，あらかじめ労働者にそのことが予告され，その額が多額にわたらないといった事情に照らして，労働者の経済的生活の安定をおびやかすおそれがない場合を指す（福島県教組事件・最判昭 44・12・18）。

合意による相殺の可否

ところで，一般的に相殺が許されないとしても，労働者が相殺に合意し，その合意に基づいて使用者が相殺を行うことは許されるであろうか。

この点について，最高裁は，「労働者がその自由な意思に基づき右相殺に同意した場合においては，右同意が労働者の自由な意思に基づいてされたものであると認めるに足りる合理的な理由が客観的に存在するとき」は，相殺することも全額払の原則に抵触せず，許されるとの見解を示している（日新製鋼事件・最判平 2・11・26）[9]。

賃金債権の放棄

それでは，労働者が賃金債権を放棄し，使用者がそれを理由に当該労働者に対して賃金を支払わないことは許されるだろうか。

この点について，最高裁は，労働者が自ら賃金債権を放棄する旨の意思表示をした場合には，全額払の原則は当該意思表示の効力を否定する趣旨のものであるとまで解することはできないとし，賃金債権放棄の意思表示は，それが当該労働者の自由な意思に基づくものであることが明確である限りにおいて，法的に有効であるとの立場をとっている（シンガー・ソーイング・メシーン事件・最判昭 48・1・19）[10]。

notes

[9] **合意による相殺に関する学説からの批判**　学説においては，同原則を規定する労基法 24 条は強行法規であり，強行法規の下では，労働者と使用者の間に合意があったとしても，法違反は成立することから，たとえ労働者が相殺について自由な意思に基づき同意を与えていたとしても，相殺を行うことは許されないと解すべきとの見解が主張されている。

[10] **色川幸太郎裁判官の反対意見**　この最高裁判決には，色川裁判官の反対意見が付されている。それによれば，賃金債権の放棄が労働者の真に自由な意思によるものであると認めるにあたっては，使用者の責任において，当該労働者がいかなる事実上，法律上の利益を得たかなど，労働者がその権利を放棄するにつき合理的な事情が存在したことを明らかにすべきとする。

毎月１回以上一定期日払の原則

賃金は，毎月１回以上，一定の期日を定めて支払わなければならない。この原則は，賃金支払期の間隔が開きすぎることで労働者の生活が不安定化するのを防ぐこと，および，支払日が不安定で間隔が一定しないために労働者の計画的な生活が妨げられるのを回避することを目的とする。ただし，臨時に支払われる賃金，賞与その他これに準ずるものであって，厚生労働省令で定める賃金（1か月を超える期間についての精勤手当，勤続手当，奨励加給または能率手当）については適用はない（労基法24条2項，労基則8条）。「一定期日」という場合，「毎月第4金曜日に支給する」といった支払日の定め方は，変動幅が最大7日となることから認められない。

SCENE 6-3 では，賃金全額払の原則との関係が問題となる。最高裁（シンガー・ソーイング・メシーン事件）の見解に沿って考えるならば，「僕」が，示された書類の内容を理解し，自由な意思に基づいてサインをしている限り，この賃金債権の放棄は有効と認められる。その結果，「僕」が退職金の支払を受けることができないことは，法的になんら問題がないということになる。しかし，「僕」が，使用者の勢威に抑圧され，真に自由な意思に基づいてサインしたとはいえない事情があるならば，その放棄の意思は無効とされ，したがって依然として退職金200万円を受け取る権利を有すると解される。

 休業手当

1　休業手当の意義

使用者の責に帰すべき事由による休業の場合，その期間中，使用者は労働者に対し，平均賃金（労基法12条）[11]の6割以上の手当を支払わなければならな

notes

[11] **平均賃金**　平均賃金とは，基本的には，それを算定すべき事由の発生した日からさかのぼった3か月間に，その労働者に対して支払われた賃金の総額を，その期間の総日数で除した金額をいう（労基法12条）。

い（同法 26 条）。これを休業手当という。

休業手当は，労働者の最低生活を保障することを目的としており，「休業」には，全日休業だけでなく，時間単位の休業も含まれる。また，一斉休業および個人を対象とした休業のいずれもここでいう「休業」にあたる。

2 「使用者の責に帰すべき事由」とは何か

それでは，いかなる場合が，「使用者の責に帰すべき事由」にあたるのだろうか。

この点については，故意，過失または信義則上これと同視すべき事由がある場合に労働者に賃金請求権があることを認める民法 536 条 2 項とは異なり，それよりも広く使用者に直接的な責任のない経営上，管理上の障害をも含むと解される（ノース・ウエスト航空事件・最判昭 62・7・17）。具体的には，機械の検査，原料の不足，資材入手難，監督官庁の勧告による操業停止等がそれにあたる（昭 23・6・11 基収 1998 号）。また，採用内定者が，企業の都合によって就労の始期を繰り下げられるなどして，自宅待機が命じられた場合でも，当該期間について，休業手当が支払われなければならない（昭 63・3・14 基発 150 号）。

8 その他の労基法上の規制

1 出来高払の保障給

使用者は，出来高払制その他請負制で使用する労働者については，労働時間に応じて一定額の賃金の保障をしなければならない（労基法 27 条）。

同条の目的は，労働者の責めに基づかない事由によって実際に受け取る賃金が低くなりすぎるのを防ぐことにある。そのため，保障給の額は，当該労働者の通常の実収賃金と大きくへだたらない程度の収入が保障されるように定められなければならないとされている（昭 22・9・13 発基 17 号，昭 63・3・14 基発 150 号）。

2 時　　効

賃金の請求権はこれを行使することができる時から5年間行使しなければ，時効によって消滅する（労基法115条）。

 賃金保障のための法制度

1 最低賃金制度

日本においては，賃金の最低額を保障することを目的として，最低賃金法が制定されている。同法は，憲法27条2項が国に義務づける「勤労条件（⇒4頁）に関する基準の法定」の重要な一部となっている。

使用者は，最低賃金の適用を受ける労働者に対し，その金額以上の賃金を支払わなければならない（最賃法4条1項）。最低賃金の適用を受ける労働者と使用者との間で，最低賃金を下回る賃金額での労働契約を結んだ場合，その部分は無効となる。この場合において，無効となった部分は，最低賃金と同様の定めをしたものとみなされる（同条2項）。

労働者は，事業場の最低賃金法違反の事実があるときには，その事実を都道府県労働局長，労働基準監督署長または労働基準監督官に申告して，是正のための措置をとるよう求めることができる（最賃法34条1項）。使用者は，この申告をしたことを理由として，労働者に対し，解雇その他の不利益な取扱いをしてはならない（同条2項）。

2 賃金支払確保法

賃金支払確保法は，使用者が支払能力を失った場合において，賃金の支払を確保するために制定された法律である。一定の要件に該当する場合，政府は，労働者に対し，未払賃金の立替払を行い，貯蓄金・退職手当の保全措置を講ずるよう求めることができる。

3 賃金債権の保護のためのその他の手段

会社が破産宣告を受けた場合，会社更生手続が開始された場合，あるいは，民事再生手続が行われる場合には，その会社で働いている労働者の賃金債権は，それぞれ破産法，会社更生法，民事再生法によって，一定の保護がなされる。

育児休業期間中の賃金はどうなるんだろう。無収入はつらいなあ。

法律上，使用者は，育児休業期間中に賃金を支給することを義務づけられていません。この期間，賃金を支払うかどうかは，労働者と使用者との間の取り決めによります。ですから，この期間，無給ということもめずらしくありません。

しかし，育児休業中に無給というのはつらいですよね。そこで，この間については，雇用保険法から「育児休業給付金」が支給され，育児休業を取得する労働者の生活を助けてくれます。支給額は，原則として，育児休業取得前の賃金の 50% です（最初の 3 か月は 67%）。男女を問わず，もらえます。ただし，雇用保険の被保険者であること，および，育児休業を開始する以前の 2 年間に，賃金支払基礎日数が 11 日以上ある月が 12 か月以上あることが必要です。また，育児休業終了後に離職することが決まっている場合には受給することができません。

なお，介護休業を取った場合にも，「介護休業給付金」が支給されます。支給額は，介護休業取得前の賃金の 67% です。

CHECK

① 法律上，賃金はどのように定義されているか。
② 賃金請求権はいかなる場合に発生するか。
③ 一時金や退職金にはどのような目的があるか。
④ 賃金支払に関する 4 つの原則とは何か。
⑤ 最低賃金制度とはどのような制度か。

CHAPTER

第7章

労働時間・休憩・休日

労働基準法は，労働時間を1日8時間，1週40時間と規制している。1日8時間労働は，1919年にILO（国際労働機関）が採択した第1号条約である「労働時間（工業）条約」のなかにすでに見出される，世界的な基準といってよい。しかし現実にはこの範囲を超えて働くことが少なくない。

日本の労働法は，労働時間について，どのような法規制を置いているのだろうか。また，仕事の種類や方法が多様化するにつれ，1日8時間1週40時間という労働時間のあり方では都合が悪い場合も生じる。そのような場合，法はどのような手段を用意しているのだろうか。さらに，時間外労働や休日労働，深夜労働に対する法的規制はどのようになっているのだろうか。本章ではこういった問題についてみていくことにする。

1 労働時間・休憩・休日に対する法的規整

1 労働時間の原則

労基法が定める労働時間の最長限度は，例外を除き，週40時間および1日8時間である（同法32条）。これを法定労働時間という。

使用者は，労働契約ないし就業規則において，始業および終業の時刻，休憩時間，休日に関する事項を定めなければならないが（労基法15条・89条1号，労基則5条2号），このうち始業から終業の時刻までを所定就業時間，そこから休憩時間を除いたものを所定労働時間という。所定労働時間が法定労働時間を超えることは許されない。

2 「労働時間」とは何か

SCENE 7-1

僕はある製造メーカーの工場で働いている。就業規則では，始業時間は午前8時と決まっているが，それは作業開始の時刻で，その前に，安全防具の着用や準備，清掃をして工場内の所定位置についていなければならない。それに，終業時間は午後5時だけど，その後，後片付け，報告，次のシフトの人への引継ぎを行わなければならない。

でも，なんか変だ。始業前・終業後の作業も仕事の一部じゃないか。なんだかんだで，そういう作業に1時間ぐらいかかっているんだから，その分の給料もちゃんと欲しいよ。

労基法上，「労働時間」とは，「休憩時間を除き」，現実に「労働させ」ている時間をいう（同法32条参照）。これを実労働時間という。最高裁は，労働時間は就業規則等の定めにより決まるのではなく，労働者の行為が使用者の指揮命令下に置かれたものと評価することができるか否かにより客観的に定まるものであるとする。つまり，業務の準備行為等であっても，事業所内において行うことを使用者から義務づけられたり余儀なくされたときは，その時間は労働時間に該当することになる（三菱重工長崎造船所事件・最判平12・3・9）[1]。

このような考え方は，ビルの警備や設備保全等の夜間勤務において認められる仮眠時間についても妥当する。つまり仮眠中，仮眠室における待機，警報や電話等に対してただちに相当の対応をすることが義務づけられているならば，そのような仮眠時間は労働時間にあたる（大星ビル管理事件・最判平14・2・28）。

SCENE 7-1 では，始業前および終業後の準備等の行為の時間が労働時間に該当するか否かが問題となっている。「僕」が，始業前の安全防具の着用や準備，清掃，終業後の後片付け，報告，引継ぎといった行為を使用者から義務づけられている場合，あるいはそれを行うことを余儀なくされている場合には，始終業前後の時間も「労働時間」にあたると考えられる。

準備等の時間と作業に従事している時間とを合わせた実労働時間が，法定労働時間を超える場合には，超えた部分につき，使用者は割増賃金を支払う義務を負うことに⇒105頁なる。

休憩時間

1　原　　則

労働者に休憩時間を与えることは使用者の義務である。最低限，与えなければならない休憩時間の長さは，労働時間が6時間を超え8時間に達するまでは45分，8時間を超える場合には1時間である（労基法34条1項）。

2　休憩時間の与え方

休憩時間は，労働時間の途中に与えなければならない（労基法34条1項）。また，労基法は，休憩時間の与え方については一斉付与を原則としている。つまり，休憩時間は，ひとつの事業場で働く労働者全員に対し，同時に，与えられるのが原則である。

しかし，事業場によっては，一斉に休憩時間を与えてしまうと業務に不都合

notes

1 **「労働時間」に関する学説**　学説においては，業務への従事が必ずしも使用者の指揮監督の下に行われるわけではないこと，および，使用者が知らないままに労働者が勝手に業務に従事した時間までも労働時間として捉えることは適切ではないとして，「労働時間」を「使用者の作業上の指揮監督下にある時間または使用者の明示または黙示の指示によりその業務に従事する時間」と定義すべきとする見解もある。

が生じる場合もある。そのような場合には，労使協定を締結することによって，個別にあるいはグループごとに与えることもできる（労基法 34 条 2 項）。

休憩時間をどのように利用するかは労働者の自由である（労基法 34 条 3 項）。作業と作業の間の待機時間が，労働時間（「手待ち時間」という）か休憩時間かは，労働者が労働から解放され，自由に利用できる時間といえるかによる。たとえば，休憩室で休憩するように言われたが，その間も室内に設置してある防犯ビデオを視ておくように指示された場合，休憩時間とはいえない。

労使協定って，何だろう？

「労使協定」とは，使用者と，事業場の労働者の過半数で組織する労働組合があればその労働組合，ない場合には，過半数を代表する者との間で締結される取決めをいう。労使協定の多くは，労働基準法に定められている最低労働条件を逸脱する必要がある場合に，その締結が求められる。労使協定を締結していれば，使用者は，当該規定を逸脱したことによる罰則の適用を免れることができる。これを免罰的効果という。たとえば，時間外労働は労基法 32 条が定める 1 日 8 時間，1 週 40 時間の労働時間規制を逸脱するものであるが，労使協定（36 協定）⇒102 頁を締結していれば，32 条違反を理由とする罰則の適用（同法 119 条）を免れることができる。

過半数代表者って，誰のこと？

事業場に労働者の過半数を占める労働組合がない場合，労使協定の締結の相手方となるのは，事業場の過半数代表者である。この手続を進めるため，使用者は過半数代表者を選出しなければならない。

過半数代表者の選出にあたっては，①監督または管理の地位にある者（労基法 41 条 2 号）でないこと，②法に規定する協定等をする者を選出することを明らかにして実施される投票，挙手等の方法による手続により選出された者であることが必要である（労基則 6 条の 2）。たとえば，従業員で作る親睦会の役員を自動的に過半数代表者とするような扱いは認められない。使用者がそのような者と労使協定を結んだ場合，当該労使協定は無効であるとされる（トーコロ事件・最判平 13・6・22)。

なお，過半数代表組合ないし過半数代表者には，就業規則作成・変更の際の意見聴取⇒37頁（労基法 90 条 1 項）を受ける役割などもある。

3 休　日

労基法は，毎週，少なくとも 1 回の休日を与えること（同法 35 条 1 項。週休制の原則），あるいは，4 週間を通じ 4 日以上の休日を与えること（同条 2 項。変形週休制）を使用者に義務づけている。週休 2 日制が採られている場合，2 日のうちの 1 日が「法定休日」であり，他方が「法定外休日」となる。

4 時間外労働・休日労働・深夜労働

SCENE 7-2

今日の夕方，僕はコンサートに行く。人気グループのコンサートだから，チケットをとるのも苦労した。仕事をしていても，ついにやけてしまう。そろそろ終業時刻だと思ったその時，上司が僕を呼びつけた。そして，不審顔の僕に，上司は，「君に，今日中に仕上げてもらいたい仕事があるんだ。悪いけど，残業してくれるかい」と言う。僕は，「今夜はぜったい無理です」と答えた。しかし，上司は，「これは業務命令だ。従わないなら懲戒処分にするぞ」と言う。今月，結構残業してるんだけどなあ。困ったなあ。

1　時間外労働・休日労働とは

時間外労働（残業）とは，1 週または 1 日の法定労働時間を超える労働をいい，休日労働とは，法定休日における労働をさす。使用者が労働者をそれらの労働に従事させた場合，「割増賃金⇒105頁」を支払わなければならない。

なお，労働契約や就業規則等に定める所定労働時間を超え，かつ，法定労働時間を超えない範囲での時間外労働を，「法内超勤」と呼ぶ。法律上，法内超勤については割増賃金の支払は求められない。

2 時間外労働・休日労働が許される場合

概要

時間外労働および休日労働は，1日8時間，週40時間を上限とする労基法の規制を逸脱するものであり，本来，許されない。しかしながら，業務の都合等により，臨時的に業務を行うことが必要となる場合もありうる。

そこで，労基法は，①災害等による臨時の必要がある場合（同法33条），および，②労使協定が締結され，それが労働基準監督署長に届け出られた場合（同法36条）において，時間外労働，休日労働をさせることを認めている。

もっとも，満18歳に満たない者（労基法60条1項），および，妊産婦が請求した場合には，使用者はそれらの者に時間外および休日労働をさせることはできない（同法66条2項）。また，小学校就学の始期に達するまでの子を養育する労働者および要介護状態にある家族を介護する労働者が請求したときには，原則として，制限時間を超えて時間外労働をさせてはならない（育介休法17条・18条。制限時間は24時間／月・150時間／年）。

災害等による臨時の必要がある場合

使用者は，災害その他避けることのできない事由によって，臨時の必要がある場合においては，労働基準監督署長の許可を受け，その必要な範囲内で，法定労働時間を超えて，あるいは，法定休日に労働をさせることができる。ただし，事態急迫のため，事前の許可を受ける時間的余裕がない場合には，事後に遅滞なく届け出なければならない（労基法33条1項）。

労使協定（36協定）による場合

使用者は，労使協定を締結し，労働基準監督署長に届け出た場合にも，当該事業場で働く労働者に時間外あるいは休日労働をさせることができる（労基法36条）。この労使協定は，労基法36条を根拠に締結されるものであることから，「36（サブロク）協定」と呼ばれている。使用者は，36協定を締結することによって，法定労働時間を超えて労働させることによる法違反およびそれに伴う罰則（同法119条）の適用を免れる（免罰的効果）。

時間外労働の上限規制

36協定においては，1日，1か月，1年のそれぞれの期間についての時間外および休日労働の日数の上限を定めなければならない。その上限は，法が定める限度時間を超えるものであってはならない。限度時間は，1か月について45時間，1年について360時間である（労基法36条2項・3項・4項）。

また，通常予見することのできない業務量の大幅な増加等があり，限度時間を超えて労働させる必要がある場合（特定の場合）に対応するため，36協定で特定の場合の上限を定めておくこともできる。しかし，使用者は，その場合でも一定の条件を守らなければならない（同条6項。図表9）。違反した場合，使用者には6か月以下の拘禁刑（令和4年法律68号の施行前は「懲役」）または30万円以下の罰金刑が科される（同法119条1項）。

図表9 特定の場合の上限

① 年間の時間外労働が年間720時間未満であること
② 休日労働を含んで，2か月ないし6か月の平均は80時間以内であること
③ 休日労働を含んで，1か月は100時間未満であること
④ 月45時間を超える時間外労働は年の半分を超えないこと

図表10 時間外労働の上限規制のイメージ（違法の例）

図表9中②の条件に抵触
2か月平均87.5時間
3か月平均81.6時間
4か月平均78.8時間
5か月平均79時間
6か月平均79.2時間

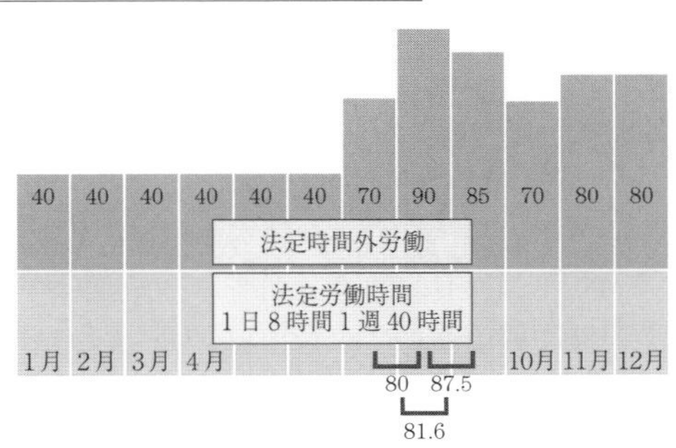

時間外・休日労働義務の発生

36協定を結んだ使用者は，時間外労働をさせても罰則を受けない。しかし，だからといって，当然に時間外労働や休日労働を命じることができるわけではない。それでは，どのような場合に，使用者は時間外や休日労働を命じる権利を有し，あるいは，労働者はそれに従う義務を負うといえるのだろうか。

この点について，最高裁は，使用者が36協定を締結し，それを労働基準監督署長に届け出た上で，「使用者が当該事業場に適用される就業規則に当該36協定の範囲内で一定の業務上の事由があれば労働契約に定める労働時間を延長して労働者を労働させることができる旨定めているとき」は，労働者は労働契約に定める労働時間を超えて労働する義務を負うとの見解を示している（日立製作所武蔵工場事件・最判平3・11・28）。

つまり，時間外労働あるいは休日労働を命じる権利あるいはこれに従う義務があるというためには，36協定の締結を前提として，時間外・休日労働に関わる権利義務が労働契約に根拠づけられていること，具体的には，個別の労働契約，あるいは就業規則もしくは労働協約に時間外・休日労働を命じる旨の根拠規定が存在することが必要である。

時間外・休日労働命令権の濫用禁止

ところで，労働契約上，使用者に時間外労働ないし休日労働を命じる権利（時間外労働命令権，休日労働命令権）が認められるとしても，使用者がその権利を濫用することは許されない（労契法3条5項）。

たとえば，業務上の必要性がない場合に，時間外労働や休日労働を命じることは権利の濫用として無効となる。また，業務上の必要性があるとしても，時間外労働等を命じられることによって労働者に生じる不利益と比較衡量して業務上の必要性の程度が低ければ，その命令は権利濫用にあたるといえよう。

SCENE 7-2では，まず36協定が有効に締結されているか否か，就業規則等に使用者の時間外労働命令権を定める規定があるか否か，及び，36協定に定められた時間外労働の上限を超えていないかを確認する必要がある。これらの点で問題がある場合，「僕」には時間外労働命令に従う義務はない。また，会社が時間外労働命令権を有するとしても，業務上の必要性がない場合や必要性に比して「僕」の被る不利益の程度が大きい場合などは，権利の濫用にあたり，当該命令は無効である。

ここで「僕」が被る不利益は，人気グループのコンサートに行けなくなることである。その不利益をどのように評価するか，微妙なところであろう。しかし，そもそも時間外労働が労基法の定める法定労働時間の重大な例外であり，法定労働時間を超える時間は私的な活動のための時間として可能な限り保障されるべき（労契法３条３項参照）との観点に立てば，たとえ「遊び」といえども，その不利益性を過少に評価する必要はない。

3　深夜労働

深夜労働とは，午後10時から午前5時までの時間帯における労働をいう。

深夜労働は，たとえ所定労働時間内の労働であっても，労働者にとって大きな身体的な負担をもたらす。そこで，⇒29頁年少者の深夜労働は，一部の例外を除き禁止されている（労基法61条）。また，小学校入学前の児童の育児や家族介護を行う労働者に対する深夜労働についても，当該労働者からの請求があり，事業の正常な運営を妨げないことを要件として，禁止されている（育介休法19条・20条）。

使用者が労働者に深夜労働を行わせる場合，割増賃金の支払が義務づけられる（労基法37条4項）。

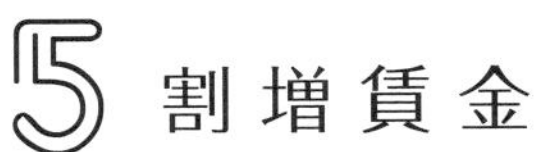

5　割増賃金

SCENE 7-3

４月に入社したばかりの私，小さな会社であることもあって，最初からいろいろと仕事を任され，結構，残業や休日出勤もした。今日はいよいよ念願の初給料日だ。給与明細書を見た。あれ？　今月やった残業や休日出勤分の割増賃金が支払われていない気がするよ。

1　基本的な考え方

使用者は，法定労働時間を超えて時間外労働ないし休日労働をさせた場合，通常の労働時間または労働日の賃金の計算額の25%以上50%以下の範囲内で命令で定める率以上で計算した割増賃金を支払わなければならない（労基法37条1項。図表11参照）。通常，「残業代」「残業手当」などと呼ばれるものが，ここでいう割増賃金にあたる。

図表11 割増賃金率

時間外労働	25% 以上
休日労働	35% 以上
深夜労働	25% 以上

割増賃金の支払は，違法な時間外ないし休日労働が行われた場合（たとえば36協定が締結されていないなど法定の要件を満たさずに行われた時間外労働の場合）にも義務づけられる。

2 時間外労働時間が月60時間を超える場合

使用者は，1か月の時間外労働の時間数が60時間を超えた場合，超過部分について割増率50%以上で計算した割増賃金を支払わなければならない（労基法37条1項ただし書）。

もっとも，超過部分について，割増賃金に代えて，有給の休暇（代替休暇）を付与することもできる（図表12参照）。その場合には，代替休暇として与えることのできる時間数の算定方法，代替休暇の単位（1日または半日），代替休暇を与えることができる期間（時間外労働が60時間を超えた月の翌月および翌々月以内）について，労使協定を締結しなければならない（労基法37条3項，労基則19条の2）。

図表12 残業時間と割増賃金率の関係

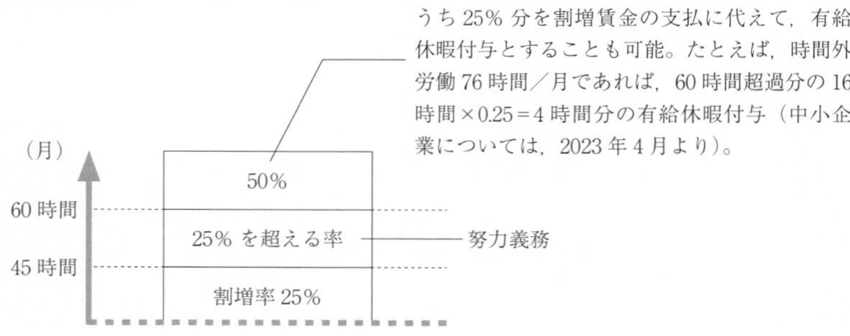

3 割増賃金の定額払

割増賃金の支払方法として，実際の時間外労働や休日労働の時間数にかかわらず，毎月一定額を支給するというやり方が用いられることがある。この場合であっても，実際の時間外労働ないし休日労働時間数に照らして，労基法 37 条に基づき支払の義務づけられる金額以上の額が支払われていれば適法である。もっとも，そのようにいえるためには，通常の労働時間に対する部分と割増賃金に相当する部分とが明確に区別されていなければならない（国際自動車事件・最判平 29・2・28）。

SCENE 7-3 では，時間外労働や休日労働に対する割増賃金分が支給されていない。この場合，2 つの可能性がある。

1 つは，会社が支払うべき割増賃金を支払っていない場合である。この場合，使用者には罰則が科され（労基法 119 条），また労働者は割増賃金の支払を求めることができる。裁判所に訴えることも考えられるが，所轄の労働基準監督署長に申告するという方法もある。その申告を理由に，使用者が労働者に対し解雇その他不利益な取扱いをすることは禁じられている（同法 104 条）。

もう 1 つの可能性は，会社が，割増賃金を定額とし，基本給と合わせて支給している場合である。しかし，この場合であっても，割増賃金部分が基本給部分と明確に区別することができず，また区別できたとしても，労基法 37 条が求める率以上の割増賃金でないならば，割増賃金が未払いであるとして使用者にその支払を求めることができる。

労働時間・休憩・休日原則の適用除外

SCENE 7-4

僕は，大学時代からアルバイトとして働きつづけた A ファースト・フードのチェーン店で，先月，とうとう正社員になり，「店長」に昇進した。

店長の仕事は大変だ。アルバイトの採用やシフト調整，給料の計算，調理器具のチェック，ゴミ出し，店の戸締まり，そして本部に報告書を書いたら，いつも帰宅は深夜になる。1 日の労働時間は 8 時間を超えている。

今日は待ちに待った給料日。しかし，給与明細書をみた僕は驚いた。「店長手当」という名目の手当がついてはいるけれど，残業手当がなくなっている。どうしてなんだろう。

図表13 労働時間等規制の適用除外対象者

● 農業，畜産・水産業の事業に従事する者（労基法41条1号）
● 監督もしくは管理の地位にある者または機密の事務を取り扱う者（同条2号）
● 監視または断続的労働に従事する者で，使用者が行政官庁の許可を受けた者（同条3号）
● 高度の専門的知識等を必要とする業務に就き，1年間に支払われると見込まれる賃金の額が一定額以上の者（41条の2）

概要

労基法は，事業や業務の特殊性に照らして，一定範囲の者を（図表13参照），労働時間，休憩および休日に関する規定の適用から除外している（労基法41条・41条の2）。これらの者は，労働時間等について規制されないため，法定労働時間数を超えて労働したとしても，「時間外労働」は生じないことになり，時間外労働に対する割増賃金請求権も生じない。

なお，労基法41条に該当する三者については，深夜労働⇒105頁に関する規定は適用される。そのため，これらの者が深夜業に従事する場合には，使用者は深夜業についての割増賃金を支払わなければならない（労基法37条4項）。他方，41条の2（高度プロフェッショナル制度⇒109頁）に該当する者には深夜業に関する規制も及ばない。

農業，畜産・水産業に従事する者

これらの者が労働時間等の規制の適用外とされているのは，その仕事が天候や季節等，自然条件に強く影響されるためである。

管理・監督者等

事業の種類にかかわらず，監督もしくは管理の地位にある者（これらの者を

「管理・監督者」と呼ぶ）または機密の事務を取り扱う者についても，労働時間等に関する法的規制は及ばない。なぜなら，これらの者は，自らの労働時間を自らの裁量で律することができ，またその地位に応じた処遇（相応の手当等）を受けるのが通常なので，労働時間の規制を適用しなくとも保護に欠けることはないと考えられるからである。

管理・監督者にあたるか否かは，「部長」や「課長」といった名称にとらわれることなく，実態に即して判断される（昭22・9・13発基17号，昭63・3・14基発150号）。具体的な判断基準として，行政実務および裁判例は，①事業主の経営に関する決定に参画し，労務管理に関する指揮監督権限を認められていること，②自己の出退勤をはじめ労働時間について自ら決定する自由があること，および，③その地位と権限にふさわしい待遇（基本給，手当，賞与等）を受けていることを挙げている（たとえば，神代学園ミューズ音楽院事件・東京高判平17・3・30）。

監視・断続的労働従事者

「監視労働」とは，監視を本来の業務とする労働をいい，また，「断続的労働」とは，実作業が間欠的に行われ手待ち時間の多い労働のことという。これらの労働に従事する者についても，労働時間等に関する法的規制は及ばない。しかし，これらの者について，労働時間等の規制を除外する場合，行政官庁（労働基準監督署）の許可を得なければならない。許可にあたって，「断続的労働」の場合には，手待ち時間が実作業時間を超えるかまたはそれと等しいことが目安とされ，また実作業の合計が8時間を超えるときは許可すべきではないとされている（昭22・9・13発基17号，昭23・4・5基発535号，昭63・3・14基発150号）。

高度プロフェッショナル制度

労働者が，高度の専門的知識を必要とし，その性質上，従事した時間と従事して得た成果との関連性が通常高くないと認められるものとして厚生労働省が定める一定の業務（図表14参照）に従事する場合に，使用者から支払われると見込まれる賃金の年収額が一定額[2]を上回るならば，労働時間，休憩，休日，深夜の割増賃金に関する規定は適用されない（労基法41条の2第1項）。高度の

図表 14 高度プロフェッショナル制度の対象業務

- 金融商品の開発業務
- 金融商品のディーリング業務
- アナリスト業務（企業・市場等の高度の分析業務）
- コンサルタントの業務
- 研究開発業務

専門的知識を有する労働者が対象であることから，「高度プロフェッショナル制度」と通称されている。

高度プロフェッショナル制度は，当該制度の下で働く労働者を労働時間に関するすべての規制から除外するものである。そのため，労働者には過重労働やそれに伴う心身への被害が生じる可能性がきわめて高い。法はそういった事態を避けるため，本人の申し出による撤回を含め，いくつかの規制を設けている（図表 15 参照）。このように，高度プロフェッショナル制度は，時間数ではなく，健康管理の側面から法的規制を行うという，従来とは全く異なる発想に立つ制度であるといえる。

図表 15 高度プロフェッショナル制度の導入要件

① 労使委員会における 4／5 以上の多数による導入決議
② 労働基準監督署長への届出
③ 業務要件
④ 収入要件
⑤ 以下の措置を講じること
　1 健康管理時間の把握
　2 104 日／年，4 日／4 週以上の休日
　3 以下のいずれかの措置を講じること （選択的措置義務）
　　a）継続した勤務間の休息時間（インターバル規制）
　　b）健康管理時間の上限規制
　　c）1 年に 1 回以上継続した 2 週間の休日（1 週間 2 回でも可）
　　d）臨時の健康診断
⑥ 本人の同意

notes

[2] 高度プロフェッショナル制度が適用される年収額は，厚生労働省が作成する「毎月勤労統計」における毎月決まって支給する給与の額を基礎として算定される基準年間平均給与額の 3 倍の額を相当程度上回る水準で定められた額である。具体的な金額は，厚生労働省令によって定められる。

SCENE 7-4 で，時間外労働手当や休日労働手当が支給されなくなったのは，店長である「僕」が管理・監督者（労基法 41 条 2 号）として労働時間等に関する法的規制の対象外とされたためである。法定時間を超える労働や休日の労働が「時間外労働」や「休日労働」として扱われなくなった結果，それらに対する割増賃金が支払われなくなったのである。

しかし，このような扱いが適法といえるか否かは，店長としての「僕」が労基法 41 条 2 号にいう管理・監督者に該当するといえるかどうかによる。裁判例においては，店舗管理のほか，アルバイト従業員の採用，時給額や勤務シフト等の決定を行っていたファースト・フード店の店長が，営業時間や商品の価格，仕入れ先などについて本社の方針に従わなければならず，また企業全体の経営方針にも関与していないことから，ここでいう管理・監督者に該当しないと判断された事案がある（日本マクドナルド事件・東京地判平 20・1・28）。

柔軟な労働時間制度

1　変形労働時間制

労働の種類や性質によっては，1 週 40 時間，1 日 8 時間という固定的な労働時間の配分では効率的な経営にとって都合が悪い場合がある。そこで，労基法は，企業経営上の必要性と労働時間の短縮を目的として，変形労働時間制度を設けている（図表 16 参照）。

変形労働時間制の基本的な考え方は，一定の期間を単位とし，期間中の週平均労働時間が週の法定労働時間（40 時間）を超えない範囲で，1 週あるいは 1

図表 16　4 週間単位の変形制の例

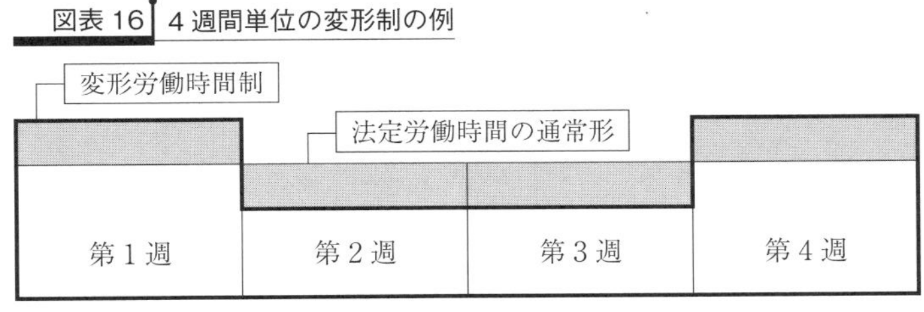

日の法定労働時間を超える所定労働時間の設定を許すというものである。特定の日ないし特定の週で法定労働時間を超えて労働させたとしても，週平均労働時間が法定労働時間内にとどまる限り，その超過部分は時間外労働には該当しない。

もっとも，変形労働時間制においては，一定期間の平均労働時間が週 40 時間を超えないことが必要であるため，当該期間について，どのように所定労働時間を配分するかをあらかじめ定めておかなければならない（「特定の週・特定の日」要件）。そのように整備されていない場合，適法な変形労働時間制とはいえない（JR 西日本事件・広島地判平 13・5・30）。

労基法が定める変形労働時間制には，単位期間の長さに応じて，1 か月単位（労基法 32 条の 2），1 年単位（同法 32 条の 4），1 週間単位（同法 32 条の 5）の 3 種類がある。

2 変形労働時間制の適用制限

変形労働時間制は，企業の効率的な時間配分や労働時間の短縮に役立つものではあるが，その反面，労働者に不規則な働き方を強いることにもなりかねない。そのため，満 18 歳に満たない者（労基法 60 条 1 項），妊産婦（妊娠中の女性および産後 1 年を経過しない女性）が請求した場合（同法 66 条 2 項）には変形労働時間制を適用することは許されず，また，育児や介護に従事する者，職業訓練または教育を受けている者，その他特別の配慮を要する者について，それらに必要な時間を確保できるような配慮をすることが使用者には求められている（労基則 12 条の 6）。

3 フレックスタイム制

意義

フレックスタイム制も，労基法が設けている柔軟な労働時間制度のひとつである。フレックスタイム制とは，3 か月以内の一定期間（「清算期間」）に勤務する総労働時間数を決めておき，その範囲内で，各日の始終業時刻を個々の労働者の決定に委ねる制度である。労働者が主体的な判断で各日の労働時間を決めることができるため，仕事と私生活の調和をはかるのにふさわしい制度である。

1日のうち，労働者が労働しなければならない時間帯（「コア・タイム」）が決められている場合も多い。

フレックスタイム制の仕組み

フレックスタイム制を導入する使用者は，就業規則その他これに準ずるものにおいて，労働者の始業および終業の時刻を当該労働者の決定に委ねることを規定し，労使協定において，一定の事項を定めることが必要である（労基法32条の3）。

フレックスタイム制の下では，労働者が1週間ないし1日の法定労働時間を超えて労働しても，ただちに時間外労働とはならないが，清算期間における労働時間が法定労働時間の総枠を超えた場合には時間外労働となり，使用者には割増賃金支払義務が生じる。また，清算期間が1か月を超える場合には，1か月ごとについて，週平均50時間を超えてはならない。超えた場合には，当該月における割増賃金の支払対象となる。そのため，使用者は，フレックスタイム制の下においても，各労働者の各日の労働時間を把握しておく義務がある（昭63・3・14基発150号）。

 特別な労働時間の算定方法

1　労働時間の通算

労働者が複数の事業場や複数の使用者の下で働くことは，それほどめずらしいことではない。労働者が複数の事業場で労働する場合，各事業場での労働時間は通算される（労基法38条1項。昭23・5・14基収769号，昭63・6・6基発333号）。通算した労働時間数が，法定労働時間を超える場合，超えた部分は時間外労働となる。

2　事業場外労働のみなし労働時間制

労基法は，労働者が労働時間の全部または一部について，事業場外で業務に従事した場合において，労働時間を算定しがたいときは，現実の労働時間数に

かかわらず，所定労働時間労働したものとみなすという算定方法を設けている（労基法38条の2）。もっとも，当該業務を遂行するために通常所定労働時間を超えて労働することが必要となる場合においては，当該業務の遂行に通常必要とされる時間労働したものとみなされる。しかしその場合であっても，「当該業務の遂行に通常必要とされる時間」について労使協定が締結された場合には，協定で定める時間働いたものとされる（同条1項ただし書・2項）。

この算定方法による場合，事業場外で労働したことに加え，「労働時間を算定しがたい」という事情がなければならない。たとえば，労働時間管理者の随行や無線による指示などにより，使用者の具体的な指揮監督が及んでいる場合にはこの算定方法は認められない（昭63・1・1基発1号）。裁判例においては，携帯電話で時間管理や業務指示を受けていた場合（インターネットサファリ事件・東京地判平17・12・9）や，海外旅行ツアー添乗員について，ツアー指示書による業務指示の内容や添乗日報からみて「労働時間を算定しがたい場合」にあたらないとした事例がある（阪急トラベルサポート事件・最判平26・1・24）。

3 裁量労働のみなし労働時間制

概要

労基法は，業務の性質上，その遂行の方法を当該業務に従事する労働者の裁量に委ねる必要がある場合について，特別な労働時間算定の方法を定めている。これを裁量労働制という。裁量労働制としては，専門業務型（労基法38条の3）と企画業務型（同法38条の4）の2つが設けられている。これらの制度のもとでは，前項の事業場外労働のみなし時間制と同様に，実際の労働時間の長さにかかわらず，所定労働時間労働したとみなされる。

裁量労働のみなし労働時間制は，1日8時間，週40時間という労基法の定める労働時間制度を適用除外するものではなく，労働時間の特別な算定方法にすぎない。そのため，裁量労働のみなし労働時間制においても，深夜業や時間外労働は生じるし，使用者にはそれに対する割増賃金支払義務もある。

専門業務型裁量労働制

専門業務型裁量労働制の対象となるのは，厚生労働省令で定める業務（対象業務）に限られている（図表17参照）。

この制度を利用するにあたって，使用者は，労使協定を締結し，所轄の労働基準監督署長に届け出なければならない（労基法38条の3第1項・2項）。

図表17　専門業務型裁量労働制の対象業務（労基則24条の2の2）

新商品や新技術の研究開発／人文・自然科学に関する研究の業務／情報処理システムの分析・設計業務／新聞・出版の事業における記事の取材・編集の業務／衣服，室内装飾等デザイン考案の業務／放送番組・映画等制作の事業におけるプロデューサーまたはディレクターの業務／その他厚労大臣の指定する業務

企画業務型裁量労働制

企画業務型裁量労働制は，専門業務型裁量労働制とは異なり，対象業務は法定されていない。同制度を導入するか否かは，各企業の独自の判断で決定することができる。

しかし，導入にあたっては次の3点に留意しなければならない。第1に，この制度の対象となる業務（対象業務）は，事業の運営に関する企画・立案・調査・分析の業務であり，使用者がその業務の遂行の手段や時間配分の決定等について具体的な指示をしない業務であることである。第2に，この制度の対象者は対象業務を適切に遂行するための知識，経験等を有する労働者であることである。たとえば，ある労働者が対象業務に配属されたとしても，知識経験がまだ十分でない新人であった場合などは，この制度の適用対象とすることはできない。そして，第3に，法が定める事項について，労使委員会が決議をし，使用者はその決議を労働基準監督署長に届け出なければならない。

労使委員会

企画業務型裁量労働制を導入するにあたっては，事業場に，使用者および当該事業場の労働者を代表する者を構成員とする「賃金，労働時間その他の当該事業場における労働条件に関する事項を調査審議し，事業主に対し当該事項について意見を述べることを目的とする委員会」（労使委員会。労基法38条の4第1項）を設置し，その委員会が委員の5分の4以上の多数による決議を行い，か

つ，使用者がその決議を労働基準監督署長に届け出ることが求められる。

なお，労使委員会は，企画業務型裁量労働制導入の場合のみならず，労基法の規定のうち，労働時間および休暇に関して労使協定の締結が求められている場合に，同委員会の委員の5分の4以上の多数による決議によって，それら労使協定の締結に代替することができる（労基法38条の4第5項）。

労使委員会にはどういう人が選ばれるの？

労使委員会は，使用者が，企画業務型裁量労働制を導入する際に設置しなければならない機関である。労使委員会は，賃金，労働時間その他の当該事業場の労働条件に関する事項を調査審議し，事業主に対し当該事項に関し意見を述べることを目的とする。

法律では，委員会の委員の人数は決められていないが，労働者側委員と使用者側委員それぞれ同数で構成されなければならない。労働者側委員は，過半数労働組合，それがない場合には過半数代表者によって指名される者である。管理・監督者（労基法41条2号）は，労働者側の代表委員になることはできない。

なお，使用者が，労使委員会の委員に対して，委員であることを理由に不利益な取扱いをすることは禁じられている（労基則24条の2の4第6項）。

CHECK

① 労基法にいう「労働時間」とは何か。

② 使用者は，労働者に対して，どのような形で，休憩や休日を与えなければならないか。

③ 労働時間・休憩・休日に関する法規制が及ばないのはどのような人たちか。

④ 柔軟な労働時間制度には，どのようなものがあるか。

⑤ 「みなし労働時間制」というのは，どのような制度か。

⑥ 使用者が，時間外・休日労働を命じるためには，どのような条件をみたさなければならないか。

⑦ 労働者が，時間外・休日・深夜労働を行った場合，何をもらえるか。またその額はどのように算定されるか。

CHAPTER

第8章

休暇・休業

近年，「ワーク・ライフ・バランス」（仕事と私生活との調和）への関心が高まっている。日本においては，ワーク・ライフ・バランスを具体的に実現する法的な制度として，年次有給休暇制度および育児・介護休業制度が設けられている。また，出産も，重要な「ライフ」の一部であり，産前産後休業は，安心・安全のなかで出産するための重要な制度である。それらは，どのような仕組みになっているのだろうか。また，それらを利用したいと思う労働者の権利は，どのように保障されているのだろうか。本章では，これらについてみていくことにする。

1 年次有給休暇

SCENE 8-1

働き始めて1年がすぎた。先日，久しぶりに大学時代の友人と会って，今度一緒に海外旅行に行こうというので話が盛り上がった。せっかくだし10日間ぐらいは行きたい。そうだ，有休を使ってみよう。うちの会社は週休2日制だから，週末を絡めて，6日の有休を取ればいい。そこで私は，上司に，「来月，6日間，有休を取りたいんですが」と申し出た。そうしたところ，上司は，「来月は会社の繁忙期だから，有休なんて認められないよ」と言う。なぜだろう，有休は自由に取れるものだと思っていたのに。

1 年休とは

年次有給休暇（「年休」「有休」ともいう）は，労働者に対し，年間の一定日数の休暇を有給で保障する制度である。労働者の希望に従って休暇日が選択できる点，当該期間中において賃金もしくはそれに代わる手当が保障されている点で，休日（労基法35条）とは異なる。

労働者が年休を取得する権利すなわち年休権は，①一定期間の継続勤務[1]と，②その期間の全労働日の8割以上の出勤[2]という2つの要件を充足することによって発生する（労基法39条）。

また，法律上，雇入れの日から起算して一定期間経過ごとに付与されるべき

notes

[1] ここでいう「継続」とは労働契約関係が存続していることをいう。労働契約関係が「継続」しているか否かは，実質的に判断されるため，たとえば臨時工やパートタイム労働者を正規職員に切り替えた場合，有期労働契約が反復更新されている場合（国際協力事業団事件・東京地判平9・12・1），合併や在籍出向があった場合（昭63・3・14基発150号）にもこの要件は満たされる。

[2] 「労働日」とは，労働契約において労働義務が課されている日をいう。そのため，行政解釈は，労働者が所定休日に就労した場合には，その日はここでいう労働日に含まれないとする（昭63・3・14基発150号）。また，労働契約上の労働日であっても，正当なストライキにより労務の提供がなされなかった日は労働日に含まれない（昭63・3・14基発150号）。一方，労働者が労災による負傷や疾病の療養のために休業した期間，育児休業または介護休業した期間，産前産後休業した期間については，年休の発生要件との関係では，出勤したとみなされる（労基法39条10項）。また，前年度に年休を取得した日も出勤したものと扱われる（昭22・9・13発基17号）。生理休暇取得日について，行政解釈は，当事者間の合意がある場合を除いて，出勤したものとみなされないとする（昭23・7・31基収2675号）。

図表18 勤続期間と年休付与日数

勤続期間	6か月	1年 6か月	2年 6か月	3年 6か月	4年 6か月	5年 6か月	6年 6か月
年休付与日数	10日	11日	12日	14日	16日	18日	20日

最低の年休日数が定められている。たとえば，雇入れの日から6か月経過後に10年休日，1年6か月後に11年休日といったぐあいである。6年6か月経過後は1年ごとに20年休日が与えられなければならない（図表18参照）。

2 パートタイム労働者の年休権

労基法は，1週間の所定労働日数が通常の労働者の所定労働日数に比して相当程度少ない者（パートタイム労働者等）についても，労働日数の違いを比例的に反映した日数の年休を保障している（労基法39条3項）。

3 年休権の法的性質

ところで，「年休権」とはどのような性質の権利であろうか。

最高裁は，年休権について，労基法39条の「要件が充足されることによって法律上当然に労働者に生ずる権利であって」，労働者がその有する休暇日数の範囲内で，具体的な休暇の始期と終期を特定して時季指定をしたときは，「指定によって年次有給休暇〔年休〕が成立し，当該労働日における就労義務が消滅する」とする（白石営林署事件・最判昭48・3・2）。

つまり，年休権は法律上当然に労働者に生ずる権利であり，そしてそのように（抽象的に）発生した年休権は，労働者が具体的な年休日を指定した場合に，その労働者をその日働くことから解放する権利である。

4 年休付与の単位

年休の単位は「労働日」であるから，暦日での付与が原則である。また，5労働日以内であれば時間単位で取得することもできるが，そのためにはあらかじめ労使協定が締結されていることが必要である（労基法39条4項）。

⇒100頁

5 年休の取得

年休日の特定

労働者が実際に年休を取るためには，具体的な年休日を指定しなければならない。この年休日を指定する権利を時季指定権という[3]。

労働者が時季指定権を行使した場合，次項で説明する時季変更権が行使されない限り，当該日ないし期間について労働者が働く義務は消滅するとともに，その期間についての賃金請求権または手当請求権が発生する（労基法39条9項）。

時季変更権の行使

ところで，労働者が年休日を指定した場合において，会社の業務の都合上，その労働者に休暇を取られると具合が悪いということもある。このような場合，使用者は，労働者の請求した年休指定日を変更し，再指定を促すことができる（労基法39条5項）。この権利を時季変更権という[4]。

「事業の正常な運営を妨げる場合」の意味

使用者が時季変更権を行使することが許されるのは，「事業の正常な運営を妨げる場合」である。そこで，いかなる場合が，そのような場合にあたるかが問題となる。

この点，裁判例においては，当該企業の規模や事業内容，年休を請求した労働者の配置，担当業務の内容や性質，業務の忙しさ，本人に代わって業務につく者（代替勤務者）を配置することの難易，時季を同じくして請求した労働者の人数など，諸般の事情を考慮して客観的かつ合理的に判断されている（東亜

notes

[3] **時季指定権で「季」を使う理由**　時季指定権の「ジキ」は，季節の「季」で表現する。「時季」とは，「季節」と「具体的時期」の両方を意味する表現である。労基法は，労働者が始期と終期を具体的に指定して年休を取得する方法と，職場において個々の労働者が一定の季節ないしこれに相当する長さの期間中にまとまった日数の休暇を取る旨を申し出て，その複数の申出を合理的に調整した上で具体的な時期を決定する方法を想定している。

[4] **時季変更権行使の内容**　使用者は，時季変更権行使にあたって，他の時季を提案する必要はない。ただし，当該労働者が改めて指定することのできる「他の時季」が客観的に存在することが必要なので，退職間際の労働者が年休日を指定してきた場合には，通常，時季変更権を行使することは不可能である。

紡績事件・大阪地判昭33・4・10)。とりわけ，代替勤務者配置の難易については，使用者としての通常の配慮をすれば，勤務割りを変更して代替勤務者を配置することが客観的に可能な状況にあると認められるにもかかわらず，使用者がそのための配慮をしないことによりそれが行われないときは，「事業の正常な運営を妨げる場合」にあたるとはいえない（弘前電報電話局事件・最判昭62・7・10)。また，恒常的に人員不足で常時代替勤務者を確保することが困難な事業場においては，たとえ労働者の年休取得によって業務の一部ができなくなるおそれがあったとしても，「事業の正常な運営を妨げる場合」にあたるとは解されない（西日本JRバス事件・名古屋高金沢支判平10・3・16)。

長期休暇の場合

労働者の指定した年休日が連続した長期間にわたる場合については，最高裁は，「休暇が事業運営にどのような支障をもたらすか，右休暇の時期，期間につきどの程度の修正，変更を行うかに関し，使用者にある程度の裁量的判断の余地を認めざるを得ない」として，時季変更権の行使をゆるやかに認める見解を示している。もっとも，そのような裁量的な判断が許される場合であっても，その判断は年休権を保障している労基法39条の趣旨に沿う，合理的なものでなければならない（時事通信社事件・最判平4・6・23)。

計画年休

計画年休制度は，集団的に当該年度の時季指定を行う制度である。しかし，個人が自由に使うことのできる年休日を確保することも必要であるため，各労働者の有する年休権のうち少なくとも5日は対象外としなければならない（労基法39条6項)。同制度は，日本における年休取得率の低さを改善するため，1987年の労基法改正の際に新たに導入されたものである。職場における計画年休の利用方法としては，事業場単位での一斉休暇（たとえば夏季一斉休業）や交代制休暇，個人別交代制休暇などがある。

事業場において計画年休制度を実施する場合には，使用者は労働者の過半数代表（組合）との間で労使協定（計画年休協定）を締結しなければならない。

計画年休協定が締結された場合，当該計画年休日として指定された日または日数については，個々の労働者の時季指定権および使用者の時季変更権を行使することができなくなる（三菱重工長崎造船所事件・福岡高判平 6・3・24）。

使用者の時季指定義務

使用者は，毎年，労働者の有する年休日の 5 日分について時季指定を行う義務を負う（労基法 39 条 7 項）。使用者がこの義務を果たさない場合，30 万円以下の罰金に処せられる（同法 120 条）。

労働者が自ら年休を時季指定した日数，および，計画年休によって年休が付与された日数分は，使用者が時季指定義務を負う 5 日分から控除される（労基法 39 条 8 項）。いずれにせよ，労働者は，毎年最低 5 日を，年休を使って実際に休むことになる。

6 年休の使途

自由利用の原則

年休をどのように利用するかは労働者の自由である。年休を申請する際にその使途を申告する必要はないし，仮に申告した使途と異なる目的で年休を利用することも問題とはならない。いずれにしても，年休の使途は使用者が干渉すべき事柄ではない[5]。

SCENE 8-1 について，まず，「私」が年休権を有しているかを明らかにしなければならない。「働き始めて 1 年がすぎた」と言っていることから，継続勤務要件は満たしているようである。そこで，もうひとつの要件である「8 割以上出勤」要件を満たしているかを確認する必要がある。

次に，年休を取りたいと申し出た「私」に対して，上司が「来月は会社の繁忙期だから」という理由で年休の取得を拒否している。これは時季変更権の行使にあたる。そこで，この時季変更権の行使が有効かどうかが問題となる。

notes

[5] **年休の争議利用と自由利用の原則との関係をどのように考えるか**　争議を目的とした年休権の行使（⇒ 250 頁）は認められないとするのが判例の見解である（前掲白石営林署事件）。しかし，年休の自由利用の原則に照らして考えるならば，この場合も，当該労働者がその有する休暇日数の範囲内で年休の時季指定を行い，それに対して適法な時季変更権の行使がない限り，法的な問題は生じないというべきであろう。

この点，繁忙期であるという理由はあまりに漠然としすぎており，ただちに時季変更権の適法な行使の理由になるとはいえない。「私」の担当業務の内容や性質，代替勤務者配置の難易等を個別具体的に検討し，そのうえで「私」が6日間の年休を取得することが「業務の正常な運営を妨げる」といえないならば，会社は，「私」が指定した時季について，年休を与えなければならない。

日本の年休，世界の年休

日本社会における年休をめぐる状況はどのようになっているでしょうか。日本では，2020年1年間に企業が付与した年休日数（繰越し日数は除く）は，労働者1人平均17.9日，そのうち労働者が取得した日数は10.1日で，取得率は56.6％となっています（厚労省令和3年就労条件総合調査より）。

世界の先進諸国では取得率が70％を超えている国も少なくないことと比較すると（たとえば，ドイツやフランス），日本のそれはかなり低い水準にあります。

実際，たとえばヨーロッパで働く人々をみていると，年休を使って，バカンスに1か月程度出かけることもめずらしくありません。心身の健康のためのリフレッシュをとても大切にしていることがうかがわれます。ILO（国際労働機関）も，1970年に採択されたILO第132号条約において，労働者の有給休暇は1年勤務につき3労働週（5日制なら15日，6日制なら18日）以上，年休は原則として連続したものでなければならず，事情により分割する場合でも，分割された一部は連続2週間以上でなければならないとしています。

未消化の年休はどうなる？

当該年度に消化されなかった年休は翌年に繰り越され，2年間で時効消滅します（労基法115条）。労働者が繰越し年休と当該年度の年休のいずれも有する場合には，繰越し分から時季指定されていくと解するのが妥当でしょう。では，使用者が未消化年休を買い上げることは可能でしょうか。この点について，行政解釈は，年休の買上げを予約し，予約された日数について年休取得を認めないことは労基法39条に反するとしています（昭30・11・30基収4718号）。もっとも退職直前において消化できない年休日数に応じ手当を支給することは許されると解するのが妥当です。

 育児・介護休業

1 育児・介護休業法の展開

日本の育児休業に関わる最初の法律は，1972年に制定された「勤労婦人福祉法」である。その後，女性労働者の増加や制度への社会的関心の高まりを受け，1991年に，「育児休業等に関する法律」（育児休業法）が制定され，さらに同法は，1995年に介護休業制度等を含む法律である「育児休業，介護休業等育児又は家族介護を行う労働者の福祉に関する法律」（育児・介護休業法）に改められた。その後も，同法は1997年，2004年，2009年，2021年に大きく改正され，少しずつ内容の充実が図られている。

2 育児を支援する制度の全体像

育介休法が設けている育児のための主な措置には，①育児休業制度，②所定外労働の免除，③所定労働時間の短縮等の措置，④時間外労働の免除，⑤深夜業の免除，⑥子の看護休暇がある（図表19参照⇒125頁）。これらはそれぞれ，原則として，①についてはその養育する子が1歳に達するまで，②③については当該子が3歳に達するまで，④⑤⑥については当該子が小学校就学の始期に達するまでの措置として，それらを講じることが事業主に義務づけられている。

また，事業主に対する努力義務[6]として，1歳に満たない子を養育する労働者で育児休業を取得していない労働者に対する始業時刻変更等の措置，1歳か

notes

[6] **努力義務**　多くは「〜するよう努めなければならない」との表現で規定される義務であり，その義務に違反しても罰則その他の法的制裁をただちに受けることはない。

図表19 育児支援制度の概要

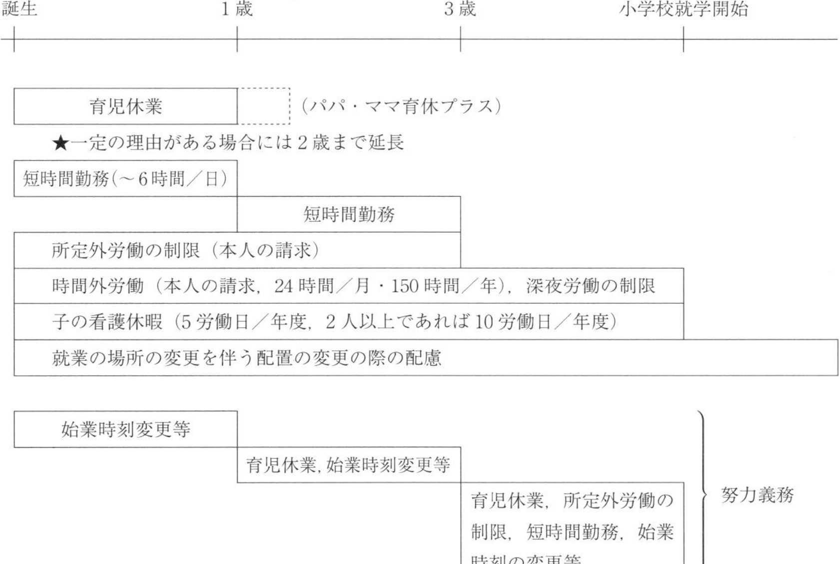

ら3歳に達するまでの子を養育する労働者に対して①または始業時刻変更等の措置，3歳から小学校就学の始期に達するまでの子を養育する労働者に対して①②③または始業時刻変更等の措置が課せられている。そのほか，事業主が労働者に対し就業の場所の変更を伴う配転（転勤）を行う場合には，当該労働者の子の養育の状況に配慮することが義務づけられている（育介休法26条）。

3　育児休業の取得

育児休業の申出

労働者は，その性別にかかわらず，その養育する1歳に満たない子について，事業主に申し出ることにより育児休業をすることができる（育介休法5条）。

育児休業の申出は，当該子の親である配偶者が死亡，疾病，身体もしくは精神上の障害，婚姻解消による別居などにより当該子の養育が困難になったという特別の事情がある場合を除いて，原則として，1人の子につき1回に限られる。

しかし，父母ともに育児休業を取得する場合には，子が1歳2か月に達するまでの間に，それぞれが1年を超えない範囲内で取得することが可能である（育介休法9条の6。パパママ育休プラス）。また，父親は1歳までの育児休業とは別に，子の出生後8週間以内に4週まで育児休業を取得することができる（同法9条の2。産後パパ育休）。

有期で働いているけど，育児休業，取れるのかなあ？

フルタイムの有期労働契約で就労している場合に，働き続けようと思ったら，育児休業を取得できるかや，勤務時間短縮措置を受けられるかが，重要な関心事になってきます。

まず，育児休業については，原則として，その養育する子が1歳6か月に達する日までにその労働契約（更新後のものを含む）が満了することが明らかでない者は，休業の申出をすることが認められています（育介休法5条1項ただし書）。もっとも，当該労働者が当該事業主に引き続き雇用された期間が1年に満たない場合，育児休業申出から起算して1年以内に雇用関係が終了することが明らかである場合，1週間の所定労働日数が著しく少ない者である場合については，事業主は，育児休業対象除外者に関する労使協定の締結を要件に，当該申出を拒むことができます（同法6条1項，育介休則8条）。

育児休業の期間

育児休業の期間は，原則として，その養育する子が1歳に達する日までが上限となる。

しかし，子の1歳以降の期間について保育所での保育の申込みを行っているが当面入所できないとき，1歳到達日以降に養育を行う予定だった配偶者が死亡，疾病，身体もしくは精神上の障害，婚姻解消による別居，産前産後の期間にある場合には，その養育する子が1歳から最長2歳に達するまでの間について育児休業を取得することができる（育介休法5条3項・4項，育介休則6条）。

図表20 改正後の働き方，休み方のイメージ

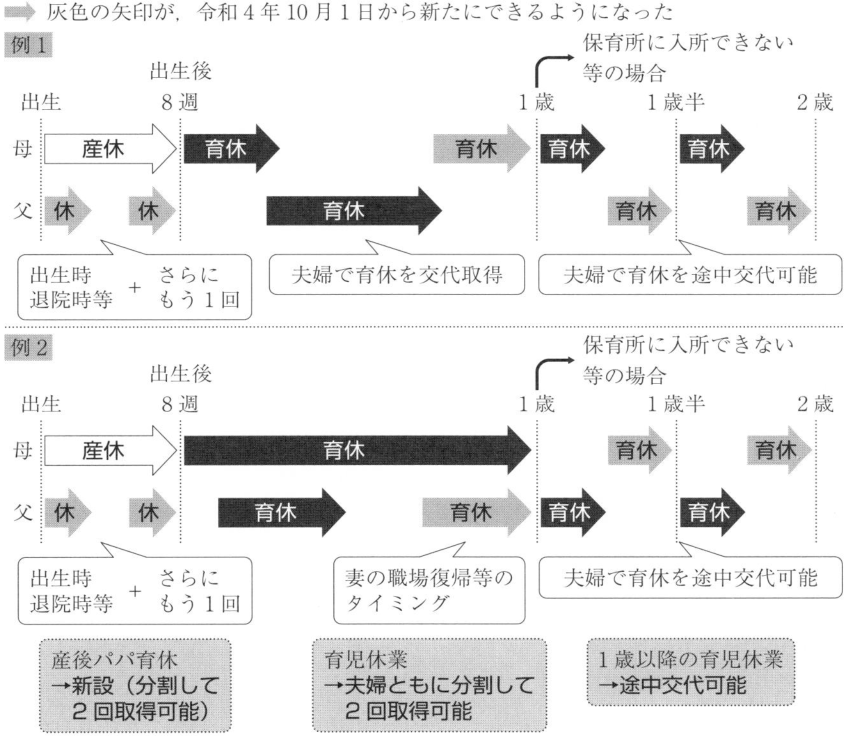

休業期間中の賃金

育児休業期間中の賃金について，育介休法に特別の規定はない。そのため，当該期間中の賃金の取扱いについては，労働者と使用者間の取決めに委ねられる。もっとも，育児休業を取得した労働者の円滑な職場復帰と雇用の安定を目的に，雇用保険制度から，育児休業中について育児休業給付金および出生時育児休業給付金が支給される⇒96頁（雇用保険法61条の７・61条の８）。

4 介護を支援する制度

全体像

育介休法が設けている介護支援制度には，①介護休業，②所定労働時間短縮等の措置，③介護休暇がある。このうち③は，2009 年改正によって新たに創設された制度である。労働者は，要介護状態にある対象家族を介護するために，1 年度において 5 日（要介護状態にある対象家族が 2 人以上の場合には 10 日）を限度として，介護休暇を取得することができる（育介休法 16 条の 5）。

事業主は，原則として，介護休暇の申出を拒むことはできない（育介休法 16 条の 6）。そのほか，事業主が労働者に対し転勤を命じる際には，当該労働者の家族の介護の状況に配慮することが義務づけられている（同法 26 条）。

介護休業

介護休業は，要介護状態にある家族（対象家族。当該労働者が同居し，扶養している祖父母，兄弟姉妹，孫）を介護するための休業をいい（育介休法 2 条 2 号），休業の必要な労働者は，要介護者 1 人について，通算して 93 日を上限として 2 回まで分割して取得し得る。

育介休法が介護休業期間中の賃金保障を定めていないのは，育児休業の場合と同様である。したがって，何らかの金銭的保障を行うか否かは労働者と使用者間の取決めに委ねられる。もっとも，育児休業の場合と同じく，雇用保険制度から介護休業期間中について介護休業給付金が支給されることになっている ⇒96 頁（雇用保険法 61 条の 4）。

3 産前・産後休業

使用者は，産前 6 週間（多胎妊娠〔双子を妊娠している場合など〕の場合には 14 週間）の女性労働者が，休業を請求した場合には，就業させてはならない。また，使用者は，産後 8 週間を経過していない女性を就業させてはならない。ただし，産後 6 週間を経過した女性が請求した場合において，医師が支障がないと認めた業務に限って，就業させることができる（労基法 65 条 1 項・2 項）。

産前産後休業期間中の賃金について，労基法は休業期間中の賃金保障を定めていない。したがって，当該期間中について，何らかの金銭的保障を行うか否かは労働者と使用者間の取決めに委ねられる。もっとも，健康保険制度から，一定期間（分娩の日以前 42 日以内，分娩の日以降 56 日のうち，労務に服さなかった期間）について，出産手当金が支給される（健康保険法 102 条）。

4 休暇・休業取得等を理由とする不利益取扱いの禁止

SCENE 8-2

今日は待ちに待ったボーナスの支給日！　この半年，年休を取ってリフレッシュした甲斐もあって，頑張って仕事をすることができ，我ながら目に見えて成果があがったと思う。ちょっとわくわくしながら給与明細書を見たら……あれ？　意外と少ないな。

腑に落ちない私は，総務部で働く同僚にその理由を聞いた。すると，年休を取った日数分が「欠勤日」として算定され，そのためにボーナスの総額が低くなったのだということが判明した。年休を取った日を欠勤扱いにするなんて，許されるのかな。

概要

年休や育児・介護休業，産前産後休業等を取得し利用する権利の行使が実質的に保障されていることは，仕事と私生活との調和を達成するために非常に重要である。

そこで，まず年休については，労基法が，年休を取得した労働者に対する賃金の減額その他不利益な取扱いをしないようにしなければならない旨規定している（労基法附則 136 条）。もっとも，この規定の法的性格について，最高裁は，使用者の努力義務と解している（沼津交通事件・最判平 5・6・25）。

また育介休法も，事業主に対して，同法が定める措置を請求し労働に従事しなかった労働者に対する不利益な取扱いを禁止している（同法 10 条・16 条・16 条の 7・16 条の 9・18 条の 2・20 条の 2・23 条の 2）[7]。同様の規定は，産前産後休業についてもあり，それについては，雇均法が規定している（同法 9 条 3 項）。⇒140 頁

間接的な不利益取扱いの可否

ところで，使用者が，当該権利を行使した日を欠勤日として扱い，その日について何らかの経済的な不利益を与えること（賞与の不支給・減額，皆勤手当の不支給，ベースアップ対象者からの除外など）もまた，間接的ではあるが，労働者の権利行使を抑制する効果をもつ。

このような間接的な不利益について，最高裁は，権利の行使を抑制し，ひいては上記各法が労働者に各権利を保障した趣旨を実質的に失わせるものと認められる場合には，当該制度を定めた規定は公序に反するものとして無効となるとし，具体的に，当該制度の趣旨，目的，労働者が失う経済的利益の程度，権利行使に対する事実上の抑止力の強弱等諸般の事情を総合考慮して判断するという見解を示している（日本シェーリング事件・最判平元・12・14，前掲沼津交通事件）。判例が，このような間接的な不利益措置をただちに許されないものと位置づけていないのは，従業員の出勤率の低下を防止する等の措置に一定の経営上の合理性を認めているためである。

SCENE 8-2 では，年休取得日が「欠勤日」として算定されたため，ボーナスの減額という不利益が生じている。しかしこのような扱いは，たとえ従業員の出勤率の低下を防止するための措置であるとしても，労働者の年休権行使を事実上抑圧するものであることは明らかである。したがって，このような扱いは違法，無効であり，「私」は年休取得日数を欠勤日として算入せずに計算した金額でのボーナスの支払を請求することができると解される[8]。

notes

[7] **育介休法の「不利益な取扱い」についての行政指針**　育介休法 10 条および 16 条が禁止する不利益な取扱いとしては，解雇のほか，行政解釈上，期間を定めて雇用される者について契約の更新をしないこと，あらかじめ契約の更新回数の上限が明示されている場合に当該回数を引き下げること，退職の強要，正社員からパートタイム労働者等の非正規社員とするような契約内容変更の強要，自宅待機命令，降格，減給，賞与等における不利益な算定，不利益な配置転換，就業環境を害することなどが例として挙げられている（「子の養育又は家族の介護を行い，又は行うこととなる労働者の職業生活と家庭生活との両立が図られるようにするために事業主が講ずべき措置に関する指針」平 16・12・28 厚労告 460 号）。

CHECK

① 年休とはどのような権利か。また，いかなる要件を満たした場合に，発生するか。

② 年休が取得できないのはどのような場合か。

③ 育児休業，介護休業とはどのような制度か。また，育児や介護を支援するための法制度として，どのようなものがあるか。

④ 年休，産前産後休業，育児休業，介護休業等を取得したことを理由に不利益に取り扱うことは許されるか。また，間接的な不利益な取扱いが行われた場合，当該扱いの適法性はどのような基準で判断されるか。

notes

8 **間接的な不利益措置の有効性**　育介休法に基づく休業やその他の支援措置をとったために不就労期間があり，そのためにボーナスが減額された場合については，どのように考えるべきか。

この場合も，年休の場合と同様に考えられる。もっとも，判例は，育介休法に基づく休業等に関しては，同法が使用者に賃金支払を義務づけていないことを考慮し，一定範囲内でその欠勤日数ないし不就労時間に応じてボーナスを減額支給することを認めている（東朋学園事件・最判平 15・12・4）。しかし問題は，当該措置が権利行使に対する事実上の抑止力となるか否かであって，その期間に賃金保障がなされているか否かとは別問題である。したがって，それらの期間は，出勤率の計算において，少なくとも「出勤すべき日」とは扱わない（出勤率計算の際の分母に算入しない）という解釈をすべきである。

CHAPTER

第9章

差別禁止・均等・均衡取扱いの法ルール

差別は許されない。しかし，なぜ，許されないか。それは，人間の尊厳を傷つけ，その人の一生に関わる深刻な事態を引き起こすからである。憲法14条1項は，すべての国民について，法の下の平等を保障し，人種，信条，性別，社会的身分または門地により差別されないことを宣言している。

差別禁止の要請は使用者と労働者の関係においてもあてはまる。職場において，差別は，人種，性別，思想・信条等を理由として生じる場合もあるほか，正規労働者と非正規労働者との間，健常な労働者と障害を有する労働者との間，高年齢労働者とそうでない者との間などでも生じ得る。世界的にみると，EUでは，正規労働者と非正規労働者（パートタイマー，有期契約労働者，派遣労働者）との間の均等待遇のほか，宗教，世界観，障害，年齢，性的指向を理由とする差別禁止が要請され，2008年に発効した国連の障害者権利条約は，障害者が他の者と平等に労働についての権利を有することを確認している。

このように，雇用における差別を規制し，働く場での平等を実現しようとすることは，世界の潮流でもある。本章では，日本における差別禁止の法ルールについてみていくことにする。

1 職場における差別を禁止する法制度

まず，労基法3条は，国籍，信条，社会的身分を理由とする労働条件の差別を禁じている。また，性別を理由とする差別を規制するのは，労基法4条および雇均法である。労基法4条は，女性であることを理由に賃金について差別することを禁止し，雇均法は，賃金以外の労働条件に関する性差別を禁止している。

正規労働者と非正規労働者との間の格差に関しては，2018年に改正された短時有期法が，通常の労働者とパートタイム労働者や有期契約労働者との間の差別的取扱いの禁止または均衡処遇の原則を定めている（同法8条以下）。同年に改正された派遣法は，派遣元事業主に対して，派遣労働者の待遇について，派遣先の労働者の待遇に比し不合理と認められるような違いがあってはならないと規定している（派遣法30条の3）。

さらに，年齢に関して，労働施策総合推進法が，募集および採用の際に原則としてその年齢に関わりなく労働者に均等な機会を与えることを事業主の義務としている（同法10条）。

労働組合の組合員であることやその正当な活動等を理由とした不利益取扱いについては，不当労働行為として労働委員会や司法による救済の対象となっている（労組法7条）。

加えて，一般的な法規制として，労契法3条2項が，労働契約の締結・変更における均衡考慮の原則を宣言している。

制定法により具体的に禁止されていない差別的取扱いについても，公序良俗違反あるいは不法行為にあたるとして無効（民法90条）ないし損害賠償（同法709条等）の対象となり得る。

労基法3条に基づく差別的取扱いの禁止

概要

労基法3条は，使用者に対して，労働者の国籍，信条または社会的身分を理由として，賃金，労働時間その他の労働条件について，差別的な取扱いをすることを禁止する。同条では，差別禁止理由から「性別」が除外されているが，これは同法が女性についていくつか特別な保護規定をおいているためであって，性別を理由とする差別的取扱いを許容する趣旨ではない。

本条は，賃金・労働時間だけでなく，解雇，配転や出向，昇進，昇格などの人事異動，懲戒，安全衛生，災害補償などあらゆる労働条件に関する差別を禁止している。もっとも，ここでいう「労働条件」に採用が含まれるか否かが問題となり得るが，最高裁は，これを否定し，本条は採用時における差別を禁止する規定ではないとの見解を示している（三菱樹脂事件・最大判昭48・12・12）。

国籍による差別

国籍を理由に労働者を差別することは許されない。また本条にいう「国籍」には「人種」（憲法14条参照）も含まれると解する見解が有力である。

裁判例では，内定通知後，在日朝鮮人である労働者が採用に際して本籍および本名を秘匿したことを理由に内定が取り消された事案において，留保解約権が合理的に行使されたといえないとして内定取消しは無効と判断されている（日立製作所事件・横浜地判昭49・6・19）。他方，語学専門学校の外国人教員について，日本人教員とは異なる有期の労働契約を締結したのは，終身雇用ではあるが相対的に賃金の低い日本人教員よりも高賃金で待遇するためであって，国籍または人種による差別とは認められないとされている（東京国際学園事件・東京地判平13・3・15）。

信条による差別

労働者のもつ信条を理由に差別することも許されない。「信条」には宗教的信条および政治的信条も含まれる。

裁判例においては，特定政党の党員等であることを理由に上位職級ないし上級資格への昇格を抑制することは同条に違反するとされた（東京電力〔山梨〕事件・甲府地判平5・12・22など）。もっとも，労働者本人が自発的な意思に基づいて「職場内において政治活動を行わない」と誓約し，それに反した行為が行われたとして解雇された事案について，裁判所はその特約は有効であって，それに基づく解雇も有効としている（十勝女子商業事件・最判昭27・2・22）[1]。

事業所内政治活動禁止条項の有効性

就業規則上の事業所内政治活動禁止条項について，最高裁は，従業員が職場内において当然には政治活動をする権利を有していないこと，職場内政治活動は従業員相互間の政治的対立ないし抗争を生じさせるおそれがあること，企業施設の管理を妨げるおそれがあること，就業時間中であれば当人および他の従業員の業務遂行を妨げ，また休憩時間中に行われる場合であっても，他の従業員の休憩時間の自由利用を妨げ，その後における作業能率を低下させるおそれがあることなどを理由に，企業秩序維持の観点からその合理性を肯定する（目黒電報電話局事件・最判昭52・12・13）。この見解に従えば，労働者は，就業規則に事業所内政治活動禁止条項が規定される限り，当該活動を差し控える労働契約上の義務を負う（労契法7条）。もっとも，同義務違反を理由とする懲戒処分が正当か否かは，懲戒制度の目的に照らし，客観的に企業秩序を乱したといえるか否かに即して判断される（同法15条）。

社会的身分による差別

差別禁止の理由である「社会的身分」は，自己の意思でもって離れることの

notes

[1] **政治活動禁止特約の有効性**　学説においては，私企業でそのような特約が結ばれた場合，思想・表現の自由（憲法19条・21条）および労基法3条の趣旨に照らして公序良俗に反するがゆえに，原則として無効（民法90条）であり，そのような特約を締結することにつき合理的な理由が必要とされるとの見解が有力に主張されている。使用者が労働者を解雇するにあたっては，形式的に解雇事由に該当するのみならず，解雇に処することが客観的に合理的であり社会通念上相当であると認められなければならないことに照らせば（労契法16条），仮に特約を有効と判断したとしても，それに反する行為が，職場の秩序を侵害あるいはその危険性が具体的に存在した場合に限って，解雇の有効性は認められるべきであろう。

できない生来の身分あるいはそれに準ずる身分を指す。門地や被差別部落，非嫡出子，帰化人，孤児等がこれにあたると解される。

なお，パートタイマーや臨時工は，「社会的身分」には含まれないと解されている（日本郵便逓送事件・大阪地判平 14・5・22 など）。

労基法３条違反の法的効果

使用者が労基法３条に違反する行為を行った場合，使用者には，6か月以下の拘禁刑（令和4年法律68号の施行前は「懲役」）または30万円以下の罰金という制裁が科される（労基法119条1号）。

また，そのような使用者の行為は私法上も違法である。つまり，使用者が事実行為として同条に違反した行動を行う場合，たとえば特定の思想を有する者を職場内外で監視したり職場で孤立させる場合には不法行為となり，損害賠償や慰謝料支払の対象となる（民法709条・710条）。同条に違反する使用者の行為が法律行為である場合，たとえば解雇や賃金支給において差別した場合，それらの行為は無効となる。

 性差別の禁止

1　性による賃金差別の禁止

労基法４条の意義

労基法４条は，使用者に対して，①女性であることを理由として，②賃金について，男性と差別的取扱いをしてはならない旨，規定する。当該事業場の男性と女性との間に賃金格差があったとしても，それが年齢，勤続年数，扶養家族の有無，数，職種，職務内容，能率，責任，作業内容の違いから生じる場合には，同条の適用対象とならない。また，採用，配置，昇進，教育訓練等における性差別も同条の対象とはならない。この場合については雇均法が差別的取扱いを禁止している。

差別的取扱いとは，両面的な意味をもち，賃金について女性を優遇することもまた禁止行為にあたる。

賃金差別の具体例

まず，男女で異なる賃金表が適用されている場合（秋田相互銀行事件・秋田地判昭 50・4・10），一時金の支給率に男女差を設ける場合（日本鉄鋼連盟事件・東京地判昭 61・12・4），家族手当の支給につき女性にのみ男性と異なる条件をつける場合（岩手銀行事件・仙台高判平 4・1・10）がある。この場合，男女間の格差に合理的理由があるかが問われる。

また，人事考課（査定）における使用者の評価行為を通して差別が行われる場合もある。裁判例においては，人事考課（査定）を通じて賃金額と密接に関連する資格表への格付けが行われる職能資格制度において，男性については年功的運用によりほとんど自動的に昇格がなされ，女性については昇格のための試験等が課せられるといった事情の下では，そのような取扱いは性差別にあたるとされている（芝信用金庫事件・東京高判平 12・12・22）。

さらに，男女間で担当する職務が異なっている場合の賃金格差について，比較対象の男女が就いているそれぞれの職務について，職務分析という手法をとり，必要とされる知識，技能，責任，精神的な負担，疲労度を比較して，職務遂行の困難性や職務の価値に格別の差がないことを立証し，性差別を認めた裁判例もある（京ガス事件・京都地判平 13・9・20）。

労基法 4 条違反の法的効果

まず，労基法 4 条違反が生じた場合，使用者には，6 か月以下の拘禁刑（令和 4 年法律 68 号の施行前は「懲役」）または 30 万円以下の罰金という制裁が科される（労基法 119 条 1 号）。

問題となるのは，差別がなかったならば支払われたと解される賃金額と実際に受領した賃金額との差額分の支払を請求し得るかである。裁判例においては，労働契約上の男女差別賃金を無効とした上，無効部分については，労基法 13 条を類推適用し，同条にいう「この法律で定める基準」を労基法 4 条が保障する「男性と同等の賃金」と解釈することによって，差額分の請求権が導かれた事例もある（前掲秋田相互銀行事件）。

また，労基法 4 条違反の賃金差別は不法行為にあたるとして，差額賃金相当額の損害の賠償あるいは慰謝料による救済も可能である（民法709条・710条）。

2 雇均法の発展およびその概要
——賃金以外の性差別の克服

概要

賃金以外の性差別について規制するのは男女雇用機会均等法である。

雇均法制定以前には，公序法理（民法90条）を手がかりとして，被差別労働者の法的救済が図られていた。たとえば，定年年齢を男性60歳，女性55歳とする就業規則は，同条を根拠に無効とされている（日産自動車男女別定年制事件・最判昭56・3・24）。

1985年，1979年の第34回国連総会で採択された「女子に対するあらゆる形態の差別の撤廃に関する条約」批准へ向けた国内の動きもあり，勤労婦人福祉法の改正法として，雇均法が制定された（同年，条約を批准）。同法は女性労働者に対する差別を禁止し，その就労を援助することを目的としていたが，当時，男女労働者を均等に扱うという社会的基盤が整っていないとして，募集，採用，配置，昇進に関する男女の均等取扱いは使用者の努力義務とされた。

同法は，1997年（施行は1999年）と2006年（施行は2007年）に大きく改正された。まず1997年には，同法はそれまで努力義務にとどまっていた各処遇における差別を禁止した。そして，2006年には，女性労働者に対する差別の禁止ではなく，男女労働者のいずれに対しても差別を禁止する法律となった。

2006年雇均法

現行の雇均法は，憲法14条の理念に則り，雇用の分野における男女の均等な機会および待遇の確保を図るとともに，女性労働者の就業に関して妊娠中および出産後の健康の確保を図る等の措置を推進することを目的とする（雇均法1条）。この目的の下に，性別を理由とする差別の禁止（5条・6条），性別以外の事由を要件とする措置のうち実質的に性別を理由とする差別となるおそれのある措置の禁止（7条），ポジティブ・アクション（8条），婚姻，妊娠，出産等を理由とする解雇および不利益取扱いの禁止（9条），セクシュアル・ハラスメントに対応するために必要な措置（11条），マタニティ・ハラスメントに対応するために必要な措置（11条の3），妊娠中および出産後の健康管理に関する措置（12条）および紛争解決援助の措置を定めている（15条以下）。

直接差別の禁止

雇均法5条は募集・採用について性別にかかわりなく均等な機会を与えることを義務づけ，6条は配置（業務の配分および権限の付与を含む）・昇進・降格・教育訓練，福利厚生，職種および雇用形態の変更，退職の勧奨，定年・解雇・労働契約の更新の措置について，労働者の性別を理由として差別的に取り扱うことを禁止している。

間接差別の禁止

間接差別とは，一見，性に中立な条件であったとしても，実際にその条件を満たし得る者の男女比率等に照らし，一方の性に不利に作用する場合，使用者の側でその条件が経営上の必要性に基づくものであることを立証し得ない限り違法な性差別とみなす法理である。日本においては，2006年改正によって導入された（雇均法7条）[2]。

雇均法は雇均則および行政指針により禁止される具体的措置を定めている（雇均則2条，平18・10・10厚労告614号，図表21参照）。使用者がこれらの措置を行う場合，その措置の実施が業務の遂行上あるいは事業の運営の状況に照らして特に必要であること等合理的な理由があることを立証できなければ，性差別にあたると評価される。

図表21　一方の性に不利に作用する措置

- 労働者の募集または採用にあたって，労働者の身長，体重または体力を要件とすること
- 労働者の募集・採用，昇進，職種の変更にあたって，転居を伴う転勤に応じることができることを要件とすること
- 労働者の昇進にあたり，転勤の経験があることを要件とすること

notes

[2] **間接差別の法理**　間接差別の法理は，アメリカで「差別的効果」の理論として確立され，欧州諸国に広まった考え方である。EUでは，パートタイム労働者と通常の労働者との間で諸手当の支給等で違いを設ける場合も女性に対する間接差別とみる。間接差別法理のもつ広い可能性に鑑みるならば，日本に限定的に導入された同法理を，現実に相応させつつ，今後も発展させていくことへの要請は強い。

婚姻，妊娠，出産等を理由とする不利益取扱いの禁止

SCENE 9-1

私は大学のときからつきあっていた彼氏と2年前に結婚した。結婚後も正社員として仕事を続けていたが，初めての子を妊娠した。そこで産前休業をとるために，直属の上司に「休ませてください」と申し出た。そうしたら，上司がちらりと私の顔を見て言った。「そうか，それはおめでとう。これから出産，育児と大変になるね。君もそろそろ仕事を辞めて，家庭に専念したほうがいいんじゃないか。」私はびっくりして尋ねた。「それは会社を辞めろということですか。」上司は，「うちの会社は小さい会社だから，休まれると，いろいろと困るんだよね」と言う。産前休業を申請したら辞めろだなんて。そんなことって許されるの？

雇均法は，使用者に対し，女性労働者が妊娠，出産をしたこと，妊娠または出産に起因する症状により労務の提供ができないこと，および，母性保護のための法的権利（図表22参照）を行使したことを理由に解雇その他不利益な取扱い（いわゆる「マタニティ・ハラスメント」，「マタハラ」）をすることを禁止している（雇均法9条3項，雇均則2条の2）。判例は，女性労働者に対して行われた軽易業務への転換を契機として行われた降格について，特段の事情がない限り禁止されるとした。そして，特段の事情として，労働者本人が自由な意思に基づいて降格を承諾したといい得る場合，または，業務上の必要性等に照らして降格させることが，雇均法9条3項の趣旨および目的に実質的に反しないと認められる場合を挙げている（広島中央保健生活協同組合事件・最判平26・10・23）。

また，妊娠中の女性および出産後1年を経過しない女性労働者に対してなされた解雇は，事業主が当該労働者の妊娠や出産を理由とする解雇でないことを立証し得ない限り，無効とされる（同法9条4項）。

従来から，労基法は，産前産後休業中の女性労働者に対して当該期間中およびその後の30日について解雇を制限していたが（同法19条），それ以外の不利益な取扱いや産前産後休業期間にあたらない時期における解雇，出産を理由とする解雇その他の不利益取扱いの措置を，明文で禁止する規定は存在しなかった。そのため，妊娠や出産を契機とした理不尽な処遇を受ける女性は少なくなかった。2006年改正は，このような現実に対応する規定として，重要な意味をもつ。

図表22 女性労働者の母性保護のための法的権利

産前産後休業（労基法65条）／坑内業務（64条の2）・危険有害業務（64条の3）の就業制限／軽易な業務への転換（65条3項）／時間外労働・休日労働・深夜業の免除（66条）／育児時間の取得（67条）

SCENE 9-1について，会社が，労働者に対し，妊娠を理由として退職を強要することは許されない。上司の発言が，「私」に対する解雇の意思表示にあたるとすれば，雇均法9条3項ないし4項に照らして無効となる。また，マタハラに該当するとして，不法行為（民法709条）に基づく損害賠償の対象となる可能性もある。

マタハラって，何？

妊娠や出産した女性労働者の就業環境が害されることをマタニティ・ハラスメント（マタハラ）といいます。厚生労働省は，マタハラには大きく2つのタイプがあると分類しています。ひとつは，女性労働者が妊娠や出産に関する制度や措置を利用したことに対する嫌がらせ（制度等の利用への嫌がらせ型），もうひとつは，女性労働者が妊娠，出産したことに関する嫌がらせ（状態への嫌がらせ型）です。

事業主には，職場におけるハラスメント防止の啓発，相談体制の整備，ハラスメントが生じた場合の迅速かつ適切な対応とともに，妊娠や出産等による体調不良のため労働能率が低下する場合への適切な配慮，当事者のプライバシーへの配慮の措置をとることが求められています。

マタハラは，正社員だけでなく，相対的に立場の弱いパートタイマーや契約社員，派遣社員として働く女性労働者にも生じます。どのような雇用形態で働こうとも，事業主（派遣先も含む）はその労働者が安心して妊娠・出産を迎えることができるように環境を整える義務があります（平28・8・2厚労告312号参照）。

3 公序法理

1985年に雇均法が制定される以前，女性労働者に対する結婚退職制など賃金以外の差別については公序良俗違反という考え方（公序法理）を用いることにより，被差別労働者の法的救済が行われてきた。1997年および2006年改正によって，雇均法はその内容を充実させてきているが，その規制の範囲内にない性差別的な人事管理上の処遇が問題となる場合には，公序法理により法的救済が図られる。

4 年齢を理由とする差別的取扱いの禁止

労働施策総合推進法は，事業主に対し，一定の場合には，募集および採用に際し，労働者の年齢に関わりなく均等な機会を与えなければならないことを規定する（同法9条）。

これは，従来，事業主の努力義務として規定されていたが，2007年に，特に若者および高年齢者について多様な就業機会を確保し職業の安定を図ることを目的とした大きな改正が行われた際に義務規定に強化されたものである。労働施策総合推進法は，同条違反等の場合について，都道府県労働局長による助言・指導または勧告を予定し（同法33条・37条），罰則は置いていない。

5 障害を理由とする差別的取扱いの禁止

2013年，障害者雇用促進法が改正され，雇用の分野における障害者に対する差別の禁止および障害者が職場で働くにあたっての支障を改善するための措置が定められた。

障害者雇用促進法は，事業主に対し，労働者の募集および採用について，障害者に対して，障害者でない者と均等な機会を与えることを義務づけ（同法34条），また，賃金の決定，教育訓練の実施，福利厚生施設の利用その他の待遇について，労働者が障害者であることを理由として，障害者でない者と不当な差別的取扱いを行うことを禁止している（同法35条）。

また，事業主は，労働者の募集および採用について，障害者と障害者でない者との均等な機会の確保の支障となっている事情を改善するため，および，両者の間の均等な待遇の確保や障害者である労働者の有する能力が有効に発揮する際の支障となっている事情を改善するため，当該障害者の障害の特性に配慮した必要な措置を講じることが義務づけられている（「合理的配慮の提供義務」。同法 36 条の 2・36 条の 3）。事業主はこれらの措置を行うにあたって，当該障害者の意向を十分に尊重しなければならず，また，これらの措置に関し，障害者である労働者からの相談に応じ，適切に対応するために必要な体制の整備その他の雇用管理上必要な措置を講じなければならない（同法 36 条の 4）。さらに，これらの措置に関し，厚生労働大臣は，必要があると認めるときは，事業主に対して，助言，指導または勧告をすることができる（同法 36 条の 6）。

また，これらの措置に関して障害者から苦情の申出を受けたときは，事業主は苦情処理機関を設置するなどして，それを自主的に解決する努力をしなければならない（同法 74 条の 4）。さらに，それをめぐって法的紛争が生じた場合において，都道府県労働局長は，当該紛争の当事者の双方または一方からその解決につき援助を求められた場合には，当該紛争の当事者に対し，必要な助言，指導または勧告をすることができる（同法 74 条の 6 第 1 項）。各地方の労働局に置かれている紛争調整委員会（個別労紛法 6 条 1 項）の調停に委ねることもできる（障害者雇用促進法 74 条の 7 第 1 項）。その際，申立てを行うなどしたことを理由に，事業主が，障害者である労働者に対して，解雇その他不利益な取扱いを行うことは許されない（同法 74 条の 6 第 2 項・74 条の 7 第 2 項）。

 雇用形態間の均等・均衡待遇

SCENE 9-2

私は，この工場の契約社員として，2 か月の期間の定めのある労働契約を反復更新し，すでに 4 年働いています。私は，工場の組立てラインに配置されていますが，ラインでは正社員も同じように働いています。勤務時間も勤務日数も正社員と同じですし，品質管理活動を自主的に行う QC サークル活動にも，正社員の人たちと同じように参加しています。ところが，私は，正社員がもらっている通勤手当や住居手当をもらっていませんし，そもそも基本給の額も正社員の 5 割程度で

す。また，ボーナスの支給もありません。この差はあまりに不合理で，侮辱的にすら感じられます。このようなことは許されるのでしょうか。

1　非正規労働者の均等・均衡待遇へ向けた法の展開

法整備の開始

日本においては，1980年代から，主にパートタイム労働者と正社員との間の処遇格差を中心に正規労働者と非正規労働者の不公正な労働条件格差が大きな問題として認識され，遅くとも1990年前後には，それに対応するための法整備が開始された。

1989年には，パートタイム労働者の処遇について，「通常の労働者との均衡等を考慮」した適正な取扱いを行うことが望ましいとした「パートタイム労働者の処遇及び労働条件等について考慮すべき事項に関する指針」（平元・6・23労告39号）が定められた。その後，1993年に制定されたパートタイム労働法のなかで，均衡考慮の要請として規定された（同法3条）。

均衡待遇原則，差別的取扱い禁止，不合理な取扱い禁止の確立

2007年，パートタイム労働法が改正され，その際に，通常の労働者と同視すべき短時間労働者に対する差別的取扱い禁止規定等が規定された（同法8条以下）。また同年，労働契約法が制定され，労働契約における均衡考慮原則（同法3条2項）が定立された。

2012年，労契法が改正され，有期契約労働者に対する不合理な取扱いの禁止を定めた20条が規定され，2013年4月から施行された。また，同年，労働者派遣法が改正され，均衡待遇原則が明記された（30条の2）。そして，2014年には，労契法20条の文言と平仄を合わせる形で，パートタイム労働法が改正され，2015年4月より施行された。

非正規労働法制の再編

2018年，パートタイム労働法は，有期契約労働者に対する不合理な取扱いの禁止を定めた労契法20条を取り込む形で改正され，短時有期法となった。

また，同時に，労働者派遣法も改正された。そのなかで，派遣労働者に対する均衡待遇原則は，不合理な待遇の禁止へと改正されるとともに（同法 30 条の 3），労使協定による不合理な待遇禁止免除制度が創設された（同法 30 条の 4）[3]。

このように，日本は，約 30 年という決して短くはない年月をかけて，少しずつ非正規労働法制を作り上げてきた。

2 パートおよび有期契約労働者の均等・均衡待遇

概要

パートタイム労働者および有期契約労働者に対する均等・均衡待遇の要請は，不合理な待遇の禁止（短時有期法 8 条），差別的取扱いの禁止（同法 9 条），賃金決定の際の均衡考慮の努力義務（同法 10 条），教育訓練実施義務（同法 11 条），福利厚生施設利用機会付与義務（同法 12 条）からなる。

不合理な待遇の禁止

短時有期法 8 条は，事業主に対して，雇用するパートタイマーや有期契約労働者の基本給，賞与その他の待遇に関し，不合理と認められる相違を設けることを禁止する。

ここでは，どのような場合に，「不合理」と評価されるかがもっとも大きな問題となるが，同条は，①職務の内容（業務の内容と責任の程度），②職務内容や配置の変更の範囲，③その他の事情のうち，その待遇の性質や目的に照らして適切なものを考慮して判断する（ハマキョウレックス事件および長澤運輸事件・最判平 30・6・1 参照）。

たとえば，A 社では，通勤手当を，有期契約で雇用されるトラック運転手

notes

[3] **「同一労働同一賃金」政策の具体化と施行日**　2018 年に行われたパートタイム労働法および労働者派遣法の改正は，安倍内閣の下で進められた「働き方改革関連法」の柱のひとつとして提案された「同一労働同一賃金」政策を具体化したものである。同政策は，通常の労働者（いわゆる正規労働者）と非正規労働者（パートタイマー，有期契約労働者，派遣労働者）との間の労働条件格差を是正することを目的とする。短時有期法は 2020 年 4 月（中小企業は 2021 年 4 月）から施行された（それまでは従前のパートタイム労働法および労働契約法 20 条が適用）。改正派遣労働法は 2020 年 4 月（一部は 2019 年 4 月）から施行された。

には支払わず，正社員トラック運転手には支払っていたとする。この場合，通勤手当の支給目的が労働者の負担する通勤代の補塡にあるならば，両者の間になぜこのような差を設けるのか，合理的に説明できない場合がほとんどだろう。そして，通勤に費用がかかるという点では，有期契約労働者も正社員も変わりがない。こういった場合には，有期契約労働者に対する通勤手当の不支給は，同条に違反して違法となる。

また，たとえば，B社では，仕事の責任の点で正社員の方がより重く責任を負っているとして，基本給において，パートタイム労働者と正社員との間に差を設けているとする。しかし，その場合であっても，その差は両者の責任の差を適切に反映したもの（均衡したもの）であることが求められる。

差別的取扱いの禁止

短時有期法9条は，通常の労働者と比較して，職務の内容が同一で，職務内容や配置の変更の範囲が同一であると見込まれるパートタイム労働者や有期契約労働者については，基本給，賞与その他の待遇のそれぞれについて差別的取扱いをしてはならないと定めている。

事業所がひとつしかない使用者の下で雇用されていたパートタイム労働者が，同一の職務を行っている正社員には退職金が支給され，自分には支払われなかったことが違法であるとして争った事案において，裁判所は，パートタイム労働者の請求を認め，正社員と同額の退職金の支払を命じている（京都市立浴場運営財団事件・京都地判平29・9・20）。

賃金決定の際の均衡考慮義務

事業主は，パートタイム労働者や有期契約労働者の賃金額を決定する際には，通常の労働者との均衡を考慮しつつ，その職務の内容，職務の成果，意欲，能力または経験その他の就業の実態に関する事項を勘案して決定するよう努力する義務がある（短時有期法10条）。

同条は，使用者がパートタイム労働者や有期契約労働者の賃金額を決定する際の指針を示したものと解される。先に述べたように，正社員とパートタイム労働者あるいは有期契約労働者の労働条件を比較して，不合理と評価されるような格差があれば違法となる。

教育訓練実施義務・福利厚生施設利用機会付与義務

使用者は，労働者に対して，「パートタイマーだから」「有期契約労働者だから」と，教育訓練の機会から排除したり，社員食堂や休憩室など福利厚生施設の利用を阻んではならない。そのような行為は違法となる。

とりわけ，教育訓練は，労働者にとってその労働能力を高めるためのとても重要な措置である。パートタイム労働者や有期契約労働者にとっても，その能力を活かし，より安定的に働いていく可能性を開く重要な機会となる。そこで，短時有期法は，事業主に対し，通常の労働者と職務内容が同一であるパートタイム労働者や有期契約労働者については，通常の労働者と同じように，また，職務内容が異なる場合には就業の実態に照らして，その職務の遂行に必要な能力を付与するための教育訓練を実施するよう求めている（同法11条1項・2項）。

3　派遣労働者の労働条件における均等・均衡待遇

概要

派遣労働力の利用が進むにつれ，派遣労働者の適正な労働条件を確保する必要性が高まっている。それを反映して，2012年の労働者派遣法改正においては，派遣先労働者の労働条件等との均衡を考慮した待遇の確保を要請する規定（均衡考慮の要請）が新たに設けられた。

この均衡考慮の要請は，2018年の労働者派遣法改正においてより具体化された。改正法は，派遣労働者の適正な労働条件の実現方法を，①派遣先の労働者との均等・均衡による待遇改善か，②労使協定による一定水準を満たす待遇決定による待遇改善かの選択制とした。

第1の選択肢――均等・均衡待遇の原則

まず第1の選択肢である。こちらが原則となる。派遣元事業主は，その雇用する派遣労働者の基本給等の待遇と，就労先である派遣先の通常の労働者の待遇との間に，不合理と認められるほどの相違を設けてはならない。また，派遣元事業主は，派遣労働者のうち，職務の内容および配置の変更の範囲が派遣先の通常の労働者と同一の範囲で変更されると見込まれる者については，正当な理由なく，不利に扱ってはならない（派遣法30条の3第1項・2項）。

多少の違いはあるものの，先に述べたパートタイム労働者・有期契約労働者の処遇に関する規定内容とほぼ同様の内容の規定が設けられている。

第2の選択肢――労使協定による逸脱

次に第2の選択肢である。派遣元事業主は，労働者の過半数で組織される労働組合がある場合にはその労働組合，ない場合においては労働者の過半数を代表する者との書面による協定（労使協定）⇒100頁により，一定の事項を定めた場合，当該協定の内容に従った処遇を行うことができる（派遣法30条の4第1項）。

第2の選択肢は，第1の選択肢よりも低い水準での処遇を許容することを目的とするものである。そこで，水準の低下に歯止めをかけるために細かな規制が設けられている。

4　処遇決定に関する説明義務

非正規労働者が待遇改善を求めていく場合，そもそも自らの処遇がどのようにして決定されたのかを知ることは有効である。

短時有期法は，事業主に対し，パートタイム労働者や有期契約労働者を雇い入れたときは，不合理な待遇が行われていないこと，差別的取扱いの禁止に抵触するような待遇が行われていないこと，教育訓練実施義務や福利厚生施設の利用機会の付与が行われていることを説明する義務を課している（同法14条1項）。

また，事業主は，パートタイム労働者や有期契約労働者からの求めに応じ，通常の労働者と異なる待遇を行うにあたって考慮した事項について説明しなければならない（同条2項）。そういった要求をしてきた労働者に対して，解雇その他不利益な取扱いを行うことは禁止されている（同条3項）。

同様のことは，派遣労働者についても規定されている（派遣法31条の2）。比較対象者となる派遣先労働者の状況については，派遣先企業が，派遣元企業に対して，比較対象となる労働者の賃金その他の待遇に関する情報等を提供しなければならない（同法 26 条 7 項）。

SCENE 9-2 ではまず，通勤手当や住居手当に関しては，その支給の目的との関係で，有期契約労働者である「私」に支給しないことが不合理でないかが問われる。通勤手当が通勤にかかる費用の補塡として支給される場合や住居手当が家賃の補助として支給される場合，会社は，それらを有期契約労働者に支給しないことが不合理ではないといえるだけの理由を明らかにしなければならない。また，ボーナスの支給目的が，たとえば直近 6 か月間の会社の業績への貢献に対する功労報償であるとすれば，同一の業務を同程度の責任を負いながら仕事をしてきた「私」にボーナスを支給しないことは違法とされる可能性がある。基本給額の格差については，職務の内容や配置の変更の範囲の相違なども考慮して，その違いの程度と基本給額の差がバランスのとれたものといえるかが問われる（ハマキョウレックス事件・最判平 30・6・1 参照）。

CHECK

① 日本において，差別を禁止し，均等待遇を要請する法制度として，どのようなものがあるか。
② 労基法 3 条が禁止する差別禁止理由にはどのようなものがあるか。
③ 労基法 4 条は，どのような場合に適用されるか。
④ 雇均法は，どのような差別的取扱いを禁止しているか。
⑤ 雇用形態間の均等処遇を定めた法制度にはどのようなものがあるか。

CHAPTER

第10章

安全衛生・労働災害

人が働く場所は，常に快適であるとは限らない。高温・多湿であったり，採光や通風が悪いといったこともあり得るし，身体に危険を及ぼす機具や薬剤を使う職場もある。また，最近では，長時間に及ぶ過重労働が強いられている職場もある。

そういった職場環境が，労働者の生命や健康をおびやかすことは少なくない。法は，労働者が健康で安全に働いていくためにどのような制度を設けているのだろうか。また，実際に労働者が仕事が原因でケガや病気になった場合，あるいは，死亡した場合，どのような法的な救済を求めていくことができるのだろうか。この章では，これらの問題について考えていくことにする。

1 健康で安全に働くための法制度

業務が原因となって，ケガを負ったり，病気に罹患すること，あるいは，死亡することを「労働災害」(労災) と呼ぶ。労働者が働いていく上で，労災を予防すること，そして，労災が起こった場合に法的救済を与えることは労働者の人生にとって非常に重要な意味をもつ。

日本においては，労災を予防するために労働安全衛生法を中心とした法制度が，そして事後的に被災労働者に対する救済を行うために，労働基準法，労働者災害補償保険法による法制度が設けられている。また，労働契約に基づいて，使用者には労働者の安全に配慮する義務（安全配慮義務）があり，労災が当該義務違反に基づいて生じたときには，使用者は民法上の債務不履行（民法 415 条）または不法行為（同法 709 条）に基づいて損害賠償義務を負う。

2 労災を予防する法制度

1 労働安全衛生法制

労働者を労災から守る法制度として，労安衛法およびそれに付随する多数の付属規則，そして粉じん作業従事者に対する健康診断等について定めたじん肺法，労災防止を目的とする事業主団体の自主的活動に対する労働災害防止団体法，作業環境測定士の資格等を定める作業環境測定法などがある。

2 労安衛法の基本的な仕組み

1972 年に制定された労安衛法は，それまで労基法の中に置かれていた「安全及び衛生」(同法 42 条～55 条) を抜本的に充実させるために制定された法律である。労基法上の関連規定は，労安衛法の制定により削除されている。

労安衛法は，労基法と相まって，労働災害の防止のための危害防止基準の確立，責任体制の明確化および自主的活動の促進の措置を講ずる等，その防止に関する総合的計画的な対策を推進することにより職場における労働者の安全と健康を確保するとともに，快適な職場環境の形成を促進することを目的とする（同法1条）。具体的には，安全衛生管理体制や安全衛生教育・健康管理等についての規定が置かれ，またその内容は職場の現実に対応するよう改正されている（ストレスチェック制度の創設など）。それらの措置は，行政による監督と刑罰によって確保が図られている。

3 労災を防止する責任を負う者

労安衛法は，直接の契約関係にある事業者に対して，単に法律で定める労働災害の防止のための最低基準を守るだけでなく，快適な職場環境の実現と労働条件の改善を通じて，職場における労働者の安全と健康を確保するよう求めている（同法3条1項）。また，それとともに，労働者に対し，労働災害を防止するために必要な事項を守るほか，労災防止のために行われる諸措置に協力するよう努めることを要請している（同法4条）。

さらに，労安衛法は，事業者のみならず，注文者から仕事を受けてその事業者を指揮する立場にある元方事業者，注文者，請負人らに対しても，その仕事に関し，労安衛法や法令の規定に違反しないよう必要な指導や指示を行う義務を課している（同法29条～32条）。また，機械や建築物を貸与する者，重包装貨物を発送する者に対しても，それらの機械等による労働災害を防止するために必要な措置を講じるよう求めている（同法33条～36条）。

「事業者」「事業主」って，使用者とは違うの？

労安衛法は「事業者」，労災法は「事業主」に一定の責任を課しています。「事業者」と「事業主」とは，基本的に一致します。労安衛法によれば，事業者とは，「事業を行う者で，労働者を使用するもの」です（同法2条3号）。

労安衛法が，「使用者」ではなく，「事業者」を規制の対象としているのは，事業経営の利益の帰属主体そのものを義務主体としてとらえ，その安全衛生上の責任を明確にするためです（昭47・9・18基発91号）。安全衛生の確保は現場管理者の責務であるのみならず，事業者自身の責務でもあるのです。

労働者の心身の健康を守るために

事業主は，労働者に対し，医師による健康診断を実施する義務を負う。そして，労働者はその健康診断を受診する義務を負っている（労安衛法 66 条 1 項・5 項）。

最近では，仕事による強いストレスが原因で精神障害を発症し，労災認定される労働者が増加傾向にあることから，労働者のメンタルヘルス不調を未然に防止することが重要な課題となっている。

2014 年に改正された労働安全衛生法は，労働者の心理的な負担の程度を把握するための検査（ストレスチェック）およびその結果に基づく面接指導の実施を事業主に義務づけている。労働者の健康情報はきわめてセンシティブな情報であることから，ストレスチェックの結果は直接本人に通知され，本人の同意なく事業者に知らされることはない。事業主は，高ストレスと判定された者から申し出があれば，医師による面接指導を実施し，また，医師の意見を聴いて，必要に応じ就業上の措置（就業場所の変更，作業の転換，労働時間の短縮，深夜業の回数の減少等）を講じる義務を負う（同法 66 条の 10）。

3 労災に対する法的補償

1 労災保険制度の概要

SCENE 10-1

今朝，私は，いつものように，会社に車で出勤中，通い慣れた道で接触事故を起こしてしまった。相手は，配送会社の小型トラックで，業務中だったようだ。幸い死亡事故にはならなかったけれど，私もトラック運転手もケガをしたので，病院に運ばれた。損害賠償の話はおいおいしていくとして，ともかく，私たちは，しばらく治療を受けなければならないし，その間会社を休まなければならない。その間の生活や治療費はどうなるんだろう。

過失責任主義から無過失責任主義へ

労基法は，業務上の事由によって生じた労働者の負傷，疾病，障害，死亡等について，必要な補償を行う制度を設けている（同法75条～88条）。

労災補償制度が確立されるまで，業務に関連して被ったケガや病気は被災労働者の負担となることが多かった。被災労働者がそのケガ等に対して使用者に責任を問うには不法行為責任等を根拠とするほかはなく，そのために当該ケガ等に対する使用者の故意または過失を立証しなければならなかったからである（過失責任主義）。これは労働者にとって大きな負担であった。産業革命以降の近代工業における労働のあり方が，労働者の身体や生命に危険を及ぼす可能性を増幅させる一方で，このような状況は社会的に不公平なものと考えられるようになった。そこで，19世紀末から，西欧諸国を中心に，労災補償に関する特別法が制定されるようになる。その多くは，業務上のケガ等であれば，原則として，使用者の故意または過失の有無を問うことなく，被災労働者またはその遺族に補償を行うものである（無過失責任主義）。

労災保険制度

労災補償対象事故が生じた場合に備えて設けられているのが，労働者災害補償保険（労災保険）制度である。同制度について定める労働者災害保険法は，1947年に，労基法と同時に制定された。労基法は，業務上の負傷，疾病等による療養，休業，障害，死亡等に関する様々な補償を規定しているが，労災法による給付が行われる場合には，使用者は補償の責を免れるとしている（労基法84条）。つまり，労災保険制度は，労基法に基づいて使用者の負う補償の履行を確保するシステムであるということができる。それゆえ，労災保険にかかる保険料を負担するのは事業主である。

現在，日本の労災法は数次にわたる法改正を経て，労基法の定める補償を越える内容を規定するに至っている。たとえば，保険給付の年金化や，1973年に創設された通勤災害制度の創設などはその例である。

労災保険の保険関係

労災保険の保険者は政府である（労災法2条）。また，労災保険が適用される事業（適用事業）は，労働者を使用する事業すべてである。つまり，業種や規模あるいは雇用されている労働者の雇用形態によって異なることはなく，アルバイトや派遣労働であっても労災保険の対象となる。なお，国の直営事業および官公署の事業については，別の法律が対応する。

労災保険の適用を受ける「労働者」について，労災法は定義規定を置いていない。しかし，先にも述べたように，労災法が労基法に定める補償の履行確保システムであることに鑑みると，労基法に定める「労働者」（同法9条）が該当する。そのほか，「労働者」とは認められなくとも，その業務の実態や災害が発生した場合の影響等に照らし，労災保険制度による保護が必要であると考えられる者については，特別加入制度が設けられている。中小事業主およびその事業に従事する者，個人タクシーの運転手や大工などのいわゆる「一人親方」とその家族従事者，最近では二輪車や自転車を利用したフードデリバリーや日用品の配達を請け負う者などもその対象となる（同法33条，労災則46条の16・46条の17等）。

労災保険給付の手続

労災が生じた場合，被災労働者もしくは遺族が労災補償のための保険給付を受ける場合には，所轄の都道府県労働局長または労働基準監督署長に給付請求しなければならない（労災法12条の8第2項）。そして，請求を受けた所轄の都道府県労働局長または労働基準監督署長は，保険給付の支給または不支給（一部不支給も含む）を決定し，遅滞なく，文書で，その内容を請求人等に通知しなければならない（労災則19条1項，手続の詳細は**図表23**参照）。

当該決定について，被災労働者あるいはその遺族に不服がある場合，労働者災害補償保険審査官に対して審査請求をすることができる。また，審査官の決定に不服がある場合には，労働保険審査会に対して再審査請求をすることができる（労災法38条）。労災保険給付の全部または一部不支給の決定は，行政処分に該当するため，請求人等は，その処分の取消しを求めて裁判所に提訴する

図表23 労災保険給付の手続

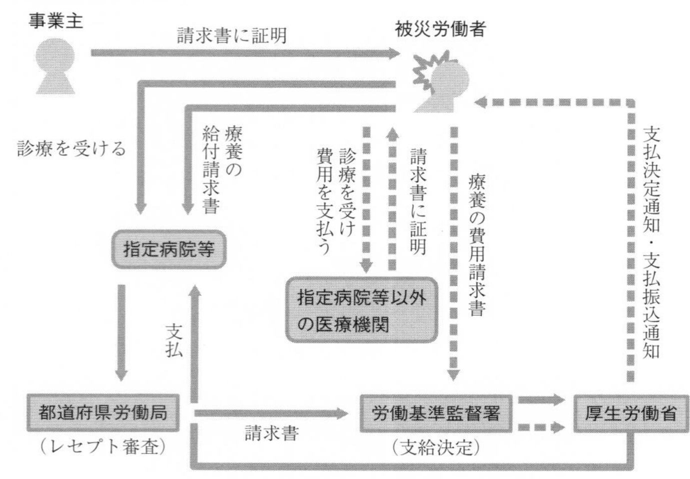

（公益財団法人労災保険情報センターホームページ原案）

ことができる。しかし，訴えは，原則として，この審査請求および再審査請求にかかる裁決を受けた後でなければ提起することはできない（労災法40条〔審査前置主義〕，⇒157頁図表24参照）。

2 労災保険給付の内容

労災補償のために支給される給付は⇒158頁図表25の通りである。このうち，療養補償給付以外は金銭で給付され，被災労働者の平均賃金（労基法12条）を基礎に計算される。また，2020年に行われた労災保険法改正により，複数の会社で働いている労働者（ダブルワーク，トリプルワークしている者等）については，各会社から支払われている賃金額を合算した額を基礎とした保険給付が行われることになった（労災法8条3項）。

たとえ業務上で生じた災害であっても，当該災害が，労働者の故意によって引き起こされた場合，保険給付は行われない（労災法12条の2の2）。他方，被災労働者が保険給付を受ける権利は手厚く保護されており，労働者が退職しても変更されることはなく（同法12条の5第1項），また，譲渡，担保または差押

図表24 労災保険給付支給の決定に対する不服申立手続の流れ

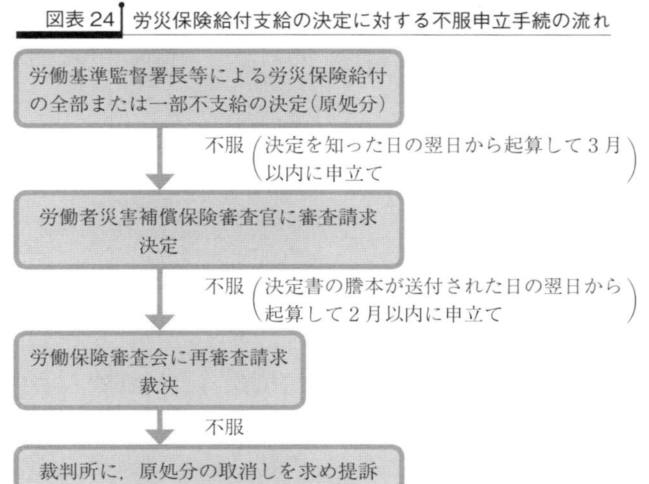

え，課税の対象となることはない（同条2項・12条の6)。もっとも，労災保険給付のうち，療養補償給付，休業補償給付，葬祭料，介護補償給付，療養給付，休業給付，葬祭給付，介護給付および二次健康診断等給付を受ける権利は2年を経過したとき，障害補償給付，遺族補償給付，障害給付および遺族給付を受ける権利は5年を経過したときは，時効によって消滅する（同法42条)。

3 業務災害の認定

基本的な考え方

労災保険給付の対象事故は，業務上発生したものに限られる（労災法1条)。そのため，労災保険給付の支給決定にあたっては，当該事故が「業務上」のものといえるかが，慎重に判断される。具体的には，業務と負傷，疾病または死亡等との間に一定の因果関係があることが要請される。

ここでいう「業務」とは，労働者が労働契約に基づいて事業主の支配下にある状態のことを指し，これを特に「業務遂行性」と呼ぶ。また，一定の因果関係があることとは，業務が事故という結果の原因事実であり，原因と結果との間に経験則上相当な適合関係があることをいう。これを「業務起因性」と呼ぶ。

問題となる事故に，業務遂行性および業務起因性があることについては，被

図表 25 業務災害・通勤災害の労災保険給付一覧

労基法	労災保険法／業務災害	労災保険法／通勤災害	
療養補償（75 条）	療養補償給付（13 条）	療養給付（22 条）	
休業補償（76 条）	休業補償給付（14 条）	休業給付（22 条の 2）	
障害補償（77 条）	障害補償給付（15 条）	障害給付（22 条の 3）	
遺族補償（79 条）	遺族補償給付（16 条）	遺族給付（22 条の 4）	
葬祭料（80 条）	葬祭料（17 条）	葬祭給付（22 条の 5）	
	傷病補償年金（18 条）	傷病年金（23 条）	
	介護補償給付（19 条の 2）	介護給付（24 条）	二次健康診断等給付（26 条）

災労働者が立証しなければならない。もっともその立証の程度は，一点の疑義も許されない自然科学的証明ではなく，経験則に照らして，事実と結果との間に高度の蓋然性を証明することができ，通常人が疑いを差しはさまない程度に真実性の確信をもち得るものであれば，それで足りるとされている（苫小牧労働基準監督署長事件・札幌地判昭 57・3・31）。

業務災害の具体例

業務災害が発生する場合としては，①事業主の支配下で，かつ，管理下にあり，業務に従事している場合，②事業主の支配下で，かつ，管理下にはあるが，業務に従事していない場合，③事業主の支配下にあるが，その管理を離れて業務に従事している場合があり得る。

①は，典型的には，就業時間中の災害であり，たとえば，作業中，用便や飲水等作業中断中，あるいは作業に伴う準備行為や後始末行為中に発生したケガ等がこれにあたる。この場合，基本的には，業務起因性を否定する特別の事情がない限り，業務災害と認められる。

②の典型的な例は，休憩時間や休憩時間を利用した準備体操やスポーツなどをやっている最中のケガ等である。これらは，業務遂行時の事故とはいえないため，基本的には業務災害とは認められない。しかし，その災害が，危険な作業環境や，事業場施設の不備・欠陥に起因する場合，あるいは，その活動が企業の組織的な活動として実質的に行われている場合や私的な行動を許さない強

い要素が見出され，その活動への参加が強制されていると認められる場合には，業務上災害といえる。

③の典型的な例は，出張中の災害である。出張には業務遂行性が認められるため，原則として，業務災害にあたる。もっとも，当該事故が，被災労働者の私的な逸脱行為によって引き起こされた場合には業務起因性が否定され，業務上の災害にはあたらない。

その他，会社主催の運動会や慰安旅行等に参加した際に生じた事故についても，業務遂行性が認められるか否かがポイントとなる。参加が強制されたといった事情があれば，業務遂行性および業務起因性が認められることもある。

職業性疾病

その原因に着目した場合，業務上の疾病は，大きく，災害を原因とする疾病（災害性疾病）と，職業に内在する有害作用等に長期間さらされることにより生ずる疾病（職業性疾病）に分けることができる。職業性疾病の場合，業務起因性の立証が困難であり，そのため私傷病として見過ごされやすい。そこで，労基法は，業務内容とそれに典型的に対応する疾病とを組み合わせ，例示的に列挙している（同法75条2項，労基則別表第1の2）。労働者がそこに列挙される疾病に罹患し，かつ，当該労働者の業務内容が従事期間その他の点で当該疾病を引き起こすに足りるものである場合には，特段の反証のない限り，業務起因性が認められることになる。

過労死

とりわけ，1980年代以降，日本における大きな社会問題となっている「過労死」は，当初，業務上疾病として明記されていなかったが（「その他業務に起因することの明らかな疾病」の枠内で判断されていた），2010年の労基則改正の際に追加された。それによれば，長期間にわたる長時間の業務その他血管病変等を著しく増悪させる業務による脳出血，くも膜下出血，脳梗塞，高血圧性脳症，心筋梗塞，狭心症，心停止（心臓性突然死を含む）もしくは解離性大動脈瘤またはこれらの疾病に付随する疾病とされている（労基則別表第1の2第8号）。

問題は，いかなる態様の業務が当該疾病を引き起こすかである。この点について，労働省および厚生労働省はこれまで数次にわたり，認定基準に関する行政通達を出している。

最も新しい行政通達（令3・9・14基発0914第1号）によれば，①発症直前から前日までの間において，発症状態を時間的・場所的に明確にできる出来事に遭遇したこと（「異常な出来事」），②発症に近接した時期（発症前おおむね1週間）において特に過重な業務に従事したこと（「短期間の過重業務」），③発症前の長期間（おおむね6か月間）にわたって，著しい疲労の蓄積をもたらす特に過重な業務に就労したこと（「長期間の過重業務」，1か月80時間を超える時間外労働が目安とされている）のいずれかの場合に発症した脳・心疾患を，業務上の疾病として取り扱うとしている。

過労自殺

過労自殺は，過労死と並び，日本において大きな社会問題となっている。通常，労働者の自由な意思による自殺は保険給付の対象とはならない（労災法12条の2の2)。しかし過労自殺の場合，うつ病等の精神障害を発症し，心神喪失状態になった結果として自殺したものと考えられる。そして，当該精神障害の発症について業務起因性が認められる場合には，業務上の疾病にあたるとされる。精神障害も，過労死と同様に，2010年の労基則改正によって業務上疾病の1つとして明記された。すなわち，人の生命にかかわる事故への遭遇その他心理的に過度の負担を与える事象を伴う業務による精神および行動の障害またはこれに付随する疾病をいう（労基則別表第1の2第9号)。

問題は，いかなる業務上の事柄が強い心理的負担と判断されるかであるが，認定基準に関する行政通達が数次にわたり出されている（最新のものは，令5・9・1基発0901第2号)。労災認定実務においては，心理的負荷の強度の判断は，「業務による心理的負荷評価表」と「業務以外の心理的負荷評価表」を用い，それぞれの表に具体的に摘示されている，負荷を与える出来事とその強度（弱，中，強）の判断に従って行われる。

複数の会社等で働いている者に対する特別措置

2020年に労災保険法が改正され，複数の会社等に雇用されている労働者（特別加入者を含む）について特別な措置が設けられた。

第1に，労災保険給付のうち，会社を休業したときに給付される休業（補償）給付および遺族（補償）給付については，雇用されているすべての会社等の賃金額の合算額をもとに保険給付額が決定されることになった。改正前の制度によれば，たとえばA社（月給20万円）とB社（月給15万円）でダブルワークをしている労働者が，B社で労災事故に遭った場合，保険給付はB社での収入をもとに算定されていた。しかし，法改正により，2社の合計賃金額35万円を基礎に保険給付額が算定されることになった。

第2に，過労や精神障害等の疾病が労災にあたるか否かの判断をする際に行われる，仕事での負荷（労働時間やストレス）の評価方法について特別な扱いがなされることになった。改正前は，複数の会社等で雇用されている場合の仕事での負荷は，それぞれの会社等での負荷で評価され，労災認定の可否が判断されていた。しかし，この法改正により，雇用されている会社等のうち1つの会社等における仕事での負荷を個別に評価しても労災認定できない場合，雇用されているすべての会社等における仕事での負荷を総合的に評価して労災認定できるかが判断される。つまり，A社とB社でダブルワークをしている労働者が精神疾患に罹患した場合に，A社ないしB社それぞれでの労働時間やストレスの程度に照らせば労災認定基準に満たない場合であっても，A社およびB社での仕事の負荷を総合的に評価した場合には労災に該当すると判断される可

図表26　複数事業労働者への労災保険給付

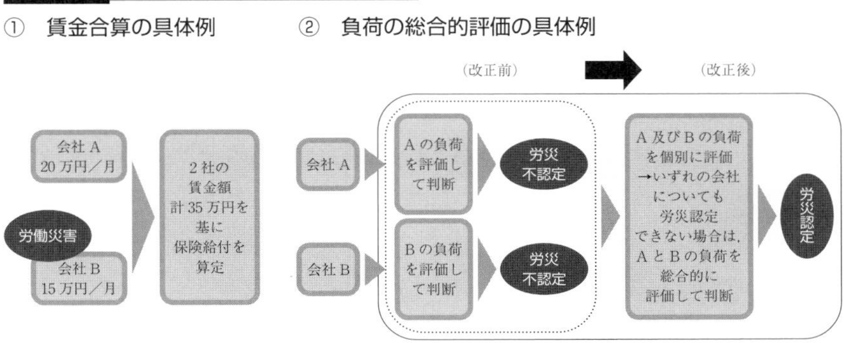

能性がある（図表 26 参照）。

SCENE 10-1 における「私」のケガが，合理的な手段で合理的な経路を使って通勤している途上での事故であるならば，通勤災害にあたる。また，事故の相手は，業務遂行中の事故であるから，業務災害にあたる。いずれも，労災保険給付の対象となる。

両者とも，治療および会社を休業することが必要であるというのであるから，保険給付のうち，療養（補償）給付，休業（補償）給付を受けることができる。また，療養の開始後 1 年 6 か月（労災法 12 条の 8 第 3 項 3 号）を経過した日またはその後において，そのケガや病気が治っておらず，かつ，ケガ等による障害の程度が厚生労働省令で定める傷病等級に該当する場合には傷病（補償）年金の対象となる。

「過労死等防止対策推進法」は何を定めた法律なの？

過労死等防止対策推進法は，過労死等に関する調査研究，防止対策の推進等を定めた法律で，2014 年に制定されました。

同法は，政府に対し，過労死等を防止するための対策を講じることを求める法律であって，たとえば過労死を生じさせた使用者を罰するといった性格の法律ではありません。同法は，政府に過労死等を防止するための施策等を義務づけることにより，政府が主体的に過労死等の問題に取り組むことを促進し，それによって労働者が健康で充実して働き続けることのできる社会を実現することを目的としています。

4 通勤災害

通勤災害とは，労働者が通勤途上において負傷，疾病を被り，ないしは，それにより死亡したり，障害が残る場合をいう。ここでいう「通勤」とは，労働者が就業のために，①住居と就業の場所との間，②1つの就業の場所と他の就業の場所との間，③単身赴任をしている場合の単身赴任先住居と帰省先住居との間を，合理的な経路および方法により往復することを指し，業務の性質を有するものを除く（労災法 7 条 2 項）。

移動にあたっては，原則として，中断または逸脱があってはならず，中断または逸脱がある場合には，中断中およびその後の行程についても通勤とは認められない。つまり，通勤途上にあるスポーツジムに寄ってリフレッシュをしたり，通勤経路を外れて友人と飲食をするなどの寄り道をした場合には，その間やその後に事故にあったとしても労災保険給付の対象とならない。

ただし，その逸脱または中断が，日常生活上必要な行為であって，厚生労働省令で定めるものをやむを得ない事由により行うための最小限度のものである場合は，当該逸脱または中断の間を除き，「通勤」と扱われる（労災法７条３項）。「日常生活上必要な行為」とは，具体的には，日用品の購入その他これに準ずる行為，職業訓練等職業能力の開発向上に資するものを受ける行為，選挙権の行使その他これに準ずる行為，病院等において診察や治療を受ける行為，要介護状態にある配偶者，子，父母，配偶者の父母などの介護のために必要な行為である（労災則８条）。

5 使用者に対する損害賠償請求

SCENE 10-2

私の息子の話です。息子は４年制大学を卒業し，ある大企業に就職しました。そこで，入社して半年後には，大きなイベントの企画を任されました。毎日毎日，帰宅は深夜なのに，朝は早くから出勤していきました。息子は，短期間のうちに瘦せていき，顔色も悪く，食欲もなくなっていました。あとで，同僚の方から聞くと，息子の様子がおかしいことは上司も気づいており，息子も上司に要員を増やして欲しいとたびたび言っていたようですが，上司は「頑張れ，君ならできる」と言うだけで，何の対処もしてくれなかったようです。

ある日，息子は，かなり疲労困憊した様子で帰宅し，「もう寝る」といって自室にこもりました。翌朝，息子が起きてこないのを心配した私が部屋に入ると，息子は自殺していました。息子のことが，あまりに無念でなりません。こんな状態に追いつめたのは会社の責任だと思っています。なんとかその責任を追及できないでしょうか。

併存主義

労災に被災した労働者あるいはその遺族は，労災認定を受け，労災保険給付を受給することができる。しかし，それとは別に，使用者を相手取って損害賠償請求を行うこともできる（併存主義）。

併存主義が採られた理由として，労災補償保険制度には被災労働者またはその遺族の精神的損害の塡補が含まれていないこと，休業（補償）給付や障害（補償）給付には，個別の労働能力喪失の程度が見込まれていないことが挙げられる。

損害賠償の法的根拠——安全配慮義務

最高裁は，車両整備工場で車両整備に従事中，大型自動車にひかれ死亡した労働者の両親が，使用者に対して損害賠償を請求した事案において，使用者は労働者の「生命及び健康等を危険から保護するよう配慮すべき義務（以下『安全配慮義務』という。）を負つて」おり，それは，「ある法律関係に基づいて特別な社会的接触の関係に入つた当事者間において，当該法律関係の付随義務として当事者の一方又は双方が相手方に対して信義則上負う義務として一般的に認められるべきもの」と述べた（陸上自衛隊八戸車両整備工場事件・最判昭50・2・25）。それ以来，使用者による安全配慮義務が果たされず，労働者が労災に被災した場合，使用者による労働契約上の付随義務の債務不履行（民法415条），あるいは，不法行為制度上の注意義務違反にあたるとして不法行為（同法709条）が成立することが法理として確立した。

現在では，労契法5条が，「使用者は，労働契約に伴い，労働者がその生命，身体等の安全を確保しつつ労働することができるよう，必要な配慮をするものとする」と規定している。

労災保険給付と損害賠償の調整

労災により被害にあった労働者あるいはその遺族に対する法的救済として，労災保険給付請求と損害賠償請求のいずれも可能である。しかし，だからといって，被災労働者あるいはその遺族が，被った損害を二重に塡補されることは認められない。

それを回避するために一定限度で調整が行われることが必要となる。もっとも，労災法は，民法上の損害賠償との調整に関する規定を有しない。そこで労基法84条2項の規定が類推適用され，次のように扱われている。すなわち，労基法が規定する災害補償は，民法による損害賠償との関係について，使用者が労基法に基づく補償を行った場合には，同一の事由については，その価格の限度において民法による損害賠償の責を免れると規定するが，これと同様の扱いを，労災保険給付でも行うというものである。

第三者行為災害

労働者が，たとえば外勤業務などの仕事のために外出している際に，見知らぬ他人の運転する自動車にはねられ，負傷したとする。このように，被災労働者やその事業主以外の行為によって発生した業務災害や通勤災害を「第三者行為災害」と呼ぶ。

第三者行為災害が労災と認められる場合，被災労働者あるいはその遺族は，当然，労災保険の保険給付を受ける権利を有するが，同時に，当該災害を引き起こした第三者に対して不法行為に基づく損害賠償請求を行うことができる。しかし，被災労働者あるいはその遺族が，それらの権利を行使することによって，損害を二重に補填することのないように調整を行っている（労災法12条の4）。

SCENE 10-2 における自死した息子の親は，息子の自殺が過重な労働による精神疾患の罹患が原因であるとし，会社の安全配慮義務違反を根拠として，不法行為もしくは債務不履行に基づき，損害賠償請求をすることができる。

会社は，その雇用する労働者に従事させる業務を定めてこれを管理するに際し，業務の遂行に伴う疲労や心理的負荷等が過度に蓄積して労働者の心身の健康を損なうことがないように注意する義務を負う（電通事件・最判平 12・3・24）。息子の業務の遂行と，その精神疾患の罹患による自殺との間に相当因果関係がある場合，会社は「頑張れ，君ならできる」と言うのみで，業務の負担を軽減させるための措置をとるなどの義務を果たさなかったことにつき，債務不履行もしくは過失があるとして，損害賠償責任が肯定される。

労災のときの示談には気をつけなくちゃ

第三者行為災害において，その災害を引き起こした第三者から示談を申し込まれることがあります。示談というのは，被害者が加害者に対して有する損害賠償請求権のすべてを，一定の額の金銭支払（示談金）を条件に，放棄する旨の契約です。それが詐欺や脅迫等によるものではなく，あなたの自由な意思に基づいて締結されたものであれば，当然有効です。

ところで第三者行為災害における労災保険給付と損害賠償請求権との調整のため，法は損害賠償が先に行われた場合には，その金額の限度で保険給付は行われないとしています。保険者からみると，示談というのは，被災労働者等と第三者との間の損害賠償に関する法的関係が，いわば第三者が被災労働者等に損害賠償金を支払った場合と同様の状態になるわけですから，保険者は，もはや被災労働者等に対して，損害賠償額の限度で労災保険給付を行う必要がなくなります。つまり，被災労働者であるあなたは，いくばくかの示談金を手に入れる代わりに，労災保険給付を受ける権利を失いかねないのです。

示談を行うときには，事前に所轄の労働基準監督署に問合わせをしてみてください。また，示談後は，速やかに労働局または労働基準監督署に申し出ることが必要となります。

CHECK

① 日本において，健康で安全に働くための法制度として，どのようなものがあるか。

② 労働安全衛生法は，どのような事項について規定しているか。

③ 労働安全衛生がきちんと履行されるために，どのような仕組みが設けられているか。

④ 日本における労災保険制度とはどのようなものか。

⑤ 労災に対して保険給付がなされるのはどのような場合か，また，給付内容にはどのようなものがあるか。

⑥ 日本では，労災保険制度と民事損害賠償との併存を認めている。その理由は何か。

⑦ 労災事故について，使用者に損害賠償請求する際の法的根拠は何か。

CHAPTER

第11章

労働契約の終了

労働契約が終了する主な理由としては，①労働契約の両当事者の合意による解約（合意解約），②労働者の一方的な意思表示による解約（一般に「辞職」と呼ばれる），そして，③使用者の一方的な意思表示による解約（解雇）の3つが挙げられる。また，定年制の下における定年到達，有期労働契約の下における契約期間の満了，当事者の消滅（労働者の死亡，会社の清算など）も，労働契約の終了をもたらす。さらに，合併，事業譲渡，会社分割といった企業組織変動は労働者の労働契約上の地位の変動をもたらすが，その一環として，労働契約の終了につながることがある。

労働契約の終了，とりわけ，労働者の意思によることなくもたらされる解雇による労働契約の終了は，労働者の生活に重大な影響を与え得る。このことへの対応として，日本の労働法は，解雇について，客観的に合理的で，社会通念上相当なものであることを要求している（解雇権濫用法理。労契法16条）。この解雇権濫用法理の下で，解雇はどのように規制されているのであろうか。本章では，解雇権濫用法理を中心に，解雇およびその他の労働契約の終了をめぐる法規制について取り上げる。

1 合意解約・辞職

1 合意解約

合意解約は，退職勧奨⇒169頁に応じて退職する場合のように，労働者と使用者が合意の上で労働契約を終了させることを指す。労働契約の一方的解約，特に，使用者による一方的解約である解雇とは異なり，特別な法規制は存在しない。

2 辞　職

労働契約の一方的解約には，労働者によるものと使用者によるものとがある。このうち，労働者による一方的解約を，一般に，辞職という。

期間の定めのない労働契約の下にある労働者（いわゆる正社員は，一般に，このような労働者である）は，2週間の予告をおけば，自由に辞職できる（民法627条1項）。期間の定めのある労働契約については，第12章②**2**参照⇒190頁。

3 合意解約と辞職の区別

労働者が会社を辞める際，「辞表」，「退職届」，「退職願」等の書面を会社に提出することが多い。法的には，これらが，合意解約の申込みなのか，辞職の意思表示なのかが問題となることがある。なぜなら，判例（大隈鉄工所事件・最判昭62・9・18）および通説は，労働者による合意解約の申込みについては，使用者に到達した後，使用者が承諾するまでの間，撤回可能としているのに対し，辞職の意思表示は使用者に到達した時点で撤回不可能となると考えられており，撤回ができなくなる時期に違いがあるからである（なお，上記判例の原審〔名古屋高判昭56・11・30〕は，申込みの撤回制限にかかる民法525条1項〔当時の524条〕等の規定について，雇用契約の終了の場面には適用されないとしている）。

合意解約と辞職との区別は，使用者の対応を待つ趣旨のもの（合意解約）か，使用者の対応を待たず労働契約を解約しようとする趣旨のもの（辞職）かの観点から，個々の事案の事実に照らして判断される。この判断にあたり，裁判例は，辞職の方がより早く撤回不可能となり，労働者に不利であることを考慮して，使用者の対応を待たず確定的に労働契約を解約する趣旨が客観的に明らかではない限り，合意解約の申込みと解するべきとしている。

離職をめぐる問題――退職勧奨の態様，解雇か自主的な離職か

使用者が，労働者に対して，退職を促すため働きかけることを，退職勧奨という。これは，使用者による，合意解約申込みへの承諾を促す行為，あるいは，辞職を促す行為といえる。労働者の側に解約する意思表示をするかしないかの自由がある限り，使用者が退職勧奨を行うことそれ自体は自由である。しかし，これが執拗になされるなど，不当な態様で行われる場合には，不法行為責任が発生することがある（下関商業高校事件・最判昭55・7・10）。また，退職勧奨の態様によっては，労働者の解約についての意思表示が，心裡留保，錯誤，詐欺，強迫（民法93条・95条・96条）により無効，取消しとなることもある。

このことに関連して，「追い出し部屋」などと呼ばれる部署の存在が問題視されることがあるが，法的には，不当な態様の退職勧奨でないかどうかが問題となる（そうした部署への配転等の効力も問題となる）。

また，たとえば，労働者と使用者がいさかいとなり，使用者から「出て行け」などと言われて出社しなくなった場合に，労働者が不当な解雇と主張し，他方，使用者は労働者が自主的に会社を辞めたと主張することがあるが，法的には，解雇か，労働者による自主的な離職（合意解約ないし辞職）のいずれであるかが問題となる（関連して，労働者に労働契約終了にかかる意思表示がそもそもあったといえるかは，慎重に認定，判断される必要がある）。

こうした行きすぎた退職勧奨や，解雇か自主的な離職かが問題となる背景には，合意解約，辞職については，解雇と異なり，特に規制があるわけではないことがある。学説上は，外国の例を参考に，使用者によって辞職などを余儀なくされた場合，解雇に準ずるものとして取り扱うべきとの主張もある。

「ブラック企業」って何？

近年，「ブラック企業」という言葉をよく見聞きします。どんな企業のことでしょうか。基本的には，労働者（特に若者）を大量に採用し，過重労働，長

時間労働を行わせ，「使い捨て」にする（企業が不要と考えるに至った労働者については辞職などに追い込み，こうした大量採用，「使い捨て」を繰り返す）企業を指す言葉として用いられています。また，こうした「使い捨て」に限らず，残業代の不払いなど，法違反を伴う形で働かせている企業を広く指す言葉としても用いられることがあります。

具体的な問題の例としては，残業代不払い（割増賃金規制違反⇒105頁）のほか，過重労働や長時間労働，パワー・ハラスメント⇒7頁，22頁 notes②など，労災や使用者の配慮義務違反⇒157頁，164頁等につながり得るものが挙げられます。労働者が問題を感じ辞めようとしても新たに人手が見つかるまで辞めさせてくれない，といった問題もあります⇒191頁。

また，学生のアルバイトについても，契約した以上の勤務シフトを一方的に入れるなど，学業に支障をきたす働き方をさせるものや，契約上は賃金が支払われる時間と考えられる準備・片付けの時間を労働時間と扱わない，商品等の売上げノルマ未達成の場合に未達成分を従業員に購入させる（いわゆる自爆営業。労働契約不履行についての違約金の定めを禁止する労基法16条⇒9頁の趣旨等に照らして問題があると思われます。購入代金を給与天引きとする場合は，全額払の原則⇒90頁との関係も問題となります），適切に休憩を付与しない⇒99頁，残業代を支払わないなど，労働契約上問題のある，あるいは，法違反を伴う形で働かせるものが，「ブラックバイト」と呼ばれて問題視されています。

こうした働き方をさせられない，させないためには，働くことに関して，何が適法で何が違法であるかなど，労働法の基本的な理解が第一に重要といえます（関連して，単に「ブラック」と考えるのではなく，具体的に何が問題なのかを理解する姿勢も大切でしょう）。また，労働者の側においては，一人だけで解決することは容易ではないので，労働基準監督署や，こうした問題に取り組む弁護士，労働組合等に相談する姿勢も重要ですし，問題解決を支援する側として，労働組合やNPO等の役割が発揮されることも求められます。さらに，使用者に対する法令等の周知，教育が適切に実施されることも重要です。

 定年制

1 定年制の意義

定年制は，定年年齢に到達したことを理由として，労働契約を終了させる制

度である。

日本において，定年制は，定年年齢までの雇用を基本的に保障し，同時に，企業組織の新陳代謝を可能にすることで，長期雇用慣行を支える機能を果たしてきており，判例も，定年制の法的効力を肯定している（秋北バス事件・最大判昭 43・12・25）。もっとも，学説には，年齢のみを理由とする労働契約の終了であるとして，年齢差別禁止の観点から批判する見解もある。

2 定年制・定年後の雇用確保

定年の最低年齢

使用者が定年制を設けるか否かは自由である（定年制を設けないことも可能である）が，定年制を設ける場合，定年は，60 歳以上でなければならないとされている（高年法 8 条）。60 歳未満の定年制はこの規定により無効となり，定年制の定めがない状態となるとするのが裁判例（牛根漁業協同組合事件・福岡高宮崎支判平 17・11・30），および，学説上の有力説である。

高年齢者雇用確保措置

少子高齢社会の進展下における高年齢者の活用の必要性，公的年金支給開始年齢の 65 歳への引上げを踏まえ，65 歳までの安定した雇用を確保するための措置（高年齢者雇用確保措置）として，①定年年齢の引上げ，②継続雇用制度の導入，③定年制の廃止，のいずれかを講じることが，事業主に義務づけられている（高年法 9 条 1 項。現実には②が最も多く講じられている[1]）。

②の継続雇用制度については，継続雇用を希望する労働者を原則として全員対象とすることとされている（2012 年の高年法改正による）[2][3]。この改正は，公的年金である老齢厚生年金の報酬比例部分の支給開始年齢の引上げに伴う形

notes

[1] **高年法 9 条の私法上の効力**　高年法 9 条については，私法上の効力，つまり，導入された継続雇用制度が 9 条 1 項の定めに違反する場合に，9 条の効果として，定年後の継続雇用について労使間に契約が成立するかが争われている。裁判例は，否定例が多い（NTT 西日本〔高齢者雇用・第 1〕事件・大阪高判平 21・11・27 等）。

[2] **継続雇用の対象者についての例外**　心身の故障で業務従事ができない等，年齢以外の点で，もともと解雇あるいは労働契約の終了事由に該当する者については，行政の指針上，継続雇用の対象外とすることが認められている。

で段階的に施行されており，支給開始年齢以上の労働者との関係では，労使協定で一定の基準を設け，これを満たす者のみを継続雇用する従来の仕組みがなお認められている（なお，基準を満たす労働者の継続雇用拒否は，他に客観的で合理的な理由があり，社会通念上相当でない限り許されない。津田電気計器事件・最判平24・11・29）。対象労働者を雇用していた企業による継続雇用のほか，当該企業のグループ企業（特殊関係事業主）における継続雇用も認められている。

高年齢者就業確保措置

2020年の高年法改正では，少子高齢社会の更なる進展等を踏まえ，事業主に，65歳から70歳までの高年齢者について，高年齢者就業確保措置を講じる努力義務が課された（高年法10条の2）。上記①～③に相当する，雇用としての就業機会確保の措置のほか，70歳まで継続的に業務委託契約を締結する等，雇用でない形での就業機会確保の措置（創業支援等措置。この措置については，所定の形で過半数代表の同意を得る必要がある）でもよいとされている点（および努力義務である点）で，65歳までの高年齢者についての高年齢者雇用確保措置との違いがある。

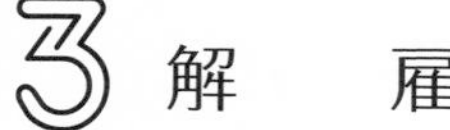

3 解　雇

1 解雇をめぐる規制の概要

現行法令上の最も重要な解雇規制は，解雇権濫用法理を条文化した労契法16条である。また，この解雇権濫用法理の一特別類型として，判例により，整理解雇についての法理が形成されてきている。

法令上の規制としては，このほか，差別的解雇，法令上の権利行使を理由と

notes

3 **労働条件の大幅な低下を伴う継続雇用の申込み**　定年後の継続雇用にあたっては，定年前に比べて低い労働条件（賃金や職務内容）が提案されることも少なくない。裁判例には，労働条件の大幅な低下を伴う継続雇用の申込みがなされ，労働者がこれを拒否して再雇用に至らなかった場合について，労働者が到底受け入れがたいような労働条件を提示する行為は，高年法の下での継続雇用制度の趣旨に反する違法なものとして不法行為の成立を認めたものがある（九州惣菜事件・福岡高判平29・9・7等）。

する報復的解雇など，特定の理由に基づく解雇を禁止する規定（労基法3条・104条2項，雇均法6条4号・9条2項および3項，労組法7条1号等），特定の状況下において一定時期の解雇を禁止する規定（労基法19条[4]），手続的規制（解雇予告に関する同法20条など）等がある。

なお，法令上の規制とは別に，労使当事者による解雇制限として，労働協約上，解雇をなし得る理由を制限したり，事前協議や同意を要件とする定めを置いたりすることがある（このような定めの効力については，第14章 10 1 参照）。⇒240頁

2 就業規則における解雇事由の記載

使用者は，就業規則に解雇事由を記載しなければならない（労基法89条3号）。これは，解雇事由をあらかじめ労働者に明らかにするための規制である。なお，学説の多数説は，記載事由以外の事由による解雇は不可能とするが（限定列挙説），記載事由は例示にすぎず，他の事由による解雇も可能とする説（例示列挙説）もある。もっとも，「その他これらの事由に準ずる事由がある場合」等の包括的な規定が置かれるのが通常であり，両説の実際上の差異は小さい。

3 解雇予告

労基法20条は，民法627条1項の2週間の予告期間を，使用者の解雇予告については修正する趣旨で，解雇をしようとする使用者に対し，少なくとも30日前の解雇予告またはこれに代わる予告手当の支払を義務づけている（同条1項ただし書はこの例外を，また，21条はこの規定の適用除外を定めている。なお，労基法20条は，民法627条2項・3項の適用も排除している〔労基法20条が適用される〕との考え方が学説上有力である〔3項については反対説もある〕）。

この労基法20条の規定については，同条に違反する解雇の効力，すなわち，解雇予告も，これに代わる予告手当の支払もないまま，即時になされた解雇の

notes

[4] **労基法19条の例外**　業務上の傷病で療養する労働者にかかる労基法19条による一定時期の解雇禁止は，同法81条の規定による打切補償が支払われる場合等については妥当しない（19条1項ただし書）。これに関して，81条の打切補償は，文言上は，「第75条の規定によって補償を受ける労働者」，つまり，労基法上の災害補償を受ける労働者のみを対象としているが，判例は，当該労働者には，労災法上の療養補償給付を受ける労働者も含まれるとしている（学校法人専修大学事件・最判平27・6・8）。

効力をめぐる議論がある。これについて判例（細谷服装事件・最判昭 35・3・11）は，使用者が即時解雇に固執する趣旨でない限り，解雇通知後 30 日間の期間経過時点または通知後 20 条所定の予告手当を支払った時点のいずれかから解雇の効力が生じるとの立場（相対的無効説）をとっている[5]。

4 解雇権濫用法理（労契法 16 条）

解雇権濫用法理の形成と立法化

民法上は，期間の定めのない雇用契約について，解雇の自由が定められているが（民法 627 条 1 項），解雇が労働者の生活に重大な影響を及ぼすことを考慮して，判例上，解雇権濫用法理と呼ばれる解雇制限法理が形成されてきた（日本食塩製造事件・最判昭 50・4・25）。この解雇権濫用法理は，2003 年に労基法の規定として立法化され，現在では，労契法 16 条で定められている。同条は，「解雇は，客観的に合理的な理由を欠き，社会通念上相当であると認められない場合は，その権利を濫用したものとして，無効とする」と規定している。

客観的に合理的な理由

客観的に合理的な解雇理由と考えられるものとしては，一般的に，①労働者の側に由来する理由として，心身の状態による労務提供不能，勤務成績不良，勤務態度不良や規律違反が，②使用者の側に由来する理由として，企業経営上の必要があること⇒176 頁（典型的には，経営状態悪化のため人員削減をせざるを得ない状態にあること）が挙げられる。また，③有効なユニオン・ショップ協定に基づく解雇も，現在の判例の下では，客観的に合理的な解雇理由⇒217 頁とされている。

notes

[5] **労基法 20 条に違反する解雇の効力をめぐる学説**　判例の立場に対して，学説上は，① 20 条違反の解雇は当然無効であるとする説（絶対的無効説），② 20 条違反は解雇の効力に消長をきたさないとする説（有効説），③労働者が，解雇は無効であるとして地位確認請求等を，あるいは，解雇は有効であることを前提に解雇予告手当の支払請求を，選択的になし得るとする説（選択権説）などが主張されている。

社会的相当性の判断

SCENE 11-1

私は，ある会社の正社員として，数年間営業業務を担当していました。私の一昨年までの営業成績はあまり高くはなく，相対評価で，営業業務担当者の平均を少し下回るものでした。上司からは，もっと仕事に積極的に取り組むよう言われたことがありましたが，改善に向けた具体的な指導等は受けたことがありませんでした。

しかし，昨年の人事評価で営業業務担当者の下位 10% 未満の評価を受けたところ，会社から，就業規則所定の解雇理由である「勤務成績が著しく劣り，向上の見込みがない場合」に該当するとして解雇を告げられました。従来たしかにあまり評価がよくはなかったかもしれませんが，上司も私の成績をそれほど問題視してきておらず，突然解雇された感じで，正社員として雇われたのに納得いきません。このような解雇は許されるのでしょうか。

客観的に合理的なものであるとされる解雇理由のうち，①の労働者の側に由来する理由に基づく解雇について，判例は，一般に，長期雇用を予定するいわゆる正社員との関係では，社会通念上相当か否か（解雇に合理的理由があるとして，実際に解雇することが相当か否か）の判断を慎重に行い，解雇を容易に有効であるとは認めない傾向にある（代表的な最高裁判例として，高知放送事件・最判昭52・1・31 参照）。たとえば，勤務成績不良や勤務態度不良を理由とする解雇については，単にそれらの事実が認められるだけでなく，改善に向けた注意，指導，教育等を行っても，なお改善の見込みがない場合でない限り，解雇を有効とは認めない傾向にある（セガ・エンタープライゼス事件・東京地決平 11・10・15，エース損害保険事件・東京地決平 13・8・10 等。そもそも客観的に合理的な理由があるか否かを検討する中で，こうした慎重な判断が行われることもある）。

職種等を限定して管理職や専門職に中途採用された労働者については，勤務成績不良（当該特定の職種等に求められる能力等を欠く）等の場合，他の職種への配転や，（改善の機会は与えるべきとしても）上記のような指導，教育等を相当程度行わずとも，解雇が有効とされる傾向がある（ドイツ証券事件・東京地判平28・6・1 等）。こうした判断傾向の違いは，究極的には，個々の事案において労働契約上要求される能力等の違いを踏まえたものである（中途採用の記者につき，より慎重に判断して解雇無効とした裁判例として，ブルームバーグ・エル・ピー事件・東京高判平 25・4・24 参照）。

SCENE 11-1 の「私」に対する解雇については，客観的に合理的な理由を欠きまたは社会的相当性を欠くとして，解雇が権利濫用に該当しないか否かが問題となる。客観的に合理的な理由を欠いているか否かとの関係では，そもそも，「私」の勤務成績が，就業規則所定の「著しく劣」るものであるかどうかが問題となる。一昨年までの成績は平均を少し下回るものであり，昨年だけが営業業務担当者の下位 10% 未満というだけではこれに該当しない可能性が高い。また，仮にこれに該当するとしても，会社は勤務成績の向上のための具体的な指導，教育を行っておらず，社会的相当性を欠き，解雇権濫用に該当するものと考えられる（前掲セガ・エンタープライゼス事件）。

5　整理解雇に対する規制

SCENE 11-2

私の勤務していた会社は液晶テレビ，パソコン等を製造しており，私は液晶テレビ部門で作業に従事していました。会社全体では，パソコン部門がまずまず好調なこともあり，なんとか黒字を維持していたのですが，液晶テレビ部門は，他社との競争が激化する中，採算が悪化し，2 会計年度連続で赤字となりました。会社は，液晶テレビ部門の立て直しは難しいと判断して，液晶テレビ部門を閉鎖するとしています。

会社は，液晶テレビ部門の閉鎖に伴う同部門の従業員の処遇について，パソコン部門への配置転換を検討したけれども，パソコン部門も他社との競争が激しく，これ以上人件費を増加させる余地はなく，液晶テレビ部門から従業員を配転させるのは難しいと判断したようです。会社は，私を含む液晶テレビ部門の従業員全員に対し，就業規則所定の解雇事由である，「企業経営上やむを得ない場合」に該当するとして，解雇に至る経緯と，解雇に伴う退職金の支払条件について説明した上で，解雇を通告してきました。このご時世，解雇されても他に同じような職は見つかりそうにはなく，非常に困っています。この解雇は適法なのでしょうか。

概要

企業経営上の必要性に基づく解雇（整理解雇）については，労働者の側に解雇される直接の理由がないにもかかわらず，雇用を失わせるものであるため，解雇権濫用法理の枠内で，判例により特別の判断基準が形成されている（整理解雇法理）。

この整理解雇法理の下では，一般に，図表 27 の①〜④の観点を総合的に考慮して解雇の効力が判断されている[6]。

人員削減の必要性，解雇回避に向けた努力の程度，人選の合理性については，使用者が立証責任を負い，手続の相当性（を欠くこと）については，労働者が立証責任を負うとされている（コマキ事件・東京地決平 18・1・13 等）。

図表 27　整理解雇の 4 要件（要素）

① 人員削減の必要性
② 解雇回避に向けた努力の程度
③ 人選の合理性
④ 手続の相当性

人員削減の必要性

人員削減の必要性が認められるためには，人員削減が，たとえば，不況や経営不振などに基づく，企業の合理的運営上やむを得ないものであることが求められる。もっとも，人員削減を行わないと倒産が必至という状態であることまでは必要ない（東洋酸素事件・東京高判昭 54・10・29 等）。経営悪化の状態等に照らして人員削減の必要性が比較的軽度である場合には，解雇回避のための努力等がより求められる傾向にある。

ほとんどの裁判例は，人員削減の必要性の判断にあたって，自ら経営状態について判断を行うのではなく，使用者が主張する，人員削減を伴う経営判断に至った事情（経営状態の悪化等）が証拠上認められるか否かを検証する形で審査を行っている。そして，人員削減を行う一方で新規採用を行うなど，矛盾した行動を取っている場合，使用者が経営状態悪化等についての資料等を明らかにせず立証できない場合，使用者が人員削減策等について十分検討を行ったとは認められない場合には，人員削減の必要性を否定する傾向にある。

notes

[6] **「要件」か「要素」か**　現在の裁判例では，①〜④は，要件，すなわち，いずれかを欠く場合直ちに解雇が無効となるものではなく，要素，すなわち，いずれかを欠くとしても直ちに解雇無効に結びつくものではないとの立場が多くを占めている（山田紡績事件・名古屋高判平 18・1・17 等）。もっとも，この立場でも，各要素は判断の際の重要な要素とされており，特定の要素を全く満たさないといった場合には，他の要素について検討せず解雇無効と判断する裁判例もある。実際には，要件と解する説との差異は大きくない。

解雇回避に向けた努力の程度

人員削減の必要性が認められる場合，次に，各種経費の節減など人員削減に代わる経営改善策をとる，あるいは，解雇以外の方法で人員削減を実施するなど，解雇回避に向けて努力したか否か（解雇回避のための措置を現に講じたか否か，ではない）が検討される。

解雇回避のための措置としては，配転，希望退職募集のほか，各種経費の節減，残業抑制，賃下げなどが挙げられる。多くの裁判例では，配転や希望退職募集を行うよう努力したか否かが検討されているが，一律にこれらの措置を講じることが要求されるわけではない。職種等が限定されている労働者については，配転を提案すべきかが問題となりうるが，多くの裁判例は，当然に提案不要とはせず，職種等限定の状況を踏まえ，配転を提案するべきであったか否かを検討する傾向にある。

人選の合理性

人選の合理性については，人選基準そのものの合理性と，基準のあてはめ（具体的な被解雇者選定）の合理性の双方が必要となる。

合理的な人選基準の例としては，労働者としての能力ないし適性に基づくもの（勤務成績等），解雇による打撃の程度を踏まえたもの（扶養家族の有無等）など，複数の相互に矛盾し得るものが考えられる。このため，いかなる基準によるかについては，基本的に，使用者の判断が尊重される。その上で裁判所は，差別的な基準でないなど当該基準が公正なものであるか否か，使用者の恣意的な選択を排除する客観的な基準であるか否かの観点から，合理性を検討している。抽象的な基準（「責任感が欠如している者」など）は，合理性を欠くと判断される傾向にある（労働大学〔本訴〕事件・東京地判平 14・12・17 等）。また，基準のあてはめについては，成績の評価，労働者の順位づけなど，選定の基礎となる事実や評価に誤りがある等の場合には，合理性が否定されている。

手続の相当性

整理解雇の効力の判断にあたっては，手続の相当性も検討される。これについては，使用者が，労働組合や労働者に対して，人員整理の必要性および内容（時期，規模，方法等）について説明し，十分な協議を経て納得を得るよう努力したか否かが検討される（塚本庄太郎商店事件・大阪地決平 13・4・12 等）。

SCENE 11-2 の「私」に対する解雇は，整理解雇であり，４つの要素の観点から効力が検討される。

人員削減の必要性については，会社全体では黒字であるものの，閉鎖対象の液晶テレビ部門が２会計年度連続で赤字であり，同部門が独立採算制である等の場合には認められよう。解雇回避努力についても，パソコン部門への配置転換が検討されており，基本的に行われていると評価できる。人選についても，液晶テレビ部門の従業員が全員対象となっており，不合理ではないといえる。そして，解雇に至る経緯等について説明がなされており，手続の相当性も欠いてはいない。全体として，４つの要素に照らして，本件解雇は適法と考えられる。

6 違法な解雇についての救済

地位確認請求・未払賃金請求

解雇が権利濫用と判断された場合，当該解雇は，無効とされ（労契法 16 条），労働契約は有効に存続していることとなる。したがって，解雇された労働者は，労働契約上の地位確認請求ができる。また，労働者は，被解雇期間中，現実に労務提供をしてはいないが，この労務提供不能は，通常は，権利を濫用した解雇という使用者の責めに帰すべき事由によるものであり，労働者は，民法 536 条 2 項の規定に基づき，未払賃金の支払も請求できる。

未払賃金請求と中間収入の控除

未払賃金の支払に関しては，自己の債務（この文脈では，労務提供の義務）を免れたことによって得た利益を債権者（この文脈では，使用者）に償還しなければならない旨定める民法 536 条 2 項後段との関係で，被解雇期間中に労働者が他で就労して得た収入（中間収入）がある場合の取扱いが問題となる。

判例（米軍山田部隊事件・最判昭 37・7・20，あけぼのタクシー事件・最判昭 62・4・2，いずみ福祉会事件・最判平 18・3・28）は，労基法 26 条が「使用者の責に帰すべき事由」による休業の場合に平均賃金（労基法 12 条）の 6 割の手当を最低限保障していることを考慮して，未払賃金のうち，平均賃金の６割に達するまでの部分については，償還の対象とならないとする。６割を超える部分は償還の対象となる（具体的には，裁判所が未払賃金の支払を命じる際，未払賃金から中間収入分が控除される）が，控除にあたっては，中間収入を得た時期が，当該未払賃金の支給対象期間と対応している必要があるとしている（図表 28 参照）。

図表 28 未払賃金請求と中間収入の控除の関係

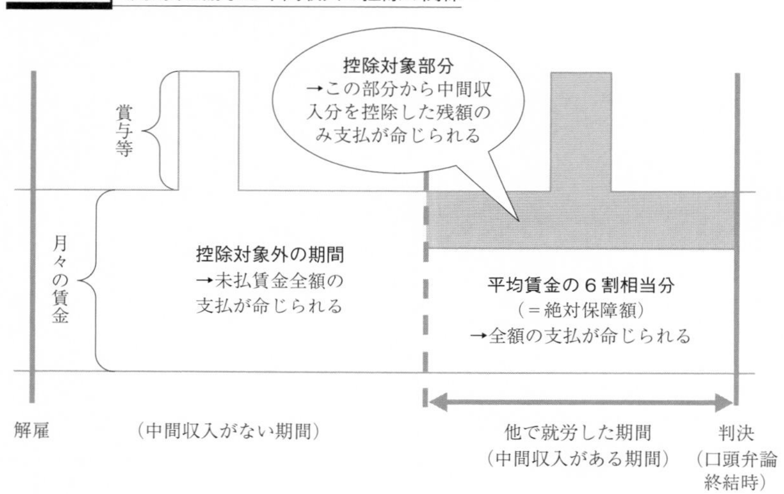

就労請求権の有無

解雇が無効とされる場合，就労請求権の有無，すなわち，現実に就労させることを請求できるか否かも問題となる。しかし，裁判例（読売新聞社事件・東京高決昭 33・8・2 等）および通説は，特約がある場合や，業務の性質上労働者が労務提供について特別の利益を有する場合を除き，一般には，就労請求権は認められないとしている。⇒20 頁 notes 1

不法行為を理由とする損害賠償請求

解雇については，それが解雇権濫用で無効（労契法 16 条）と主張する以外に，解雇が違法で不法行為（民法 709 条）に該当すると主張して，損害賠償請求を行うことも可能である。もっとも，この場合，不法行為の他の要件，とりわけ，損害（精神的苦痛など）が発生していることの立証も必要である。解雇無効を主張せず，損害賠償のみを請求する場合に，未払賃金相当額が逸失利益と認められるか否かについては，裁判例の立場は分かれている。

解雇の金銭解決

法的には，権利濫用に該当する解雇は無効とされ，雇用継続が強制される。もっとも，現実には，解雇紛争を使用者による一定の金銭支払と引換えに円満退職とする（原職復帰はしない）形で解決することが少なくない。また，ヨーロッパ諸国には，不当解雇について，復職を原則的な救済方法としつつ一定の場合に金銭解決としたり，差別的な解雇等を除き金銭解決を原則的な救済方法としたりするなど，復職と金銭解決とを組み合わせる例が見られる。

こうした実情や外国の状況を踏まえて，法制度としても，解雇が無効と判断される場合につき，労使当事者の申立てにより，使用者による一定の金銭支払を条件に労働契約関係を終了させる制度を導入することの是非をめぐる議論がある。導入を基本的に支持する側からは，解雇無効か有効かという，いわば，オール・オア・ナッシングの判断に比べ柔軟な紛争解決が可能となる等の主張がなされている。導入に反対する側からは，現状でも労働審判などをつうじて金銭解決は十分可能である等の主張がなされている。

いかなる解雇を不当とするかと並び，不当な解雇をどのように救済するかも，雇用保障の程度，ひいては労働市場の柔軟性に影響を与える。解雇の金銭解決制度導入の是非や導入するとした場合の具体的制度設計については，こうした労働市場のあり方への影響をも念頭に置いて検討する必要がある。

4 変更解約告知

たとえば，勤務地が個別合意で限定されており，労働者の同意なく配転し得ない場合に，使用者が，勤務地の変更を申し入れ，併せて，これに応じない場合は解雇すると告げるなど，労働条件変更の申込みを伴う解雇の意思表示

(「変更解約告知」と呼ばれることがある) がなされることがある。このような解雇は，解雇の意思表示であるが，労働条件変更が目的である点に特徴がある。このため，申し込まれた労働条件変更の合理性を裁判所で争うことを留保して承諾すること (留保付承諾) により，解雇の効力を発生させず，雇用を存続させたまま，労働条件変更の合理性を裁判所で争うことが認められるか否か，また，解雇権濫用の判断において，通常の判断とは異なり，労働条件変更の必要性を考慮する形で判断すべきか否かが議論されている (裁判例として，スカンジナビア航空事件・東京地決平 7・4・13，大阪労働衛生センター第一病院事件・大阪地判平 10・8・31 参照)。

5 労働契約終了後の法規制

労働契約の終了により，労働者・使用者間の権利義務関係の多くは消滅する。もっとも，労働契約終了後も元使用者の退職金支払義務，元労働者の競業避止義務など，労働契約等に基づく権利義務がなお認められることがある。また，法律上，不正競争防止法に基づく秘密保持義務が存在するほか，退職時等の証明，金品の返還，年少者の帰郷旅費の負担について労基法が規定を置いている (同法 22 条・23 条・64 条。秘密保持義務，競業避止義務については第 2 章 1 **3** 参照 ⇒22 頁)。

6 企業組織変動と労働契約の承継・不承継

1 企業組織変動に伴う労働法上の問題

合併，事業譲渡，会社分割といった企業組織変動が行われる場合，これに伴い労働契約が承継されるか否かが問題となる (また，労働条件変更の問題も生じ得る)。労働契約の承継・不承継は，たとえば，ある会社が他の会社に労働契約を除く事業を全部譲渡して解散し，解散に伴い労働者を解雇するというように，労働者に重大な影響をもたらし得る。このため，いかなるルールの下で労働契約が承継され，あるいは承継されないかが重要な問題となる。

2 合　併

会社の合併が行われる場合，吸収合併（会社法2条27号），新設合併（同条28号），いずれの場合でも，労働契約を含め，合併前の会社の権利義務は，合併後の会社に，すべて当然に承継される（「包括承継」と呼ばれる）。合併前の会社は合併により消滅するため，労働者による労働契約の承継拒否は現実に問題とならず，また，合併後の会社により当然に労働契約が承継されるため，事業譲渡および会社分割の場合とは異なり，労働契約の承継・不承継をめぐる問題は生じない。

3 事業譲渡

事業譲渡とは

事業譲渡とは，企業組織の全部または一部を一体として他に譲渡することをいう。事業譲渡の場合には，合併の場合とは異なり，譲渡元と譲渡先との間の合意により個々の権利義務の承継・不承継が決定される（「特定承継」と呼ばれる）。労働契約についても，承継の対象となるか否かは，原則として，譲渡元と譲渡先との間の合意により決定される。

事業譲渡と労働契約の承継

事業譲渡の場合，労働契約の承継をめぐっては，①ある会社が不採算部門を他の会社に譲渡する場合などに，譲渡先の会社への労働契約の承継を望まない労働者がこれを拒否できるか，②ある会社が事業を他の会社に譲渡して解散する場合などに，譲渡先の会社への承継を望むにもかかわらず，これから排除された労働者が承継を主張できるかが問題となる。

労働契約の承継は使用者の権利の譲渡に該当するため，承継がなされるためには，民法625条1項に基づき労働者の承諾が必要となる。したがって，①については，承継を望まない労働者はこれを承諾せず，拒否することができる。

事業譲渡では，上記の通り権利義務は譲渡元と譲渡先との間の合意により個別に承継・不承継が決定される。したがって，②については，譲渡元と譲渡先との間の合意において労働契約が承継の対象に含められていない場合，原則として，労働者は労働契約の承継を主張することができない。もっとも，裁判例上は，このような考え方を基本としつつ，個々の事案における具体的事情を踏まえて，承継から排除された特定の労働契約を承継の対象に含める合意があったと解釈して，当該労働契約の承継を肯定するものも存在する[7]。

4 会社分割

会社分割とは

会社分割は，事業に関する権利義務の全部または一部を他の会社に承継させる，会社法上の制度である（同法757条以下）。会社分割には，ある会社（分割会社）の事業に関する権利義務の全部または一部を，①既存の別会社（吸収分割承継会社）に承継させる吸収分割（同法2条29号）と，②新設する会社（新設分割設立会社）に承継させる新設分割（同条30号）の2種類がある。

会社分割においては，分割会社と吸収分割承継会社との間で締結される吸収分割契約（吸収分割の場合），または，分割会社が作成する新設分割計画（新設分割の場合）に記載された権利義務が，当然に吸収分割承継会社または新設分割設立会社に承継される（会社法759条・764条）。権利義務が当然に承継される点は合併と同じであるが，吸収分割契約または新設分割計画に記載された権利義務の部分に限り承継される点は合併と異なっており，「部分的包括承継」と呼ばれる。

労働契約承継法

分割会社が締結している労働契約については，部分的包括承継を前提に，承継法において特別の承継ルールが定められている。このルールの下では，一定の場合に，労働者が異議申出を行うことにより，承継の効果を発生させる，ま

notes

[7] **労働契約が承継の対象に含まれると解釈した裁判例**　たとえば，タジマヤ事件・大阪地判平11・12・8は，譲渡時に譲渡元により解雇されていた労働者について，解雇を無効とした上で，譲渡時に譲渡元に在籍していた他の労働者が全員承継されていたことを踏まえて，解雇無効とされた労働者についても承継されると判断した。また，勝英自動車学校（大船自動車興業）事件・東京高判平17・5・31は，労働条件変更に同意しない労働者を承継対象から排除する旨の合意部分は民法90条に違反し無効であるとした上で，労働者を承継対象に含めるとする合意の原則部分に従い，労働条件変更に同意しなかった労働者についても承継を認めた。

たは，承継の効果を免れる効果を発生させることができる[8]。

労働契約承継のルール

承継法は，労働者が，承継される事業に主として従事しているか，そうではないか（当該事業に従としてしか従事していない，または，全く従事していない）に注目して，承継のルールを定めている。①承継される事業に主として従事している労働者は，承継対象として記載されていない場合，一定期間内に異議申出を行うことにより，承継の効果を発生させることができる。また，②承継される事業に主として従事していない労働者は，承継対象として記載されている場合，一定期間内に異議申出を行うことにより，承継の効果を免れる効果を発生させる（分割会社に残留する）ことができる（承継法４条・５条）。

労働者との協議義務

会社分割にあたって，分割会社は，承継される事業に従事している個々の労働者と協議する義務（商法等改正法〔平成12年法律第90号〕附則５条１項。「５条協議」と呼ばれることがある）を負う[9]。また，すべての事業場において，過半数代表との協議その他これに準ずる方法により，労働者の理解と協力を得る努力義務（承継法７条。「７条措置」と呼ばれることがある）を負う。

notes

[8] **会社分割と労働協約の承継**　労働協約を締結している労働組合の組合員が承継の対象となった場合には，当該労働協約は，吸収分割承継会社または新設分割設立会社との間でも締結されたものとみなされる（承継法６条３項）。なお，債務的部分については，分割会社と労働組合との合意により，分割会社と，吸収分割承継会社または新設分割設立会社との間で，承継される部分・されない部分を振り分けることができる（同条２項）。

[9] **「５条協議」と承継の拒否**　承継法は，承継される事業に主として従事する労働者が承継対象とされた場合について，異議申出を認めていない（同法３条により，承継の効果が発生する）。これについて，判例（日本アイ・ビー・エム〔会社分割〕事件・最判平22・7・12）は，「５条協議」が，労働者の希望等をも踏まえて承継の判断が行われるためのものであることにかんがみ，これが全く行われない等の例外的な場合には，承継される事業に主として従事する労働者は，承継の効力を争い得るとしている。

CHECK

① 合意解約と，辞職とは，法的にどのような違いがあるか。また，合意解約や辞職と，解雇とは，法的にどのような違いがあるか。

② 使用者による解雇が権利濫用ではないとされるためには，どのような要件を満たすことが必要か。

③ 整理解雇の効力はどのような観点に照らして判断されるか。

④ 解雇が権利濫用で無効とされた場合，未払賃金についてはどのように取り扱われるか。

⑤ 事業譲渡では，どのように労働契約の承継・不承継が決定されるか。会社分割では労働契約の承継・不承継についてどのようなルールが定められているか。

CHAPTER

第12章

非典型雇用

雇われて働く人々の中には，アルバイト，パート，派遣社員，契約社員，嘱託など，一般に，「非正規労働者」と呼ばれ，いわゆる正社員とは区別されて取り扱われている人々が存在する。現在，日本で雇われて働く人々に占める非正規労働者の割合は4割弱となっている（総務省統計局「労働力調査」によれば，2021年における非正規の職員・従業員〔勤め先での呼称による区分〕の割合は，36.7％である）。非正規労働者については，正社員に比べ，雇用が不安定であり，また，賃金，福利厚生，教育訓練などの労働条件も劣っているなど，「格差」が問題視されている。

正社員は，一般に，「典型雇用」，すなわち，①フルタイムで，②期間の定めなく，かつ，③直接雇用されている。これと対比する形で，非正規労働者は，法的には，「非典型雇用」，すなわち，①パートタイムとしての労働，②期間の定めのある労働契約（有期労働契約）の下での労働，③間接雇用である派遣労働，の少なくとも1つに該当するものと位置づけ得る。

非典型雇用の労働者も，「労働者」であり，労契法，労基法，労組法などの適用を受ける。加えて，非典型雇用については特別の法規制が存在する。これらの法規制においては，非典型雇用の労働者の労働条件や雇用についてどのような定めがなされているのであろうか。

1 パートタイム労働

1 パートタイム労働者とは

パートタイム労働者とは，一般的には，労働時間の相対的な短さに注目した概念であり，企業の正規の（フルタイムの）所定労働時間に比べて，所定労働時間が短い労働者を意味する。もっとも，日本では，正社員ではない，非正規労働者としての処遇を受ける者という意味で，パートタイム労働者（「パート」）と呼ぶことも少なくない。

短時有期法は，前者の意味で，同法が適用されるパートタイム労働者（「短時間労働者」）を，1週間の所定労働時間が同一の事業主に雇用される通常の労働者の1週間の所定労働時間に比し短い労働者と定めている（同法2条1項）。

2 短時有期法

パートタイム労働者も，「労働者」であり，労契法，労基法，労組法などの適用を受ける（年休付与日数については，第8章 1 **2** 参照⇒119頁）。もっとも，採用手続が簡易で，労働条件が不明確になりがちである等の問題があり，1993年にパートタイム労働法が制定された。同法は，パートタイム労働者と正社員との著しい処遇の格差が問題となる中，2007年および2014年に改正され，差別的取扱いの禁止，不合理な待遇の相違の禁止等の規定が加えられた。さらに，2018年には，有期雇用労働者（有期労働契約の下にある労働者）を含めて規制する形で改正がなされ，法律の名称も改められた（短時有期法）。

短時有期法は，労働条件の明確化のため，短時間労働者ないし有期雇用労働者との労働契約締結の際，労基法15条1項が明示すべきとする事項⇒58頁に加え，さらに一定の事項（昇給，退職手当，賞与の有無等）を文書等で明示するよう使用者に義務づけている（短時有期法6条1項，同法施行規則2条）。また，短時間労働者ないし有期雇用労働者の意向をなるべく反映させる趣旨で，使用者に対して，短時間労働者または有期雇用労働者にかかる事項についての就業規則を作成しまたは変更する場合，労基法90条の意見聴取義務とは別に，それぞれ事業所の短時間労働者または有期雇用労働者の過半数を代表するものの意見を聴く努力義務を課している（短時有期法7条）。

さらに，同法は，処遇改善のため，不合理な待遇の相違の禁止や差別的取扱いの禁止等（同法8条～12条⇒143頁），通常の労働者への転換推進措置義務（同法13条）について定めるとともに，これらの措置の内容の説明義務，短時間労働者ないし有期雇用労働者から求めがあった場合の待遇の相違の内容および理由等に関する説明義務（同法14条1項・2項。同条3項は，説明を求めた短時間労働者ないし有期雇用労働者に対する不利益取扱いを禁止している）を課している⇒148頁。

有期労働契約

1　有期労働契約の締結等

有期労働契約の締結の自由

有期労働契約は，契約が存続する期間の定めがある労働契約である。諸外国の中には，有期労働契約の締結に，一時的に休業する労働者の代替のためなどの，合理的理由を必要とする国がある（フランスなど）。しかし，日本では，有期労働契約の締結について，このような合理的理由の有無による制限はなく，当事者の自由に委ねられている[1]。

締結等にあたっての法規制

労働契約締結の際の労働条件明示義務（労基法15条1項⇒58頁，短時有期法6条⇒188頁）の一内容として，使用者は，労働者に対して，労働契約の期間に関する事項について書面で明示することが義務づけられている（労基則5条）。

また，有期労働契約であって，期間満了後に更新される可能性があるものを

notes

[1] **試用目的の有期労働契約**　試用目的で有期労働契約を締結することも当事者の自由である。もっとも，最高裁判例には，契約書における期間1年との文言を，契約についての期間の定めではなく，試用期間についての定めと解釈したものがある（神戸弘陵学園事件・最判平2・6・5）。契約についての期間の定めである（有期労働契約である）と判断した最高裁判例として，福原学園（九州女子短期大学）事件・最判平28・12・1も参照（以上につき，⇒58頁参照）。

締結する場合には，更新する場合の基準に関する事項についても書面で明示する義務がある（労基則 5 条）。

以上のほか，短時有期法の下での規制については，⇒188 頁 1 **2** 参照。

2 労働契約の期間の上限

労基法 14 条

期間の定めのない労働契約については，当事者はいつでも一方的に解約できる（民法 627 条 1 項参照。ただし，使用者による解雇については種々の制限がある⇒172 頁）。これに対して，有期労働契約については，当事者は期間に拘束され，やむを得ない事由がない限り，期間途中の一方的解約はできない（同法 628 条参照）[2]。

このことを踏まえ，労基法 14 条は，期間の定めが労働者にとって不当な人身拘束となることを防ぐ趣旨で，労働契約の期間の上限（1 つ 1 つの契約ごとの期間の上限）を定めている。

労基法制定（1947 年）以来，長い間，期間の上限は原則 1 年であった。しかし，かつてに比べ不当な人身拘束が生じる恐れは少ないと認識されるようになる中，有期労働契約を，短期間の契約が反復更新される不安定なものではなく，ある程度の長さの期間を定める，より安定的で良好なものにするため，2003 年に同法 14 条が改正され，現在，期間の上限は原則 3 年とされている。なお，例外として，①一定の事業の完了に必要な期間を定める労働契約についてはその期間を，②一定の高度な専門的知識等を有し，これを必要とする業務に就く労働者，および，満 60 歳以上の労働者の労働契約については 5 年までの期間を，それぞれ定めることができる[3]。

notes

[2] **期間途中の辞職についての学説**　学説上は，やむを得ない事由がなくとも，労働者が一方的に解約する（辞職する）こと自体は可能であるが，損害賠償責任が生じる，との見解が有力である。

[3] **労基法 14 条違反の効果**　労基法 14 条の上限を超える期間を定める労働契約を締結した場合，使用者に罰則の適用がある（労基法 120 条 1 号）。また，労働契約の期間については，裁判例（旭川大学事件・札幌高判昭 56・7・16）によれば，上限を超える部分が労基法 13 条により無効となり，上限の期間まで短縮される。この上限の期間を超えて事実上就労が続けられた場合，民法 629 条 1 項（⇒ 192 頁参照）により期間の定めのない労働契約になったものと推定される。

正社員の方が辞めにくい？

非正規労働者の中には，「正社員だといざという時に辞めにくい」と考えて，非正規労働者として働いている人もいるといわれています。責任の重さといったことを考慮すると，このように考えるのもなるほどと思われます。また，正社員が辞職を申し出て退職したところ，辞められて会社の事業に支障が生じたとの言い分で，多額の損害賠償請求をされたという事例もときどき聞かれます。ですが，法的には，正社員は，一般に，期間の定めのない労働契約の下で働いており，2 週間の予告期間を置けば，いつ，どのような理由でも辞めることができます（民法 627 条 1 項）。引継ぎを行わないなどして実際に損害を生じさせた場合などを別にすれば，辞めることそれ自体により損害賠償責任を負うことはありません。

これに対して，非正規労働者の多くは，有期労働契約の下で働いており，期間満了時に辞める（契約を更新しない）ことは自由ですが，期間途中は，「やむを得ない事由」がない限り，辞めることができません（学説上は，辞めること自体はできるが，損害賠償責任を負うとの考え方が有力です。⇒190 頁notes 2なお，1 年を超える有期労働契約については，労基法附則 137 条を参照してください）。この点では，法的には，非正規労働者（有期労働契約の下にある労働者）の方が辞めにくいということもできます。

労基法附則 137 条

2003 年労基法改正による上限期間の延長については，やはり不当な人身拘束をもたらすとの懸念も強く表明された。このため，改正後の施行状況を踏まえて政府が必要な措置をとるまでの間，上記の例外の場合を除き，1 年を超える期間を定める労働契約については，期間の初日から 1 年経過後は，労働者はいつでも退職できるとされている（労基法附則 137 条）。

3　期間途中の解雇

使用者は，有期労働契約の下にある労働者について，やむを得ない事由がない限り，期間途中には解雇できない（労契法 17 条 1 項）。有期労働契約について，当事者が期間に拘束されることを特に使用者の側について定めるものである。解雇にやむを得ない事由があることの主張立証責任は，使用者にある。

やむを得ない事由は，期間の定めのない労働契約の解約が解雇権濫用にあたらないとされる，客観的に合理的な理由があり社会通念上相当と認められる場合よりも，限定的な場合に限られる（プレミアライン〔仮処分〕事件・宇都宮地栃木支決平 21・4・28）。期間満了を待つことなく労働契約を解約しなければならない程度の例外的な事由が，このような事由に該当すると解される。

4 黙示の更新

労働契約の期間満了後も労働者がそのまま就労を続け，使用者がこれを知りながら異議を述べない場合，「従前の雇用と同一の条件で」契約が黙示に更新されたものと推定される（民法 629 条 1 項）。

更新後の契約について，通説は，同条 1 項後段が，期間の定めのない契約についての規定である民法 627 条に従い，いつでも解約できる旨定めていることを踏まえ，期間の定めのない契約となると解している[4]。裁判例は，通説と同じ立場をとるもの（前掲旭川大学事件）と，期間の定めを含めて「同一の条件」で，つまり更新前と同一の期間を定める契約として更新されるとするもの（タイカン事件・東京地判平 15・12・19）とに分かれる。

5 雇 止 め

SCENE 12

私は，ある機械メーカーの工場で，製品組立ての補助作業のための従業員を募集していたので応募したところ，簡単な面接を経て採用されました。

notes

[4] **黙示の更新についての学説**　有力説として，通説の通り解すると，更新後は解雇権濫用法理（労契法 16 条）の下，とたんに解雇が不自由となり，適切でないとして，期間の定めのある契約として更新されるとの主張がある。しかし，解雇権濫用法理は，権利濫用法理（民法 1 条 3 項）を基礎としており，本来個々の事案に応じた柔軟な判断が可能なものであること，また，使用者には労働契約締結時に期間に関する事項，更新する場合の基準に関する事項の明示義務がある（⇒ 189 頁参照）こととの関係で，黙示に更新され，この義務が果たされないにもかかわらず，期間の定めのある契約として取り扱うことは妥当でないことに照らし，通説の通り解すべきである。

採用時に受け取った契約書には，「契約期間2か月」との記載がありましたが，2か月ごとに契約更新手続を取って，製品組立ての補助作業を担当していました。
ところが，5回目に契約を更新してから1か月ほどたったころ，同じように契約を更新して補助作業を担当していた従業員が全員集められ，工場の人事担当者から，「製品の売上げが急減して業績が悪化した。会社の他の工場も人手が余っており，配転するといったこともできない。すまないが，全員次の期間満了後は更新できない。希望者には他の働き口をあっせんしたい」と言われました。契約更新を重ねており，今後も働き続けることができると期待していたので，納得がいきません。会社には雇用を守ってほしいと思います。

雇止めとは

有期労働契約の期間満了にあたり，使用者が契約を更新せず（新たな労働契約を締結せず），期間満了に伴い雇用を終了させることを，「雇止め（やといどめ）」という。

判例による雇止め法理の形成と立法化

本来，有期労働契約は期間満了により当然終了する。このことは，有期労働契約の下にある労働者について，期間満了時点において，雇用の存続が保護されていないことを意味する。しかし，実際には，有期労働契約が反復更新され，同じ使用者の下で雇用が長期にわたり継続することが少なくない。このような場合，労働者が雇用の継続（契約の更新）を求めているにもかかわらず，雇止めにより雇用は当然終了すると取り扱うことは，期間の定めのない労働契約について解雇権濫用法理による規制があることと対比して，適切ではないと考えられた。このため，判例により，「雇止め法理」と呼ばれる法理が形成され（東芝柳町工場事件・最判昭49・7・22，日立メディコ事件・最判昭61・12・4），2012年の労契法改正では，これを踏まえた立法化がなされた（労契法19条）。

労契法19条の基本的内容

労契法19条は，①有期労働契約のうち，(a)過去に反復更新されたことがあり，雇止めすることが，解雇により期間の定めのない労働契約を終了させることと社会通念上同視できるもの（同条1号），あるいは，(b)有期労働契約を締結している労働者が，期間満了時に当該労働契約が更新されると期待することに

図表 29 労契法 19 条における雇止めについての判断の流れ

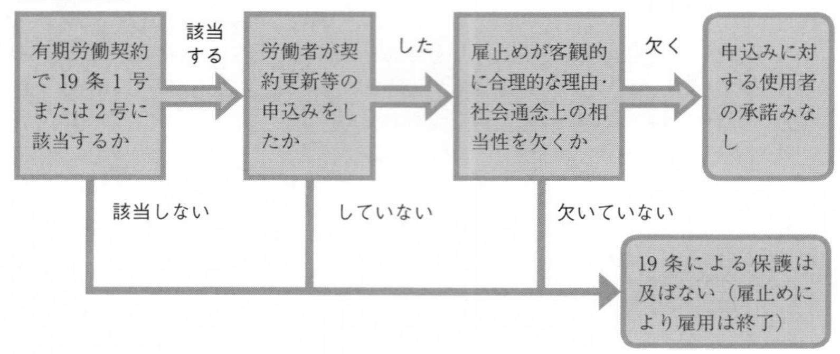

合理的な理由があると認められるもの（同条 2 号）について，②労働者が期間満了時までに契約更新の申込みをし，または，期間満了後遅滞なく有期労働契約締結の申込みをした場合，③使用者による申込みの拒絶（雇止め）が客観的に合理的な理由を欠き，社会通念上相当であると認められなければ，④使用者は従前と同一の労働条件で労働者の申込みを承諾したものとみなす（従来と期間の定めを含めて同一内容の有期労働契約が成立する）旨定めている（図表 29 参照）。

労契法 19 条が保護の対象とする有期労働契約

労契法 19 条の保護の対象となる有期労働契約は，上記①の(a)または(b)のいずれかである。これらにあたるか否かは，これまでの裁判例と同様に，当該雇用が臨時的なものか常用的なものか，雇用継続の期待をもたせる使用者の言動や制度の有無，更新回数，雇用の通算期間，更新手続の状況，契約期間の管理状況などを総合考慮して，個々の事案ごとに判断される。

(1) 19 条 1 号　上記(a)は東芝柳町工場事件最高裁判決を踏まえたものである。同事件では，「基幹臨時工」と呼ばれていた労働者に対する，期間 2 か月間の労働契約を 5 回から 23 回更新した後になされた雇止めの適否が争われた。判決は，基幹臨時工の仕事内容が「本工」（正社員）のそれと差異がないこと，過去に期間満了で雇止めされた事例がないこと，採用の際に会社側に雇用継続を期待させる言動があったこと，更新の際に新たな契約締結の手続がきちんと取られていたわけではないこと等に照らして，本件労働契約は実質的に期間の定めのない労働契約となっており，解雇に関する法理が類推適用される，とした原審の判断を支持した。

(2) 19条2号　上記(b)は日立メディコ事件最高裁判決を踏まえたものである。同事件では，期間2か月間の労働契約を5回更新した後になされた「臨時員」に対する雇止めの適否が争われた。本件では，更新手続がきちんと取られていること等に照らし，実質的に期間の定めのない労働契約となっているとはいえないとされた。もっとも，臨時員の業務は季節的労務等の臨時作業ではないこと，契約書の記載および臨時員に適用される制度上，雇用がある程度継続することが期待されており，本件でも実際に契約が5回更新されていたことに照らして，本件雇止めには解雇権濫用法理が類推適用されると判断された。

従来の裁判例には，契約が一度も更新されずに雇止めされた事例でも，他の事情を踏まえて雇用継続への期待に合理的な理由があるとしたものがある（龍神タクシー事件・大阪高判平3・1・16）。こうした場合も19条2号に該当する[5]。

雇止めの適否の判断

労契法19条1号または2号に該当する有期労働契約について労働者が更新等の申込みをしている場合（申込みがあることの判断は，緩やかに行われる），雇止めは，客観的に合理的な理由があり，社会通念上相当なものであることが必要となる。この雇止めの適否の判断も，個別の事案ごとに判断される。

この判断に関連して，最高裁判決には，簡易な採用手続により短期間の契約の下で雇用されていた臨時員に対する雇止めについて，終身雇用の期待の下で期間の定めのない労働契約を締結している「本工」（正社員）の解雇の場合とは

notes

[5] **更新限度条項・不更新条項**　有期労働契約について，使用者が，更新の回数や年数の限度条項を設けたり，更新などの際にこれ以上は更新しないとする不更新条項を設けたりする例があり，雇用継続への期待の合理性との関係等が問題となっている。裁判例は，雇用当初から更新限度を設ける事例については，限度を超える雇用継続を期待させる言動等が別途ない限り，当該限度を超える合理的な雇用継続への期待を否定する傾向にある（日本通運〔川崎・雇止め〕事件・東京高判令4・9・14等）。合理的な雇用継続への期待が生じた後に不更新条項を設ける事例については，当然には既に生じた期待の合理性は失われないとした上で，不更新条項の追加にかかる経緯（労働者による受入れの有無やその際の手続）その他の事情を考慮して雇止め法理の適用の有無が検討される傾向にある（日本通運事件・東京地判令2・10・1等）。

おのずから合理的な差異がある，としたものがある（前掲日立メディコ事件）。もっとも，有期労働契約の下で働く労働者が置かれる状況は様々であり，期間の定めのない労働契約の下にある正社員の解雇の場合とどの程度差異があるかについても，個別の事案に照らして判断される必要がある。

SCENE 12については，有期労働契約の下で働いていた「私」に対する雇止めが，労契法19条の下で許されるか否かが問題となる。

「私」が従事していた作業内容は補助的であるが恒常的に存在するものと考えられること，数回（5回）にわたり契約の更新を重ねていることに照らすと，同法19条2号が規定する，更新を期待することに合理的な理由があると認められる場合にあたるといえる。また，「私」は雇止めに不満を示しており，更新の申込みをしているとみることができる。したがって，「私」に対する雇止めについては，客観的に合理的な理由があり社会通念上相当なものである必要がある。

もっとも，会社の業績が悪化しており，配転等も検討したが難しいこと，雇止めをせざるを得ないことの説明などを行っていることに照らすと，本件の雇止めは，客観的に合理的な理由があり社会通念上相当なものと考えられる。

6 期間の定めのない労働契約への転換申込権

趣旨

労契法18条は，有期労働契約が反復更新されて通算5年を超える労働者の，期間の定めのない労働契約への転換申込権について規定している。有期労働契約の下の雇用が不安定で，また，このため，労働者としての正当な権利の行使が抑制されたり，交渉力が弱く低い処遇にとどめ置かれたりする問題に対応する趣旨で，2012年労契法改正により設けられたものである。

転換申込権

労契法18条1項は，同一の使用者との間で締結された，2つ以上の（つまり，最低1度は更新を経た）有期労働契約の契約期間が，通算して5年を超える労働者が，現に締結している有期労働契約の期間満了日までに，当該期間満了日の翌日から労務が提供される期間の定めのない労働契約の締結の申込みをした場合，使用者はこの申込みを承諾したものとみなす旨定めている。有期労働契約が反復更新されて通算5年を超える労働者の一方的な申込みにより，期間の定めのない労働契約への転換という効果の発生を認める規定であり，この意味で労働者に転換申込権を認める規定である（**図表30**⇒198頁参照）。なお，期間通算の対象となるのは，上記2012年改正が施行された，2013年4月1日以降に締結または更新された有期労働契約からである。

転換は労働者の判断（転換権の行使）に委ねられており，有期労働契約が反復更新されて通算5年を超えた場合に自動的に転換が行われるわけではない。労働者と使用者が合意する限り，5年を超えて有期労働契約を反復更新して継続することも認められる。

これに関連して，本条の転換申込権は契約期間が通算して5年を超えた最初の契約期間中にのみ生じるわけではなく，その後有期労働契約が更新される度に生じるとされている。また，権利発生前に，あらかじめ転換申込権を放棄させることは，本条の趣旨にもとるものとして，公序良俗に反し，無効であるとされている（平24・8・10基発0810第2号）。

なお，本条は，通算契約期間が5年を超えたときに（超えて初めて）転換申込権を発生させる規定であり，通算契約期間が5年を超えない有期労働契約の利用を否定するものではない。これに関して，裁判例は，当初雇用するにあたり，通算契約期間は5年を超えないとの更新限度条項⇒195頁 notes 5を定めることも，労契法18条を潜脱するものではないとしている（前掲日本通運〔川崎・雇止め〕事件）。

転換申込権発生までの期間の特例

大学等の研究者，教員等については，期間の定めのない労働契約への転換申込権発生までの期間である「5年」は，「10年」とされている（科学技術・イノベーション創出の活性化に関する法律15条の2，任期法7条）。また，「専門的知識等を有する有期雇用労働者等に関する特別措置法」により，5年を超える一定期間内に完了することが予定されている業務（プロジェクト）に就く高度な専門的知識等を有する有期雇用労働者であって一定年収以上の者については，上記「5年」は，当該プロジェクトの開始から完了までの期間（ただし，上限は10年）とされており，定年後有期雇用で継続雇用される労働者については，定年後引き続き雇用されている期間は，上記「5年」の期間に算入しないこととさ

図表30 無期転換およびクーリングの仕組み（契約期間が1年の場合の例）

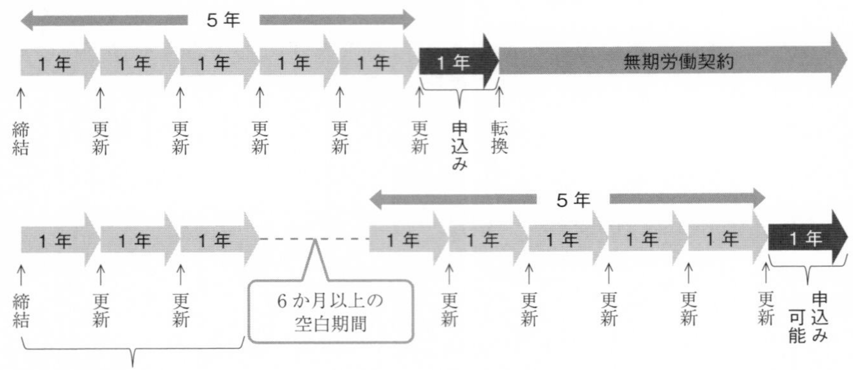

厚生労働省「労働契約法改正のポイント」(2012年）を基に作成

れている（同法8条)。

転換後の労働条件

期間の定めがなくなること以外の転換後の労働条件（賃金，労働時間，職務内容など）は，別段の定めがない限り，従前の労働契約の労働条件と同一とされる（労契法18条1項。正社員の労働条件と同一にすることが求められているわけではない。ハマキョウレックス〔無期転換〕事件・大阪高判令3・7・9参照)。

通算における「クーリング」

転換申込権は，契約期間を通算して5年を超える場合に発生する。このことに関連して，労契法18条2項は，ある1つの有期労働契約と，その次の有期労働契約との間に，一定の空白期間（労働契約が存在しない期間）がある場合，この空白期間前に満了した有期労働契約の契約期間は，通算されない（「クーリング」される）旨を定めている。クーリングのために必要とされる期間は，基本的には，6か月である（図表30参照)。

図表31 三者間での労働力利用の形態

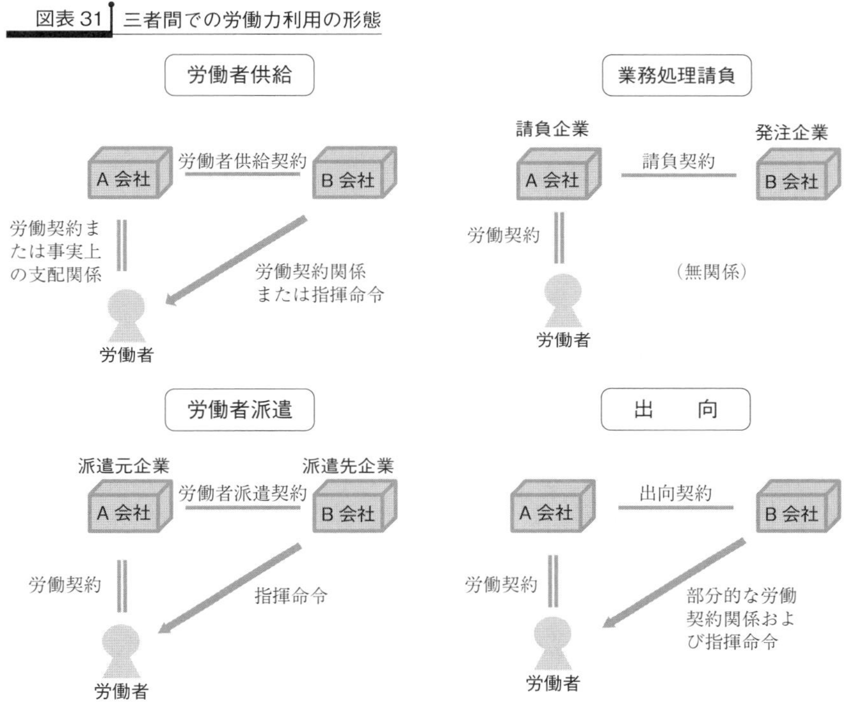

3 三者間での労働力利用の関係

1 三者間での労働力利用の形態

労働力の利用は，典型的には，使用者が，自ら雇用する労働者の労働力を利用する形で，二当事者間で行われる。もっとも，第三者が，使用者の雇用する労働者の労働力を利用する形で，三当事者間で労働力利用が行われることもある。このような三者間での労働力利用の形態の主なものとして，労働者供給，業務処理請負，労働者派遣，出向⇒65頁がある（図表31参照。労働者派遣については，特別の立法があることを踏まえ，別途4で論じる）。

2 労働者供給

労働者供給とは，供給契約に基づき，自己の下にある（労働契約の下にある，あるいは，事実上支配下にある）労働者を，他人の指揮命令を受けて労働させることをいう（職安法 4 条 8 項参照）。このような就労形態は，強制労働や中間搾取等の危険があり，また，雇用についての責任も不明確となりがちである。このため，労働者供給事業を行うこと，および，このような形で労働者の供給を受けることは，職安法により禁止されている（同法 44 条。45 条は例外として労働組合等が許可を受けて無料の労働者供給事業を行い得る旨定めている）[6]。

3 業務処理請負

業務処理請負とは，ある会社が他の会社との間で製品の組立てなどの業務の処理を請け負う契約を締結し，この業務の処理のために自己の雇用する労働者を従事させることをいう（しばしば，発注元である他の会社の事業所〔工場など〕で業務に従事させることが行われる）。これについては，労働者を雇用する主体が労働者を自ら指揮監督するなど，職安則 4 条 2 項が掲げる 4 つの要件をすべて満たさない限り，労働者供給と取り扱われる。また，労働者派遣との関係でも，労働者を雇用する主体が労働者を自ら指揮監督することなど，両者を区別する基準が設けられている（昭 61・4・17 労告 37 号）。

4 労働者派遣

1 労働者派遣法の制定と基本的意義

労働者派遣とは，自己の雇用する労働者を，当該雇用関係の下に，かつ，他

notes

[6] **労働者供給・労働者派遣と出向**　出向は，ある企業に在籍したまま（労働契約関係を維持したまま），他の企業とも（部分的に）労働契約関係に入り，その指揮命令を受けるものであり，形式的には労働者供給と区別できない。もっとも，職安法 44 条が禁止するのは労働者供給「事業」，つまり，業として行われる（反復継続して行われる）ものであり，出向は，社会通念上，業として行われているものではないとして，禁止の対象でないとされている。また，出向は，他の企業との間にも労働契約関係が存在する点で，労働者派遣と区別される。

人の指揮命令を受けて，当該他人のために労働に従事させることをいう（派遣法2条1号）。

これは，本来的には，労働者供給の一種にあたる。しかし，1970年代以降，人材派遣業と呼ばれる事業がみられるようになり，これを合法化した上で適切な法規制を行うため，1985年に労働者派遣法が制定され，上記の定義にあてはまるものは，労働者供給にあたらないとされるようになった[7]。

派遣法は，常用代替防止（常用労働者が派遣労働者によって置き換えられることの防止）を趣旨の1つとしているとされる。これとともに，2012年改正により，法律の名称，および法の目的（同法1条）において派遣労働者の保護を図ることが掲げられていることにも注意する必要がある。

「偽装請負」って？

「偽装請負」という言葉をニュースなどで見聞きすることがあると思います。これは，形式的には，業務処理請負の形をとって労働者を仕事に就かせているのですが，実際には，業務処理を請け負った側の会社ではなく，発注した側の会社が直接労働者を指揮命令しているなど，労働者派遣にあたる就労形態のことをいいます（何重にも業者が介在し，法的には，労働者派遣ですらなく，労働者供給にほかならないケースもあります）。

「偽装請負」が，法的には労働者派遣であるならば，派遣法が派遣元企業，派遣先企業に課している様々な規制や義務が遵守される必要があります。「偽装請負」は，請負（業務処理請負）の形を装うことで，これらの規制や義務を潜脱している点に法的問題があるのです。

notes

[7] **派遣法違反の「派遣」は労働者派遣か**　「偽装請負」（⇒201頁☞参照）など，派遣法に違反する「派遣」は，そもそも，同法が定義する労働者派遣に含まれる（同法違反の問題として処理される）のか，それとも，労働者派遣ではなく，労働者供給とされ，職安法44条違反となるのかという問題がある。判例は，前者の立場を採用している（パナソニックプラズマディスプレイ〔パスコ〕事件・最判平21・12・18）。学説上は，労働者供給として取り扱われるべきであるとの反対説もある。

2 労働者派遣事業についての規制

労働者派遣の対象業務

制定当初，派遣法は，労働者派遣を行うことができる業務を限定列挙する，いわゆるポジティブ・リスト方式をとっており，1999 年改正前の時点で，専門的な知識等を要する業務，あるいは，特別の雇用管理を要するとされる業務として，合計 26 の業務が列挙されていた。しかし，1999 年に，労働者派遣を行ってはならない業務を限定列挙する方式（いわゆるネガティブ・リスト方式）へと改められ，原則自由化された。2003 年には，物の製造（製造業）への派遣が解禁された。現在禁止されている業務は，港湾運送，建設業務，警備業務，医業関係業務である（派遣法 4 条）。

事業の許可

労働者派遣事業を行う者は，厚生労働大臣の許可を得なければならない（派遣法 5 条）。

2015 年改正前においては，一般労働者派遣事業と，特定労働者派遣事業の区別が存在した。一般労働者派遣事業は，特定労働者派遣事業以外のもの，つまり，常時雇用する労働者以外の労働者を含めて派遣するものをいう。一般に雇用が不安定と考えられている，いわゆる登録型の派遣，すなわち，派遣労働を希望する者を登録しておき，派遣のつど，派遣元が派遣する期間と同じ期間を定めて雇用し，派遣を行うものも含まれる等の理由で，許可制とされていた。これに対して，特定労働者派遣事業は，常用型とも呼ばれ，「常時雇用される労働者のみ」を派遣するものをいい，より規制が緩やかな，届出制とされていた。もっとも，無期契約の労働者のほか，1 年を超えて引き続き雇用されている，あるいは，1 年を超えて雇用される見込みのある有期契約の労働者も「常時雇用される労働者」にあたるとされ（実際にはそうした有期契約労働者が多かった），また，一般労働者派遣事業に比べ行政処分を受けることも多かった等の問題が特定労働者派遣事業には存在していた。このため，2015 年改正により，労働者派遣事業については，すべて許可制とされることとなった。

派遣可能期間の制限

2015年改正前においては，労働者派遣を行う・受けることができる期間（派遣可能期間）について，1999年改正前のポジティブ・リストで列挙されていた26の業務（および，育児・介護をする労働者の業務等）とそれ以外の業務とで区別して規制が行われていた。前者については期間の制限はなく，後者については同一の場所，同一の業務（典型的には同一の「係」での業務）ごとに，原則1年としつつ，派遣先が派遣先の事業場の過半数代表から意見聴取することを条件に，1年を超え3年までの期間を定めることが認められていた。

2015年改正では，こうした26の業務の多くを占めていた専門的な知識等を要する業務について，専門性は時代により変化すること，および，26の業務とそれ以外の業務との区別が分かりにくいこと等を踏まえて，26の業務であるか否かでの区分を廃止した。そして，まず，雇用の安定等の観点で問題が少ないと考えられる無期契約の派遣労働者，および，60歳以上の派遣労働者や，産前産後休業・育児休業・介護休業を取得する労働者の業務を代替する派遣労働者等にかかる労働者派遣は，期間制限の対象外とした（派遣法40条の2第1項ただし書）。これ以外の労働者派遣（基本的に有期契約の派遣労働者にかかる労働者派遣がこれにあたるが，上記の通り，60歳以上の派遣労働者にかかる労働者派遣など，同法40条の2第1項ただし書の各号に該当するものは除かれる）については，①事業所単位の期間制限（同法40条の2・35条の2），および，②派遣労働者個人単位の期間制限（同法40条の3・35条の3）の下に置くこととした。

事業所単位の期間制限

事業所単位の期間制限は，派遣先の事業所において，期間制限の対象となる派遣労働者にかかる労働者派遣を行う・受けることができる期間の制限を指す。派遣先の常用労働者が有期契約の派遣労働者によって代替されないという意味での常用代替防止を趣旨とするものである。期間の上限は，期間制限の対象となる派遣労働者を最初に受け入れたときから計算して3年である。

派遣先が，期間の上限である3年到達時の1か月前までに，派遣先の事業場の過半数代表から意見聴取を行った場合には，さらに3年を上限に，派遣可能期間を延長することができる（派遣法40条の2第3項・第4項。同様の手続を経て延長を繰り返すことも可能とされている）。この意見聴取をせずに期間制限を超えて労働者派遣を受けた場合には，労働契約申込みみなし制度⇒206頁の対象となる（同法40条の6第1項第3号）[8]。

派遣労働者個人単位の期間制限

派遣労働者個人単位の期間制限は，各派遣労働者について，同一の組織単位（典型的には同一の「課」）ごとに，労働者派遣を行う・受けることができる期間の制限を指し，3年が上限である（事業所単位の期間制限が延長されていることが前提となるが，3年到達後，異なる課で，同一の派遣労働者につき労働者派遣を行う・受けることは可能である）。キャリアアップの観点から労働者が特定の仕事に有期契約の派遣労働者のままで固定されないようにすることと，労働市場全体で有期契約の派遣労働者の増大を防ぐという意味での常用代替防止を趣旨とするものである。この期間制限を超えて同一の課で同一の派遣労働者につき労働者派遣を行う・受けることは許されず，そうした労働者派遣を受けた場合には，労働契約申込みみなし制度⇒206頁の対象となる（派遣法40条の6第1項第4号）。

紹介予定派遣

労働者派遣事業を行う者が，民間職業紹介事業の許可を受け，または，届出をした場合，「紹介予定派遣」を行うことができる。紹介予定派遣は，派遣の開始前や終了後に職業紹介をすることを予定するものをいう（派遣法2条4号）。派遣での就労を通じて労働者と派遣先とのマッチングを試み，派遣先での直接雇用に結びつけることを念頭に置くものである。これに関連して，通常の派遣では，労働者派遣の役務の提供を受けようとする者は派遣労働者の特定を目的

notes

[8] **労働契約申込みみなしにつながる意見聴取義務違反**　みなし制度の発動につながる意見の不聴取には，意見をそもそも聴取していない場合のほか，期間の上限である3年到達時の1か月前までに意見を聴取していない場合，過半数組合が存在するのに過半数代表者から意見を聴いている，あるいは，過半数代表者が，投票，挙手等の民主的な方法によらず選出されているなど，意見聴取の相手方である過半数代表が適切でない場合も含まれる。他方，派遣法40条の2第4項が定める意見聴取手続のうち，厚生労働省令が定めるもの（書面での通知など）が行われないことは，意見聴取に関する義務違反ではあるが，みなし制度の発動にはつながらない。

とする行為（事前面接など）をしないように努めなければならないが，紹介予定派遣ではこれが例外的に認められている（同法26条6項）。

その他の労働者派遣事業規制

労働者派遣事業については，以上のほか，①日雇い派遣（30日以下の短期の派遣）の原則禁止（派遣法35条の4），②グループ企業内派遣を8割以下とすること（同法23条の2），③マージン率（派遣料金から派遣労働者への賃金を引いた差額の派遣料金に占める割合）の公表義務づけ（同法23条5項），などの規制がある。

3 派遣労働者の保護

労働者派遣契約

労働者派遣では，雇用主である派遣元と指揮命令を行う派遣先とが異なっており，就労条件が不明確となる恐れがある。このため，派遣元と派遣先の間で締結される労働者派遣契約において定めるべき事項が法で規定されている（派遣法26条1項）。

労働者派遣の役務の提供を受ける者は，派遣労働者の国籍，信条，性別，社会的身分，派遣労働者が労働組合の正当な行為をしたことなどを理由とする，差別的な労働者派遣契約の解除をしてはならない（派遣法27条）。

派遣元・派遣先の講ずべき措置

派遣法は，派遣元および派遣先が講ずべき，様々な措置について定めている（派遣法30条～43条。これに関連する行政上の指針も存在する）。

派遣元に関しては，①一定の有期契約の派遣労働者に対し，雇用安定措置を講じる義務・努力義務（派遣法30条）[9]，②派遣労働者に対し，キャリア形成支援のため，段階的かつ体系的な教育訓練や派遣労働者の求めに応じたキャリア・コンサルティングを実施する義務（同法30条の2），③不合理な待遇の禁止等（同法30条の3・30条の4等），④就業規則作成等にかかる意見聴取の努力義務（同法30条の6），⑤各種の説明義務（同法31条の2）などが定められている。

⇒147頁

派遣先については，①派遣労働者から申出のあった派遣就業にかかる苦情の適切かつ迅速な処理（派遣法40条1項），②教育訓練実施，一定の福利厚生施設の利用機会の付与にかかる義務（同法 40 条 2 項・3 項），③一定の有期契約の派遣労働者にかかる雇入れ努力義務（同法 40 条の 4），④派遣先における労働者の募集情報の提供義務（同法 40 条の 5）などが定められている。

派遣先による労働契約申込みみなし制度

①労働者派遣が禁止されている業務（⇒202 頁）での派遣労働者受入れ，②無許可の業者からの派遣労働者受入れ，③事業所単位ないし個人単位の派遣可能期間の制限（⇒203 頁，204 頁）を超える派遣労働者受入れ，④「偽装請負」に該当する違法な労働者派遣での派遣労働者受入れについては，派遣先がこれらに該当することを知らず，かつ，知らなかったことにつき無過失でない限り，派遣先が派遣労働者に対して，派遣労働における労働条件と同一の労働条件で労働契約（直接雇用）の申込みをしたものとみなされる（派遣法 40 条の 6。④については，派遣法等の規定の適用を免れる目的〔主観的意図〕の存在も必要とされている)。この申込みはこれらの違法な労働者派遣終了から 1 年間は撤回できず，その間に，派遣労働者が承諾の意思表示をした場合，派遣先と派遣労働者との間に労働契約が成立することとなる（④の類型について，労働契約の成立を肯定した事例として，東リ事件・大阪高判令 3・11・4 参照)。

労働保護法規上の責任の所在

労働者派遣において，派遣労働者を雇用している者は，派遣元である。したがって，原則として，派遣元が，労働保護法規上の使用者としての責任を負う。もっとも，派遣労働者は派遣先から指揮命令を受け，派遣先に労務を提供している。このことを踏まえて，派遣法では，一定の事項については，派遣先が使

notes

9 **雇用安定措置の詳細**　雇用安定措置は，具体的には，①派遣先への直接雇用の依頼，②（派遣労働者の能力，経験等に照らして合理的な）新たな派遣先の提供，③派遣元による，派遣労働者以外としての無期雇用（派遣元での正社員化等)，④その他雇用の安定を図るために必要な措置（新たな就業機会提供までの間の有給での教育訓練，紹介予定派遣等）を指す。派遣元は，同一の組織単位に継続して派遣される見込みが 3 年である有期契約の派遣労働者との関係では，①から④のいずれかの措置を講じる義務を負い，そうした見込みが 1 年以上 3 年未満である有期契約の派遣労働者との関係では，努力義務を負う。また，登録状態の者を含めて，派遣元の下での通算雇用期間が 1 年以上の者については，②から④のいずれかの措置を講じる努力義務を負う。

用者としての責任を負うとされている。また，派遣元，派遣先の双方が使用者としての責任を負うとされている事項もある（派遣法 44 条〜47 条の 4）[10]。

4　労働者派遣契約の終了と労働契約の終了

労働者派遣契約の終了と労働契約

現実には，派遣元と派遣先との間の労働者派遣契約の終了に伴い，派遣労働者の労働契約も終了とされることが多い。もっとも，労働者派遣契約の終了は，当然に労働契約の終了を意味するわけではない。労働契約を終了させるためには，派遣元により適法に解雇や雇止めなどが行われる必要がある。

無期雇用の派遣労働者の解雇

無期雇用の派遣労働者については，一般に，実際に派遣先に派遣されていない間も派遣元と派遣労働者との間に労働契約が存続することが前提とされている。したがって，ある派遣先への派遣が終了したことを理由に解雇がなされる場合でも，解雇が解雇権濫用（労契法 16 条）に該当しないか否かの判断において，他の派遣先に派遣する可能性がないか等が検討される必要がある。

有期雇用の派遣労働者の解雇や雇止め

有期雇用の派遣労働者は，いわゆる登録型の派遣の仕組みの下，派遣のつど，派遣する期間と同じ期間を雇用期間と定めて雇用されることが通常であり，労働者派遣契約の中途解除や終了に伴う解雇，雇止めが紛争として生じやすい。

こうした登録型の派遣において，派遣期間の途中で労働者派遣契約が解除されたことに伴いなされる派遣労働者の解雇は，有期労働契約の期間途中の解雇であり，「やむを得ない事由」（労契法 17 条 1 項）がない限り許されない。派遣

notes

[10] **派遣先が責任を負う事項**　派遣元，派遣先の双方が責任を負うものとしては，労基法上の均等待遇，強制労働の禁止，雇均法上の妊娠・出産等を理由とする不利益取扱いの禁止，育介休法上の育児休業等の申出を理由とする不利益取扱いの禁止，雇均法，育介休法や労働施策総合推進法上のセクハラ，マタハラないしパワハラへの対応に関する配慮義務などがある。派遣先のみが責任を負うものとしては，労基法上の公民権行使保障，労働時間，休憩，休日等に関する義務がある（ただし，時間外労働等の労使協定締結，割増賃金支払の責任は，派遣元にある）。なお，年休の付与について責任を負っているのは，派遣元である。

先の都合による労働者派遣契約の解除それ自体は，当然には「やむを得ない事由」があることを意味しない（前掲プレミアライン〔仮処分〕事件等参照）。⇒192頁

派遣期間の終了に伴う雇止めについても，雇止め法理（労契法19条）に照らして適否が判断される。もっとも，裁判例では，同法理にかかる具体的判断として，契約を反復更新して継続的に特定の派遣先に派遣が行われた後，雇止めが行われた事例について，派遣先で直接雇用されている常用労働者の代替防止という派遣法の立法趣旨に言及し，派遣での就労を通じた雇用継続への期待は合理的なものと認められない（したがって，雇止めは適法である）としたものがある（伊予銀行・いよぎんスタッフサービス事件・高松高判平18・5・18）。

派遣先との黙示の労働契約の成否

労働者派遣契約の解除，終了に伴い労働者派遣が終了する場合，派遣労働者と派遣先との間に，黙示の労働契約関係が成立していた（派遣先に直接雇用されていた）と争われることも少なくない。労働者派遣が行われている場合でも，派遣労働者と派遣先との間に，「使用され」る関係，および，「賃金を支払う」関係が認められれば（労契法6条），黙示の労働契約が成立する余地が理論上なくはない。しかし，労働者派遣においては，派遣先が作業上の指揮命令を行うものの，裁判例は，このことのみで「使用され」る関係にあるとは認めず，採用，懲戒，解雇などの権限を行使していたことを必要とする傾向にあり，また，「賃金を支払う」関係についても，単に派遣先から派遣元に支払われる派遣料金が派遣労働者の賃金の原資となっていることでは足りないとして，派遣労働者と派遣先との間に容易には労働契約関係を認めない立場をとっている（前掲パナソニックプラズマディスプレイ〔パスコ〕事件参照。⇒201頁 notes 7 こうした判断基準に従いつつ，脱法的に，労働者派遣と，派遣可能期間の制限回避のための派遣先による直接雇用とを繰り返していた事例について，派遣労働者と派遣先との間に黙示の労働契約の成立を認めた裁判例として，マツダ防府工場事件・山口地判平25・3・13がある）。

CHECK

① 非典型雇用とはどのような雇用を指すか。
② 短時有期法の主な内容について説明しなさい。
③ 労働契約に期間の定めを設けることについて，どのような法規制があるか。
④ 有期労働契約の下にある労働者に対する期間途中の解雇や雇止めは，どのような場合に許されるか。
⑤ 派遣法の主な内容について説明しなさい。

CHAPTER

第13章

労働組合・不当労働行為

個々の労働者と，使用者との間では，一般的に，賃金，労働時間等の労働条件の決定において，交渉力が対等でなく，労働者の方が交渉上弱い立場に置かれている。このような交渉力の不平等性を改めるため，憲法28条は，勤労者に，労働組合を結成し，労働組合を通じた集合的な形で使用者と団体交渉を行い，また，ストライキ等の団体行動を行う権利（団結権，団体交渉権，団体行動権）を保障している。労組法は，これらの権利の実現のために，労働者と労働組合に対して，種々の保護を行っている。

これらの権利が保障され，保護を受けることができる「労働組合」は，どのような主体である必要があるのであろうか。労働組合と使用者との間で締結されることがあるユニオン・ショップ協定などは，どのような効力をもつのであろうか。また，労組法は，使用者の一定の行為を「不当労働行為」として禁止しているが，具体的にはどのような行為が禁止されているのであろうか。不当労働行為が行われた場合，労働者あるいは労働組合は，どのような救済を受けられるのであろうか。

1 日本の労働組合の特徴および現状

1 日本の労働組合の特徴：企業別組合

日本の労働組合は，ほとんどが，企業ごとに，その企業の従業員（なかでも，正社員）により組織されている組合，すなわち，「企業別組合」である。労働組合の組織形態としては，ほかに，職業別組合，産業別組合，地域一般労組などがある。

日本の労使関係は，主として，企業別組合を通じ，企業レベルにおいて展開されてきている。もっとも，多くの企業別組合は産業別の連合団体に加盟している。また，産業別の連合団体は全国的組織（ナショナル・センター）を形成している。これらの組織を通じた，産業レベル，全国レベルでの労使関係も展開されている。⇒212頁

企業別組合は，職業別組合や産業別組合などと比べて，当該企業における具体的な労働条件等について，当該企業およびその従業員の状況に即した形で交渉を行うことができるという長所がある。もっとも，その存在および活動の基盤が企業にあり，企業の存続や成長に配慮せざるを得ず，使用者に対して強い交渉態度に出にくい，企業の枠を超えて公正な労働条件を設定する機能に欠ける，という短所がある（なお，212頁参照）。また，日本の企業別組合は，伝統的に正社員のみを組織対象としてきており，いわゆる非正規労働者の利益を考慮してこなかったという問題点も存在する。

合同労組，コミュニティ・ユニオン

日本では企業別組合が主流だが，これとは別に，「合同労組」，「コミュニティ・ユニオン」と呼ばれる労働組合が注目されるようになっている。「合同労組」，「コミュニティ・ユニオン」の明確な定義はないが，一般に，企業別組合に十分組織されてこなかった，主として中小企業の従業員を対象として，企業の枠を超えて一定地域ごとに組織されている労働組合を指す言葉として用いら

れている。

合同労組，コミュニティ・ユニオンの活動として重要なものに，個々の組合員の解雇や，労働条件をめぐる，個別労働関係紛争の解決支援がある。特に，解雇されるまで労働組合に加入していなかった労働者が，解雇された後これらの労働組合に加入し，解雇に関する紛争の解決を求めることが多い（「駆け込み訴え」と呼ばれる）。合同労組やコミュニティ・ユニオンは，これらの紛争について，しばしば使用者との団体交渉を通じて解決を図っている。いい換えると，合同労組やコミュニティ・ユニオンは，団体交渉という集団的な労働関係紛争の解決手段を利用しつつ，企業別組合によるサポートを受けにくい労働者の，個別的な労働関係紛争の解決を図る機能を現実に担っているのである。

春　闘

企業の枠を超えて公正な労働条件を設定する機能に欠けるという企業別組合の弱点を是正するため，1950 年代半ばから，「春闘」と呼ばれる形で団体交渉が行われてきている。

春闘とは，産業別の連合団体およびナショナル・センターの指導の下，賃金交渉を同時期（2 月から 3 月にかけた春の時期であり，これゆえ，「春闘」と呼ばれる）に行うこととした上で，まず，業績が好調な大企業の労働組合が団体交渉を行い，これにより形成された賃上げ相場を，その後に行われる中小企業等における団体交渉に波及させようとする交渉戦術を指す。企業の枠を超えた産業全体での賃金交渉ではないものの，大企業に比べ労働条件が劣る中小企業においてもなるべく大企業に近い賃上げを達成しようとする形で，産業レベルにおける賃金水準全体の向上を図るものである。

2　組織率にみる日本の労働組合の現状

日本の労働組合の組織率（雇用者数に占める労働組合員数の割合）は，1970 年代半ば以降低下傾向にあり，2022 年現在，16.5% である（厚生労働省「令和 4 年労働組合基礎調査」）。いい換えると，労働者 6 人のうちほぼ 5 人は，非組合員という状況にある。いわゆる非正規労働者に絞ると，その組織率はさらに低く，たとえば，パートタイム労働者の組織率は2022年現在で8.5%にとどまる。ただし，パートタイム労働者の組織率は増加傾向にある。また，大企業に比べて，中小企業における労働組合組織率が極端に低い状況にある。このような現状の下，労働組合の役割が問い直されるとともに，労働組合が存在しない職場においても労働者が集団的に代表されることを可能にする制度（従業員代表制度）の導入・整備をめぐって議論がある。

2 労組法の保護を受け得る「労働組合」

1　労組法２条および５条の意義

労働組合を結成すること自体は自由であり，国に届け出たり，国の許可を得たりする必要はない（自由設立主義）。もっとも，このようにして結成される団体が，憲法28条や労組法による保護の対象となるか否かは，①労組法２条が定義する「労働組合」に該当するか否か，②同法５条２項が定める規約を整備しているか否かにより異なる。このように，同法２条および５条は，保護を受け得る主体を画する意義を有している。

なお，1 **1**で述べた通り，日本の労働組合はそのほとんどが企業別組合であるが，憲法，労組法による保護の対象となる労働組合は，特定の組織形態に限定されるわけではない。

2　労組法２条にいう「労働組合」の要件

労組法上の「労働者」

労組法２条が定める「労働組合」と認められるためには，まず，「労働者」が主体となって結成されている必要がある。

労組法３条は，団結権等を保障され，労働組合の結成主体となる，この労組法上の労働者を，「職業の種類を問わず，賃金，給料その他これに準ずる収入によって生活する者」と定義している。⇒25頁，27頁労契法や労基法における労働者の定義と比較して，「使用され」る者である必要がない点で，より広い定義である。労契法や労基法では労働者でないとされる失業者や，プロ野球選手，プロサッ

図表 32　労組法上の労働者性の判断基準

① 事業組織への組入れ
② 契約内容の相手方による一方的決定
③ 報酬の労務対価性
④ 仕事の依頼に対して基本的に応ずべき関係
⑤ 指揮監督下の労務提供，一定の時間的・場所的拘束
⑥ 独立の事業者としての実態

カーの選手も，労組法では労働者であるとされている。

判例は，労組法上の労働者にあたるか否かを，事案の実態に着目しつつ，図表 32 に掲げる諸要素を総合的に考慮して判断している（ビクターサービスエンジニアリング事件・最判平 24・2・21 等）。①〜⑤については，これらが認められれば労働者性が強まる。⑥は，これが認められれば，労働者性を弱める要素となる。

自主性

「労働組合」は「自主的に」組織されている必要があり，特に，使用者との関係で自主性（独立性）を有している必要がある。労働組合の規約上，会社が労働組合の役員を決定することとなっているなど，制度上の独立性を欠く場合，自主性を欠くことになる。

この自主性の要件に関連して，労組法 2 条ただし書 1 号は，「雇入解雇昇進又は異動に関して直接の権限を持つ監督的地位にある労働者」など，一定の「使用者の利益を代表する者」（一般に，「利益代表者」と呼ばれる）の加入を許す場合，「労働組合」にはあたらない旨定めている。また，同条ただし書 2 号は，「最小限の広さの事務所の供与」など一定の例外を除き，使用者の経理上の援助を受ける場合（会社の経費で購入した文房具の支給を受けているなど），「労働組合」にはあたらない旨定めている。

労組法 2 条ただし書 1 号が定める利益代表者の範囲は，厳格に（狭く）解釈されており，たとえば，現実に管理職と呼ばれる者がすべて利益代表者に該当するわけではない。管理職についていえば，利益代表者は，人事について最終的な決定権限を有するなど，管理職でも一定の限られた者のみを意味するにす

ぎないことに注意する必要がある。いわゆる「管理職組合」であっても，このような利益代表者の加入を許していない限り，同法２条が定める「労働組合」に該当し得る。

目的

さらに，「労働組合」であるためには，「労働条件の維持改善その他経済的地位の向上を図ること」を「主たる目的」とすることが必要である（労組法２条ただし書３号・４号も参照）。従たる目的であれば，共済活動，政治活動を目的とすることも妨げられない。

団体性

最後に，「団体又はその連合団体」であること（団体性）が必要とされる。具体的には，複数人により結成されており，規約，運営組織（意思決定機関，執行機関など）を備えていることが必要とされる。

3　要件充足の程度と受け得る保護の違い

労組法２条の要件を満たしており，同法５条２項が定める規約を備えている労働組合（「法適合組合」）は，憲法 28 条および労組法によるすべての保護を受け得る。労組法２条の要件を満たすが，同法５条２項が定める規約を備えていない労働組合（「規約不備組合」）は，憲法 28 条による保護を受け，また，労組法上の労働組合には該当するものの，労組法が創設する不当労働行為行政救済制度等の利用が認められない。また，労組法２条本文の自主性は備えていると認められるものの，同条ただし書１号または２号に該当する労働組合（「自主性不備組合」）は，労組法上の労働組合とは認められないが，刑事免責や民事免責など，憲法 28 条による保護は与えられ得る。これに対して，労組法２条本文の自主性を備えない団体は，憲法 28 条との関係でも保護を与えられないと解されている（⇒216 頁図表 33 参照）。

図表 33　法適合組合，規約不備組合，自主性不備組合が受け得る保護の違い

	法適合組合	規約不備組合	自主性不備組合
民事・刑事免責，不利益取扱いの司法救済（憲法 28 条）	○	○	○
協約の効力（規範的効力等〔労組法 14 条～17 条〕）	○	○	×
労組法の手続への参与（法人格の取得〔労組法 11 条〕・救済申立て〔同法 27 条〕等）	○	×	×
不当労働行為の救済（を受けること）（労組法 27 条以下）	○	×	×

3 ユニオン・ショップ協定

SCENE 13-1

私は，最近まで，ある会社の従業員でした。会社には，管理職を除くすべての従業員を組織する労働組合があります。会社と組合との間には，「会社は，管理職を除き，組合に加入しない従業員，組合から脱退または除名された従業員を解雇する」との，ユニオン・ショップ協定が締結されており，私も組合員になっていました。

私は，最近，組合の方針と自分の考えとは違うと思うようになり，組合から脱退し，同時に，1 人でも入れるというコミュニティ・ユニオンに加入しました。ところが会社は，私が組合の組合員でなくなったとして，ユニオン・ショップ協定に従い，解雇を通告してきました。支持できない組合と袂(たもと)を分かったら解雇なんて到底納得できません。この解雇は許されるのでしょうか。

1　ユニオン・ショップ協定の効力

問題の所在

ユニオン・ショップ協定は，一般に，使用者との間で当該協定を締結している労働組合の組合員でない者，または，脱退ないし除名により当該組合の組合員ではなくなった者を使用者が解雇する義務を負う旨定める協定を指す。協定締結組合の組合員でない（または，なくなった）従業員は解雇されることとなる

ため，当該組合への加入を強制する機能（組織強制機能）を有している。しかし，労働組合は労働者が任意に結成する団体であり，本来，加入および脱退は個々の労働者が自由に判断できることである（脱退に関してこの旨を述べる判例として，東芝労働組合小向支部・東芝事件・最判平19・2・2参照）。このこと，および，憲法28条による団結権の保障の内容との関係で，ユニオン・ショップ協定の効力が問題となる。

判例の立場

判例（三井倉庫港運事件・最判平元・12・14）は，憲法28条が，労働者が労働組合を結成し，またはこれに加入するという「積極的」な団結の自由の保障，および，ユニオン・ショップ協定締結組合以外の組合の団結権も等しく保障されるべきことを理由に，①ユニオン・ショップ協定締結組合以外の組合の組合員である労働者，および，②ユニオン・ショップ協定締結組合から脱退しまたは除名されたが新たに他の組合を結成しまたは既存の他の組合に加入した労働者との関係で使用者に解雇義務を負わせる部分は，効力を有しないと判示している[1]。

2 ユニオン・ショップ協定に基づく解雇の効力

判例（日本食塩製造事件・最判昭50・4・25）は，ユニオン・ショップ協定に基づく解雇について，当該協定に基づき使用者に解雇義務が発生している限り，解雇権濫用（労契法16条 ⇒174頁）に該当せず有効であるとしている。労働組合によって除名された元組合員を使用者がユニオン・ショップ協定に基づき解雇する場合には，除名が無効であれば当該協定に基づく解雇義務は発生せず，他に解雇の合理性を基礎づける理由がない限り，当該解雇は無効となる。

notes

[1] **ユニオン・ショップ協定の効力についての学説**　学説上も判例と同様の立場が通説であるが，近年では，どの組合にも入らないでおくという「消極的」な団結の自由も憲法28条の団結権保障に含まれているとして，ユニオン・ショップ協定は全面的に無効であるとの見解も有力に主張されている。

SCENE 13-1 の「私」は，他の組合（コミュニティ・ユニオン）に加入している。判例によれば，このような労働者との関係では，ユニオン・ショップ協定は効力を認められない。したがって，「私」に対する会社の解雇は，客観的に合理的な理由を欠くことになり，解雇権濫用として無効となる。

4 チェック・オフ

一般に，労働組合の組合員は，組合員の基本的義務として組合に組合費を納入する義務を負っている。この義務を履行するにあたって，組合に対して納入すべき組合費相当額を，使用者が組合員たる労働者に対して支払う賃金から控除し，使用者から直接組合に対して支払うことがしばしば行われている。これを，チェック・オフという（使用者による組合に対する便宜供与の一種にあたる）。

チェック・オフについて，判例は，第1に，使用者による賃金の控除に該当し，全額払の⇒90頁原則との関係で労基法24条1項ただし書の要件を満たすこと（過半数代表と使用者との書面による労使協定の締結）が必要との立場をとっている（済生会中央病院事件・最判平元・12・11）[2]。判例は，第2に，チェック・オフを行うためには，労使協定のほかに，個々の組合員による使用者に対する組合費相当分の支払委任が必要であるとの立場をとっており，個々の組合員が使用者に対してチェック・オフの中止を申し入れた場合，使用者はチェック・オフを中止しなければならないとしている（エッソ石油事件・最判平5・3・25）。

5 労働組合の運営と統制権

労働組合は労働者が任意に結成する団体であり，その運営も，基本的に，組合員による自治に委ねられる。この組合員による自治の一環として，労働組合

notes

[2] **チェック・オフと全額払の原則との関係についての学説**　学説上は，チェック・オフが労働組合ないし組合員たる労働者の利益のために行われることを理由に，全額払の原則には抵触しないとして，判例の立場に反対する見解も有力に主張されている。

には，団結体としての秩序を維持，強化して，使用者に対する交渉力を確保するための統制権が認められる。統制権は，具体的には，各種の組合員としての義務違反や組合指令違反等に対する，譴責（けん），罰金，権利停止，除名等の処分（統制処分）として行使される。

もっとも，労働組合は，憲法28条および労組法により特別の保護を受けていること等に照らし，民主的に運営されるべきことが一般に承認されている（組合民主主義の原則）。この原則に基づいて，組合の運営においては，組合員の平等取扱い，言論の自由，政治的自由等が保障されなければならない。労働組合による統制権の行使については，この観点から限界があり，判例も，労働組合の目的を達成するために必要かつ合理的な範囲において統制権を有するとしている（三井美唄労組事件・最大判昭43・12・4）。

労働組合の財産

労働組合の財政は，多くが，組合員の支払う組合費によって賄われている。

では，労働組合の財産は，法的に，誰に所属するのであろうか。法人格を取得した労働組合（労組法11条参照）の財産は，法人たる労働組合の単独所有となる。法人格を有しない労働組合の財産は組合員の「総有」に属する（品川白煉瓦事件・最判昭32・11・14）。いずれの場合も，個々の組合員は，組合規約上別段の定めがなされている場合を除き，組合財産について持分権を有せず，脱退の際に財産分割請求をなすことはできない。

労働組合の財産の帰属に関連して，組合員の一部が集団で脱退し，新たに別組合を結成する場合，当該別組合が，元の組合に対して財産の一部を分割請求し得るかが問題となることがある。これについて，上記の通り，脱退組合員には組合財産の分割請求権は認められないため，法的に労働組合の「分裂」という概念を導入し，組合間で財産の分割を認め得るかが論じられてきた。しかし，判例は，法的な「分裂」概念の導入について極めて消極的な立場をとっている（名古屋ダイハツ労組事件・最判昭49・9・30）。

 不当労働行為救済制度の意義および目的

労組法は，使用者に対して，団結権等の実現を妨げると考えられる一定の行為，すなわち，労働者が労働組合の組合員であること等を理由とする不利益取扱い，正当な理由のない団体交渉の拒否，労働組合の結成ないし運営に対する支配介入等の行為を，「不当労働行為」として禁止している（同法7条）。不当労働行為救済制度は，使用者により不当労働行為が行われた場合に，労使関係についての専門的な行政委員会である労働委員会（公益委員，使用者委員，労働者委員の三者で構成されている）[3]を通じて救済（「行政救済」と呼ばれる）を行う制度である（同法27条以下）。労働委員会には，不当労働行為の成否についての裁量権は認められていないが（寿建築研究所事件・最判昭53・11・24），救済内容については，個々の事案の解決に適切な内容の救済を命じる広い裁量権が認められている（第二鳩タクシー事件・最大判昭52・2・23。なお，第14章6も参照）[4]。⇒235頁

不当労働行為救済制度の目的については，学説上，憲法28条の団結権保障を具体化するための制度とする説や，憲法28条の授権を受けつつ，団体交渉の円滑な実現や労使関係の将来に向けた正常化のために立法政策として創設された制度とする説などが主張されている。判例は，不当労働行為禁止規定を「憲法28条に由来し，労働者の団結権・団体行動権を保障するための規定であ」り（医療法人新光会事件・最判昭43・4・9），不当労働行為救済制度は，「正

notes

[3] **救済手続の流れ**　救済を求める労働者あるいは労働組合は，都道府県労働委員会に申立てを行う。労働委員会は，調査，審問を経て，申立てに理由がある場合には救済命令を，理由がない場合には棄却命令を発する。都道府県労委の命令に不服がある当事者は中央労働委員会に再審査の申立てができる。中労委の命令に不服がある当事者は，その取消しを求めて裁判所に行政訴訟を提起できる（都道府県労委の命令について，中労委に再審査を申し立てることなく，直接裁判所に取消しを求めることも可能である）。なお，使用者が取消訴訟を提起した場合，裁判所は，労働委員会の申立てに基づき，取消訴訟の判決確定までの間，暫定的に，使用者が救済命令の全部または一部に従うべき旨を命じ得る（労組法27条の20）。これは，緊急命令と呼ばれる。

[4] **司法救済**　不当労働行為に該当する行為については，行政救済とは別に，私法上違法である等として，直接，裁判所に訴訟を提起して救済を受けること（たとえば，不利益取扱いにあたる解雇について，無効であるとして，労働契約上の地位確認請求を行うなど）も認められている。これは「司法救済」と呼ばれる。

常な集団的労使関係秩序の迅速な回復，確保」を目的とする制度であるとして，上記両説の中間的な立場をとっている（前掲第二鳩タクシー事件）。こうした目的をめぐる見解の相違は，不当労働行為を禁止する労組法７条が，行政救済の判断基準となることに加え，私法上も強行規定として効力を有するか等の点に違いをもたらし得る。

 不当労働行為を禁止される「使用者」

SCENE 13-2

私は，Ａという会社に雇われていますが，Ａ社は，他の会社の業務を請け負うことを事業としており，Ａ社に業務を委託しているＢ社の工場で働いています。工場での作業環境，勤務時間の割振りはＢ社の管理職が決定しています。先日，私が加入する労働組合が，工場の作業環境の改善を求めてＢ社に団体交渉を申し入れたのですが，Ｂ社は，私がＢ社の従業員でないから，団体交渉に応じる必要はないと言って応じてくれません。Ｂ社の対応は法的に許されるのでしょうか。

1　概　　要

労組法７条は，「使用者」に対して，不利益取扱い，団体交渉拒否，支配介入等を行ってはならないと規定している。この不当労働行為が禁止される「使用者」は，どのような主体を指すのであろうか。

労働契約の一方当事者である雇用主が労組法７条の「使用者」に該当することについては争いがないが，一定の場合については，労働者と労働契約関係にない事業主についても，この労組法７条の「使用者」に該当し得る。これに該当する場合としては，特に，**2** で述べる２つの場合が挙げられる[5]。

notes

[5] **「偽装解散」と使用者**　本文で述べる場合のほか，「偽装解散」と呼ばれる場合，すなわち，ある法人が労働組合との関係を断ち切る等の目的でいったん形式的に事業を廃止して解散しつつ，実際には，実質的に同一の事業が別法人に引き継がれて継続されている場合，この別法人は，元の法人の労働者および当該労働者を組織する労働組合との関係で，「使用者」としての地位を引き継ぐものとして取り扱われる（なお，偽装解散に伴いなされる解雇等は，不当労働行為に該当し得る）。

2　雇用主以外の主体が「使用者」とされる場合

近い過去・将来の労働契約関係の存在

第1に，現在の時点では労働者と労働契約関係にないが，近い過去に労働者と労働契約関係にあった事業主（解雇の効力を争っている被解雇者の元雇用主など）が「使用者」として取り扱われることがある。また，近い将来に労働者と労働契約関係に入る現実的かつ具体的な可能性がある事業主（合併前の会社の労働者との関係における，合併後に存続する会社など）が，「使用者」として取り扱われることがある。

労働契約関係に類似する関係の存在

第2に，労働者と労働契約関係にはないが，労働契約関係に類似する関係に立つ事業主が「使用者」として取り扱われることがある。たとえば，①子会社の労働者および当該労働者を組織する労働組合との関係で，親会社が，②業務処理請負⇒200頁ないし労働者派遣⇒200頁の枠組みの下で，労働力を提供する企業に雇用されている労働者や当該労働者を組織する労働組合との関係で，労働力を受け入れている企業が，「使用者」に該当することがある。

判例（朝日放送事件・最判平7・2・28）は，②に該当する事例について，「雇用主以外の事業主であっても，雇用主から労働者の派遣を受けて自己の業務に従事させ，その労働者の基本的な労働条件等について，雇用主と部分的とはいえ同視できる程度に現実的かつ具体的に支配，決定することができる地位にある場合には，その限りにおいて，右事業主は同条の『使用者』に当たるものと解するのが相当である」としている。

SCENE 13-2 では，A 社が「私」の雇用主であり，B 社は，「私」の雇用主ではない。しかし，作業環境，勤務時間の割振りについては B 社が決定しており，これらの事項については，B 社が，部分的に「使用者」の立場に立つものとして，「私」が加入する労働組合の申し入れた団体交渉に応じる義務がある。

不利益取扱い

1 概　要

労組法7条1号は，第1に，労働組合の組合員であること等を理由とする不利益取扱いを禁止している（**2**参照）[6]。

第2に，使用者が，「労働者が労働組合に加入せず，若しくは労働組合から脱退することを雇用条件とすること」（英語で yellow-dog contract といわれ，この訳で「黄犬契約」と呼ばれる）を禁止している。黄犬契約が歴史的に労働組合運動を抑圧するための手段としてしばしば用いられたという経緯を踏まえ，明文で特にこれを禁止したものである。

2 不利益取扱いの成立要件

使用者の行為が労組法7条1号違反の不利益取扱いとなるのは，①労働者が労働組合の組合員であること，労働組合に加入またはこれを結成しようとすること，労働組合の正当な行為を行うことについて，②これらの行為を理由として（「故をもって」），③不利益な取扱い，を行う場合である。

「労働組合の組合員であること」，「労働組合の正当な行為」

①の要件に関して，本号にいう「労働組合」は，基本的に，労組法2条が定義する「労働組合」を指す。「労働組合の組合員であること」は，特定の組合の組合員であること（典型的には，複数組合併存下における少数組合の組合員であること）や，組合の役員である等，特定の立場の組合員であること，あるいは，組合内の少数派など，組合内において意見を異にする一集団に所属することも含まれる。

notes

[6] **報復的不利益取扱い**　不利益取扱いの禁止に関しては，労組法7条1号のほか，4号で，労働者が使用者に不当労働行為があったとして労働委員会に救済申立てをする等の行為を行ったことを理由とする不利益取扱いが禁止されている。これは労働者の権利行使に対する報復的な形の不利益取扱いを禁止するものである。

「労働組合の」「行為」には，労働組合の機関（組合大会等）の決定に基づく行為や，組合の機関による明示または黙示の授権に基づく行為に限らず，広く，労働組合の活動の範囲内にある行為が含まれる。組合内部では意見が対立することも少なくないが，このような場合に少数派が行う執行部批判活動も，「労働組合の」「行為」に該当する（北辰電機製作所事件・東京地判昭56・10・22）。

なお，「正当な」行為であるかどうかは，基本的に，団体行動の正当性（組合活動の正当性・争議行為の正当性）に照らして判断される（第15章参照）。⇒246頁

「故をもって」（不当労働行為意思）

②の要件は，一般に，「不当労働行為意思」と呼ばれる。使用者が，労働者の正当な組合活動等の事実を認識し，その事実を理由に不利益な取扱いをしようと考え，それを実行に移したと評価できる場合（この評価は，日常における使用者の組合に対する態度，当該不利益取扱いを取り巻く状況等の事実を総合的に考慮して行われる），不当労働行為意思が認められる。

労働組合の役員を組合執行部がある本社から遠く離れた支社に配転するなど，使用者による不利益な取扱いが，一方で，労働組合の組合員であること等の事実を理由とするものと考えられると同時に，他方で，正当な理由（業務上の必要性など）に基づくものとも考えられる場合がある（このような場合は「理由の競合」と呼ばれる）。これについても，不当労働行為意思によるものかどうかは，上記の通り，使用者が，労働者の正当な組合活動等の事実を認識し，その事実を理由に不利益な取扱いをしようと考え，それを実行に移したと評価できるか否かを検討して，判断される。

②の要件に関しては，さらに，使用者による不利益取扱いが，使用者の取引先など，第三者により強要されたものである場合に，使用者に不当労働行為意思が認められるか否かも問題となるが，判例（山恵木材事件・最判昭46・6・15）はこれを肯定している。

「不利益な取扱い」

③の不利益な取扱いには，たとえば，7条1号で例示されている解雇のほか，配転などの人事，さらに，会社内で仲間はずれにするといった実際上の処遇な

ど，労働関係上の様々な取扱いが該当し得る。採用拒否が含まれるか否かについては，判例（JR 北海道・日本貨物鉄道事件・最判平 15・12・22）は，従前の雇用契約関係における不利益な取扱いにほかならないとして不当労働行為の成立を肯定することができる場合にあたるなどの特段の事情がない限り，労組法 7 条 1 号にいう不利益な取扱いにあたらないとしている[7]。

 団体交渉拒否

労組法 7 条 2 号は，「使用者が雇用する労働者の代表者と団体交渉をすることを正当な理由がなくて拒むこと」を不当労働行為として禁止している。そもそも団体交渉に応じない（団体交渉の席に着かない），団体交渉そのものには応じるが誠実に交渉しない等の場合，この不当労働行為が成立する（詳しくは，⇒234 頁第 14 章 5 参照）。

10 支配介入

1 概　　要

労組法 7 条 3 号は，「労働者が労働組合を結成し，若しくは運営することを支配し，若しくはこれに介入すること，又は労働組合の運営のための経費の支払につき経理上の援助を与えること」を不当労働行為として禁止している（一般に，「支配介入」と呼ばれる）。使用者による支配介入が行われると，自主性が損なわれ，あるいは，組織が弱体化して，使用者に対して労働者の利益を適切に代表して団体交渉等の活動を行い得なくなるため，不当労働行為として禁止されている。

支配介入に該当し得る行為は様々であり，たとえば，組合の結成や運営の中

notes

[7] **採用拒否が不利益取扱いに含まれるかについての学説**　学説上は，労組法が，失業中の者も「労働者」に含め，また，企業別組合のみならず，産業別組合，地域一般労組等の企業横断的な組合をも保護の対象である「労働組合」に含めるなど，特定の企業において雇用される以前における組合活動をも念頭に置いていること等を理由に，不利益取扱いに該当するとの考え方が支配的である。

心人物に対して解雇等の不利益取扱いをする（このように，1号の不当労働行為が3号の不当労働行為にも該当することがある），労働者の組合加入を思いとどまらせたり，脱退を勧奨したりする，組合役員選挙などの組合内部事項に介入する，組合結成に先手を打つ形で使用者が自己に都合の良い親睦団体を設立する，複数組合併存下において組合間で差別を行う⇒227頁，などの行為が挙げられる。

2　支配介入の成立と不当労働行為意思の要否

支配介入の禁止を定める労組法7条3号には，7条1号と異なり，「故をもって」との文言が存在しない。もっとも，学説上は，組合結成準備の中心人物たる労働者を，そうした人物であることを全く知らないまま遠隔地に配転したため，結果的に組合結成が妨げられた等の場合にまで支配介入の成立を認めるのは妥当でないとして，支配介入の成立にあたり，使用者に反組合的意図が認められることを必要とする考え方が有力である。判例にも，このような考え方に立つと解されるものがある（ヤンマー・ディーゼル事件・最判昭29・5・28）。

3　使用者への帰責

支配介入が禁止されるのは「使用者」である。これに関して，労働組合からの脱退を働きかけて説得する行為など，現実に支配介入に該当する行為を行った者の責任を使用者に帰責し得るかが問題となる。

代表取締役等の代表者や労組法2条ただし書1号所定の利益代表者の行為は，原則として使用者に帰責される。利益代表者ではないが，利益代表者に近接する管理職についても，「使用者の意を体して」支配介入に該当する行為を行った場合には，使用者と行為者との間に具体的な意思の連絡がなくとも，その行為は使用者に帰責される（中労委〔JR東海（新幹線・科長脱退勧奨）〕事件・最判平成18・12・8）。このほか，利益代表者に近接する管理職でなくても（たとえば，平社員など），使用者から行為者に当該行為を行うよう指示・示唆がある等の場合には，行為者の責任は使用者に帰責される。

4　言論の自由と支配介入の成否

支配介入に該当し得る使用者の行為には，労働組合の方針を批判するなど，使用者の労働組合活動等についての発言も含まれるが，これについては，使用者に保障される言論の自由との関係が問題となる。判例（新宿郵便局事件・最判昭58・12・20）および多数説は，報復，暴力の威嚇，利益の約束の有無に限らず，使用者の発言の内容，時期，場所，方法，対象等を総合的に考慮して，支配介入の成否を判断している。

5 施設管理権の行使と支配介入の成否

判例（国鉄札幌運転区事件・最判昭54・10・30）によれば，使用者は，企業施設を管理する権限（施設管理権）が認められる。企業別組合は，組合活動のために，会社の施設（会議室等）を利用することが少なくないが，使用者の許諾を得ないで行われる企業施設を利用した組合活動は，当該施設利用を許さないことが，使用者の施設管理権の濫用と認められる特段の事情がない限り，組合活動（団体行動）として正当性を有しないとされる。⇒252頁

このような使用者の施設管理権の行使については，組合活動の正当性と並んで，組合活動に支障をもたらし得るため，支配介入の成否も問題となる。しかし，判例（オリエンタルモーター事件・最判平7・9・8）は，組合活動の正当性の有無と同様に，施設管理権の濫用と認められる特段の事情がない限り，支配介入は成立しないと判断している。

11 組合併存と不当労働行為

同一の企業内において，同様の労働条件の下にある従業員が，支持する組合運動方針の違い等により，異なる組合に加入し，複数の組合が併存することがある。現在の労働法の下では，このようにして同一企業内に併存する複数の組合は，その組合員数の多少にかかわりなく，それぞれが，独自の団体交渉権を有するとされている（複数組合交渉主義）。また，使用者はこれら複数の組合に対して，中立保持義務を負い，「すべての場面で使用者は各組合に対し，中立的態度を保持し，その団結権を平等に承認，尊重すべきものであり，各組合の性格，傾向や従来の運動路線のいかんによって差別的な取扱いをすることは許されない」とされている（日産自動車事件・最判昭60・4・23）。

したがって，たとえば，併存する２つの組合のうち，一方の組合は団体交渉の相手として認めつつ，他方の組合は団体交渉の相手と認めない等の場合には，使用者に中立保持義務違反が認められ，団体交渉拒否や支配介入の不当労働行為が成立する[8]。

なお，使用者が中立保持義務を負うのは，団体交渉の場面に限られない。使用者による組合への便宜供与（組合事務所，掲示板の貸与等）の場面でも，判例は，中立保持義務の観点から，併存する一方の組合には便宜供与を行いながら，他方の組合には合理的な理由なくこれを行わないことは許されないとしている（日産自動車事件・最判昭62・5・8）。

CHECK

① 労組法の保護を受け得る「労働組合」はどのようなものか。
② ユニオン・ショップ協定とは何か。ユニオン・ショップ協定を締結している労働組合の組合員でない従業員は，どのように取り扱われるか。
③ チェック・オフとは何か。
④ 不当労働行為が禁止される「使用者」はどのような主体か。
⑤ 使用者が禁止される不当労働行為には，どのようなものがあるか。また，それらの不当労働行為はどのような場合に成立するか。

notes

[8] **同一条件を提示しての交渉と中立保持義務**　判例（日産自動車事件・最判昭60・4・23）は，使用者が，併存する各組合の組織力，交渉力に応じた合理的，合目的的な対応をすることは中立保持義務に反せず，併存する組合間で組織人員に圧倒的差異がある場合に，使用者が各組合に同一条件を提示して交渉を行い，多数組合との合意内容で少数組合とも合意を図ることは，直ちに少数組合への嫌悪に基づくものと推認できず，特段の事情がある場合を除き，不当労働行為は成立しないとしている。

CHAPTER

第14章

団体交渉・労働協約

団体交渉とは，労働者の集団が，代表者を通じ，使用者または使用者団体と，労働条件その他の待遇または労使関係運営上のルールについて行う交渉をいう。団体交渉は，個々には交渉力に劣る労働者が，使用者と対等な立場で労働条件を決定するための重要な手段であり，使用者には，団体交渉に応じる義務が課されている。この団体交渉義務は，具体的にどのような義務を意味しているのであろうか。また，使用者が団体交渉義務に違反している場合，労働組合はどのような法的救済を求めることができるであろうか。

団体交渉がまとまると，労働協約が締結される。労働協約は，一般には団体交渉の結果として労働組合と使用者またはその団体との間で締結される協定であり，組合員の労働条件や，労使関係運営上のルールを定める役割を果たしている。また，労働協約は，一定の条件の下では，非組合員の労働条件をも規律する。労働協約は労働条件を規律する重要な手段であるが，個々の労働者の労働条件をどの程度まで規律できるのであろうか。特に，従来の労働条件を不利益に変更する労働協約は効力を認められるのであろうか。

1 団体交渉の意義，機能，実態

1 団体交渉の意義および機能

団体交渉とは，労働者の集団（典型的には労働組合であるが，「争議団」などの一時的な労働者の集団も含まれる）が，代表者を通じ，使用者または使用者団体と，労働条件その他の待遇または労使関係運営上のルールについて行う交渉をいう。

団体交渉は，労働力について集合的に交渉（取引）することを通じて，労働者が使用者と対等な立場に立ち労働条件を決定することを可能にする機能を果たしている。また，団体交渉は，労働条件の対等決定のみならず，労働者集団と使用者または使用者団体との関係についてのルールの交渉，決定を通じて，労使関係の構築および維持のための機能を果たすとともに，労使間で様々なコミュニケーションを図る手段としての機能も果たしている。

2 日本における団体交渉の実態

日本では，労働組合のほとんどが企業別に組織されている⇒211 頁こととの関係で，団体交渉も，企業レベルで，当該企業の具体的な労働条件をめぐって行われるのが一般的である[1]。また，このため，団体交渉を経て締結される労働協約も，一般に，当該企業における，具体的な労働条件を規定している。団体交渉法制について考えるにあたっては，一方で，このような団体交渉の実態を念頭に置いておく必要があるが，他方で，法的には，企業レベルでの団体交渉のみが保護の対象とされているわけではなく，団体交渉のレベルを問わず（産業レベル等でのものを含め）保護の対象となり得ることに注意する必要がある。

notes

[1] **欧米における団体交渉の例**　ドイツ，フランスなどでは，産業別，職種別の労働組合の存在を背景に，基本的に，産業レベルで，当該産業の最低労働条件をめぐって団体交渉が行われている（ただし，近年では，企業レベルでの団体交渉も行われている）。アメリカでは，労働組合は産業別に組織されているが，団体交渉は，主に企業，事業所のレベルで，交渉単位と呼ばれる一定範囲内の労働者の過半数の支持を得た労働組合が交渉単位内のすべての労働者を排他的に代表する制度（排他的交渉代表制度）の下で行われている。

労使協議制

労使間での，労働条件などをめぐる話合いは，団体交渉とは区別される，別個の手続において行われることも少なくありません。このような，団体交渉とは区別される形の，労使間での話合いの仕組みは，一般に，労使協議制と呼ばれます。

労使協議制は，労組法などが定めているものではなく，労使の合意に基づいて行われる話合いです。具体的な対象事項，手続（協議のほか，事項によっては，使用者による説明のみとしたり，労働者側の同意を必要としたりする場合もあります）等も労使当事者に委ねられます。また，団体交渉とは異なり，話合いが行き詰っても争議行為に訴えることはしないとされるのが一般的です。

団体交渉では，経営事項は，それ自体は義務的団体交渉事項でないとされていますが⇒4，労使協議では，経営事項について使用者が説明を行うことも少なくありません。このように，労使協議制は，労働者が経営事項に一定のかかわりをもつことを可能にしている側面もあります。

団体交渉についての法的保護

1　団体交渉権の保障

憲法28条は，労働条件について対等な立場で交渉を行う手段として重要な意義を有する団体交渉を行うことを，労働者の権利として保障している。

この憲法上の団体交渉権保障を受けて，労組法は，使用者が雇用する労働者の代表者との団体交渉を正当な理由なく拒否することを不当労働行為として禁止する旨定める形で，使用者に団体交渉義務を課している（労組法7条2号）。使用者が正当な理由なく団体交渉を拒否した場合には，労働委員会を通じて救済を受けること（行政救済）が可能である。また，裁判所を通じて救済を受けること（司法救済）も可能である⇒235頁。

2　複数組合交渉主義と中立保持義務

日本の団体交渉法制についての重要な特徴の1つとして，複数組合交渉主義およびこれに関連する中立保持義務がある。これらについては，第13章①1（⇒227頁）参照。

3　団体交渉の当事者，担当者

1　団体交渉の当事者

団体交渉の当事者とは，団体交渉を自らの名において行い，交渉が妥結した結果である労働協約の当事者となる主体をいう。労働者側であれば，労働組合，使用者側であれば，使用者（個人事業主あるいは法人）がこれに該当する。

2　「雇用する」の意義

使用者が正当な理由なく団体交渉を拒否することが禁止されるのは，「雇用する」労働者の代表者である労働組合との団体交渉である（労組法7条2号）。ここにいう「雇用する」というのは，雇用契約（民法623条）あるいは労働契約（労契法6条）を締結しているという狭い意味には限定されない。この「雇用する」は，労使が対等な立場で労働条件決定を行うことを促進するとの労組法の目的を踏まえて画されるべき，労組法上独自の概念である。たとえば，業務委託契約等の下で労務を供給する者であっても，「労働者」（⇒213頁）に該当すれば，当該労働者は，当該労務の供給を受ける業務委託契約の相手方が「雇用する」労働者である。

なお，この「雇用する」労働者には，現在の時点において雇用されている関係にはない労働者も含まれ得る（「雇用する」関係にある相手方が「使用者」として取り扱われる）。これに関しては，第13章⑦**2**（⇒222頁）参照。

3　団体交渉の担当者

団体交渉の担当者とは，現実に交渉を担当する自然人をいう。労働者側であれば，「労働組合の代表者」（委員長，副委員長，書記長などと呼ばれるいわゆる三役，執行委員など）または「労働組合の委任を受けた者」が，使用者側であれば，代表者（個人事業主であれば当該個人，法人であれば法人の代表者。交渉，妥結等の権限を付与された労務担当役員等がこれに該当することもある）である（労組法6条）。

4 団体交渉が義務づけられる事項

1 概　　要

団体交渉においては，現実には，様々な事項について交渉がなされ得るが，法的には，使用者が団体交渉に応じることを義務づけられる事項（義務的団体交渉事項と呼ばれる）とそれ以外の事項（たとえば会社役員の選任など。このような事項は任意的団体交渉事項と呼ばれる）とを区別する必要がある。

判例によれば，義務的団体交渉事項は，①労働条件その他の待遇，または，②労働組合と使用者との間の団体的労使関係の運営に関する事項であって，当該使用者が決定することができるものとされている（INAX メンテナンス事件・最判平23・4・12）。

2 義務的団体交渉事項の具体的内容

①の「労働条件その他の待遇」に関する事項の具体例としては，賃金，労働時間，休憩・休日・休暇，安全衛生，災害補償，教育訓練など，および，組合員の配転，懲戒，解雇などの人事の基準等が挙げられる。また，人事の基準等に加えて，特定の組合員に対して行われた個々の配転，懲戒，解雇などの案件についても，義務的団体交渉事項に該当するとされている。

②の「団体的労使関係の運営」に関する事項の具体例としては，団体交渉や争議行為の手続等を挙げることができる。

経営事項（たとえば，工場の閉鎖など）については，使用者が自らの判断で決定するべきものであり，義務的団体交渉事項には該当しない。しかし，経営上の判断が雇用に関係する場合には，当該雇用に関係する側面に限り，義務的団体交渉事項となるとされている（たとえば，工場の閉鎖により労働者の配転，解雇が生じる場合，工場閉鎖についても，この労働者の配転，解雇に関する側面では，義務的団体交渉事項となる）。

3　非組合員の労働条件と団体交渉義務の有無

以上のほか，労働組合に加入していない者，すなわち，非組合員の労働条件についても，義務的団体交渉事項に該当するか否かが問題となる。裁判例では，一般には，非組合員の労働条件は義務的団体交渉事項には該当しないが，非組合員の労働条件が組合員の労働条件に影響を及ぼす可能性が大きく，組合員の労働条件とのかかわりが強い場合，義務的団体交渉事項に該当するとされている。具体的には，従業員が組合に加入する前の労働条件であって非組合員の労働条件とされる初任給の引下げについて，組合員となった後の賃金にもたらす影響が大きいこと等に照らして，義務的団体交渉事項であるとの判断がなされている（国・中労委〔根岸病院〕事件・東京高判平 19・7・31）。

5　団体交渉義務の具体的内容

SCENE 14-1

私は，ある中小企業の労働組合の委員長を務めています。このたび，会社は，朝礼で，経営が悪化したため来年度以降の従業員の基本給を 5% 引き下げる，と従業員に述べました。5% であっても，もともと中小企業で給料はあまり高くありませんので，従業員にとっては大問題です。もちろん，労働組合として，会社に，団体交渉を通じてこの問題について労働組合と話し合うよう申し入れました。

ところが，会社は，確かに団体交渉の開催に応じて席に着いてくれるのですが，こちらが，具体的にどれくらい経営悪化しているのか，5% という数字はどうやって計算したのかと聞いても，とにかく会社の経営状態が悪く，これくらいの給料カットは仕方がないというばかりで議論になりません。法律では会社は正当な理由なく団体交渉拒否をできないと書いてあるようですが，会社の，団体交渉の席でのこのような対応について何とかできないものでしょうか。

1　団体交渉の席に着く義務

団体交渉義務の具体的内容としては，第 1 に，団体交渉を申し入れられた場合に，交渉の席に着き，労働組合の要求，主張を聞くことが挙げられる。

2　誠実交渉義務

もっとも，団体交渉義務は，このように交渉の席に着くことのみで果たされるわけではない。団体交渉義務の具体的内容として，第2に，使用者は，合意の達成に向け，誠実に交渉に応じる義務（誠実交渉義務）がある（労組法7条2号の下，使用者は誠実交渉義務を負うことを明言する最高裁判例として，山形県・県労委〔国立大学法人山形大学〕事件・最判令4・3・18参照）。このため，使用者は，労働組合の要求，主張に対して，その具体性の程度に応じ，回答や自己の主張の根拠を具体的に説明し，必要な資料等を提示し，また，労働組合側の要求に応じない場合には論拠を示して反論するなどして，合意達成の可能性を模索することが求められる（カール・ツアイス事件・東京地判平元・9・22）。誠実に交渉に応じない場合にも，団体交渉拒否の不当労働行為（労組法7条2号）が成立する。

3　団体交渉を打ち切ることができる場合

もっとも，団体交渉義務は，労働組合の要求を受け入れたり，要求に対して譲歩したりする義務を使用者に課すものではない。したがって，十分な討議を経てもなお双方の意見が対立したまま一致せず行き詰まりに達した場合に交渉を打ち切ることは，団体交渉義務に違反しない（池田電器事件・最判平4・2・14）。

6　団体交渉義務違反についての救済

使用者が団体交渉に応じない場合，労働組合は，不当労働行為に該当するとして，労働委員会に救済を申し立てることができる。労働委員会は申立てに理由があると認める場合，団体交渉に応じるよう命令することができる（「A社は，B労働組合が申し入れた○○の事項に関する団体交渉に誠実に応じなければならない」といった命令がなされる。なお，前掲山形県・県労委〔国立大学法人山形大学〕事件は，誠実交渉義務に違反する不当労働行為がなされた場合，団体交渉にかかる事項について合意が成立する見込みがないときを含めて，労働委員会は誠実交渉を命じ得る〔そうした命令も裁量権の範囲内である〕としている)。

これとは別に，労働組合は，裁判所に救済を求めることもできる。もっとも，その救済内容については，団体交渉請求権，すなわち，使用者に団体交渉に応じるよう求める権利そのものは，給付内容を具体的に特定すること（具体的に使用者がどのように団体交渉に応じるべきかを特定すること）が困難である等の理由で認められず，団体交渉を求め得る地位にあることの確認請求が認められるにとどまるとする裁判例が，一般的である。なお，団体交渉拒否が不法行為（民法709条）の要件を満たす場合，損害賠償請求をすることも可能である。

SCENE 14-1 では，会社による基本給5%カットの実施について，労働組合が，その前提となる会社の経営悪化の程度，5%という数字の根拠を説明するよう求めている。このような場合，会社は，単に団体交渉の席に着くだけではなく，経営状態を示す資料等を提示し，5%カットの必要性について誠実に交渉する義務がある。SCENE にあるような対応に終始するだけでは，団体交渉に応じたことにはならない。労働組合としては，誠実に団体交渉に応じること等を求めて労働委員会に救済申立てをすることができる。なお，救済については，裁判所に救済を求めることも考えられ，さらに，労働関係調整法が定める労働委員会による斡旋（あっせん）等の紛争解決制度（⇒256頁☞参照）を利用することも考えられる。

7 労働協約の意義および成立

労働協約の意義

労働協約とは，労働組合と使用者またはその団体との間の労働条件その他に関する協定であって，書面に作成され，両当事者が署名または記名押印したものをいう（労組法14条参照)。労働協約は，一般には，労使が団体交渉を経て交渉事項について合意に達した場合に締結され，組合員の労働条件や，労使関係運営上のルールを定める役割を果たしている。

労働協約には，労働条件を規律する規範的効力と，労使（労働組合と使用者）間の契約としての効力（債務的効力）とが認められる。

労働協約の成立

労働協約が有効に成立して労組法所定の効力が認められるためには，労組法14条が規定する通り，①書面に作成され，②両当事者が署名または記名押印することが必要である。したがって，たとえば，労働組合と使用者がある事項について口頭で合意をしたにとどまる場合，当該合意は労組法が定める労働協約としての効力を認められない。労働協約の成立についてこのような要件が定められているのは，労働協約に規範的効力などの特別の効力が付与されていることを踏まえ，合意の成立および内容について存在の形式それ自体において明確を期し，これらについて後に不必要な紛争を生じないようにするためである（都南自動車教習所事件・最判平13・3・13）。

 労働協約の規範的効力

労働協約のうち，「労働条件その他の労働者の待遇に関する基準」には，これに違反する[2]労働契約の部分を無効とし，無効となった部分を当該基準で規律する効力が認められる（労組法16条。労働契約が定めを置いていない部分についても，同様に，当該労働協約の基準によって規律される）。これを労働協約の規範的効力という[3]。規範的効力は，上記の通り，基準に違反する労働契約の部分を無効とする強行的効力と，無効となった部分を直接規律する直律的効力とからなる。

規範的効力が認められるのは，労働協約のうち「労働条件その他の労働者の

notes

[2] **「有利原則」は認められるか**　就業規則については，その定める基準に「達しない」労働条件を定める労働契約の部分のみが無効となる（労契法12条）のに対し，労働協約の規範的効力については「違反する」との文言が用いられている。このため，労働協約の基準より労働者に有利な労働条件を定める労働契約の部分は有効か（「有利原則」は認められるか）が問題となる。学説上は，個々の労働協約の解釈の問題とした上で，労使の意思が不明な場合には，日本の労働協約が，一般に，最低基準ではなく，企業における具体的な労働条件を定めている実態を踏まえ，有利原則を否定する説が有力である。

[3] **労働協約の法的性質**　労働協約については，規範的効力をどのように説明するか等に関連して，その法的性質をめぐる議論がある。学説は，①労働協約は，法律と同様，法規範としての性質をもつとの説（法規範説）と，②労働協約は，あくまで使用者と労働組合との契約にとどまるとの説（契約説）とに大別される。近年では，当然に法律と同様のものと取り扱う理由が乏しいなどとして，②の説を支持する見解が多い。②の説では，規範的効力は，労組法により特別に付与される効力として説明される。

待遇に関する基準」のみである。労働組合に対する掲示板や事務所の貸与，チェック・オフ等の便宜供与，団体交渉の手続，組合活動や争議行為のルールといった，労使関係運営上のルールに関する部分については，規範的効力は認められない（このような部分については，⇒240頁 10 で述べる，債務的効力のみが認められる)。

 規範的効力の限界

規範的効力に関しては，その効力の限界が問題となる。すなわち，「労働条件その他の労働者の待遇に関する基準」についての定めであっても，規範的効力を認めることができない場合があるのではないかが問題となる。

1 労働協約による労働条件の不利益変更

SCENE 14-2

私が長年勤めている保険会社は，少し前に，他の保険会社と合併しました。うちの会社と合併相手の会社とでは定年年齢が違っていたとのことで，定年年齢が高かったうちの会社に合わせる形で制度変更がなされることになりましたが，従業員に支払う退職金がかさむことを防ぐ変更も併せて行われ，退職金の支給率が引き下げられることになりました。会社には，管理職を除く正社員の 90% が加入する労働組合があり，私も，組合員です。組合は会社の提案に応じて労働協約を改定しましたが，私は，定年も近く，退職金支給率引下げに納得いきません。非組合員にもこの労働協約は適用されると聞きましたが，非組合員の知合いにも，納得がいかないという者がいます。何とかできないでしょうか。

不利益変更は可能か

労働組合は，労働条件の維持改善を目的とする団体である（労組法2条)。もっとも，労働組合が行う団体交渉およびその結果である労働協約は，ギブ・アンド・テイクの取引であることがしばしばであり，ある部分では有利な労働条件を認めさせつつ，他の部分では不利な労働条件をのむということが少なくない。また，経営破たんによる解雇を回避するために賃金引下げに応じるなど，短期的には不利な内容の取引であるとしても，長期的には有利と見込まれる取引もあり得る。このようなことを踏まえ，判例（朝日火災海上保険〔石堂・本訴〕

事件・最判平9・3・27），学説とも，従来のものよりも不利益な労働条件を定める労働協約も，原則として規範的効力が認められるとの立場をとっている。

不利益変更の限界

もっとも，特定の組合員をことさら不利益に取り扱うことを目的とするなど，労働協約が，労働組合の目的を逸脱して締結されたといえる場合には，規範的効力は認められない（前掲朝日火災海上保険〔石堂・本訴〕事件）。また，裁判例，学説上，組合内部で民主的な手続を経て労働協約が締結されることが必要であるとされており，適切な手続を欠く労働協約については，規範的効力が否定される。たとえば，組合規約上，労働協約締結には組合大会での決議が必要であるにもかかわらず，決議がなされていないこと，慣行として行われてきた組合大会での決議に代わる労働協約締結の手続も，労働条件を不利益に変更する労働協約の締結との関係では適切な手続ではないことを理由に，労働協約は無効であり，規範的効力は認められないとされた事例がある（中根製作所事件・東京高判平12・7・26）。また，組合規約上，執行委員長には組合を代表してその業務を統括する権限が与えられているに過ぎず，当該規約により労働協約を締結する権限が当然には与えられておらず，そうした権限を与える然るべき手続も取られていないとして，労働条件を不利益に変更する労働協約の規範的効力を否定した事例もある（山梨県民信用組合事件・最判平28・2・19および同事件差戻し審・東京高判平28・11・24）。

SCENE 14-2 における労働協約を締結した労働組合の組合員である「私」との関係では，労働条件を不利益に変更する労働協約の規範的効力が及ぶか否かが問題となる。上記の通り，特定の組合員をことさら不利益に取り扱うことを目的とするものか否か，組合内部で適切な手続を経て当該労働協約の締結に至っているか否か等に照らして判断がなされることになる。

2 個人の権利の処分等

個々の労働者に既に発生した権利をさかのぼって処分することは，規範的効力の限界を超え，認められない。たとえば，労働協約により，既に発生した個々の労働者の退職金請求権を変更し，退職金額を引き下げること（香港上海銀行事件・最判平元・9・7）や，既に発生した労働者の賃金の支払を猶予すること（平尾事件・最判平31・4・25）は，許されない。また，個々の労働者の労働契約を終了させるなど，集団的な決定ではなく労働者個人の意思に委ねられるべき事柄を労働協約で定めることも，個々の労働者の特別の授権がない限り，認められない。たとえば，労働協約により導入された定年制度は，既に定年を超えて勤務しており，当該制度が適用されると退職扱いになる組合員との関係では，効力が否定される（北港タクシー事件・大阪地判昭55・12・19）。

10 労働協約の債務的効力

1 債務的効力の意義

労働協約については，規範的効力とは別に，使用者と労働組合との契約としての効力も認められる。この契約としての効力は，規範的効力と対比して，債務的効力と呼ばれる。労働協約は，全体として，使用者と労働組合との契約であり，いい換えれば，全体として，債務的効力が認められる。

労働協約上，使用者が解雇などの人事上の措置をとる際，事前に労働組合と協議する旨や，労働組合の同意を得る旨が定められることがある。裁判例は，協議条項がある場合，使用者は実質的かつ誠実に協議を行う必要がある（協議を尽くさない解雇は無効である）としている。同意条項についても，文字通りにはとらえず，協議条項と同様に十分に協議を尽くす義務を定めるものととらえる傾向にある。

2 平和義務をめぐる問題

債務的効力に関する問題の1つとして，平和義務をめぐる問題がある。平和義務には，相対的平和義務と，絶対的平和義務の2つがある。

相対的平和義務は，労働協約の有効期間中，当該労働協約で定められている事項の改廃を求めて争議行為を行わない義務を意味する。この義務は，労働協約で明示的に定められている場合はもちろん，明示的な定めがない場合でも，労使の対立点について解決をみた結果として労働協約が締結されるものであることを踏まえて，労使間の信義則上，認められる義務であるとされる。

絶対的平和義務は，労働協約の有効期間中，当該労働協約で定められている事項をめぐってであるか否かを問わず（すなわち，絶対的に），一切争議行為を行わない義務を意味する。相対的平和的義務とは異なり，当該労働協約の締結により解決済みであるとはいえない事項についても争議行為を否定する義務であるため，憲法28条による団体行動権の保障との関係で，これを有効と認めるか否かについて，見解が分かれている。

11 労働協約の一般的拘束力（拡張適用）

1 概　要

労働協約の規範的効力は，当該労働協約を締結した労働組合の組合員にのみ及ぶ（当該労働組合の組合員でない労働者には及ばない）のが原則である。もっとも，労組法は，この例外として，一定の場合に当該労働協約を締結した労働組合の組合員以外の労働者にも規範的効力が及ぶ（労働協約が拡張適用される）旨を定めている。これは労働協約の一般的拘束力（あるいは拡張適用）と呼ばれる。一般的拘束力には，事業場単位のもの（労組法17条）と，地域単位のもの（同法18条）の2つがある。

2 事業場単位の一般的拘束力

趣旨

ある工場事業場に常時使用される同種の労働者の4分の3以上の者が，ある1つの労働協約の適用を受けるに至った場合には，当該工場事業場に使用される他の同種の労働者にも，当該労働協約が拡張適用される（労組法17条）。判例は，この規定の趣旨を，ある工場事業場に常時使用される同種の労働者の4分の3以上の者に適用される労働協約が定める労働条件によって当該工場事業場の労働条件を統一することにより，当該労働協約を締結した労働組合の団結権の維持強化と，当該工場事業場における公正な労働条件を実現することであるとしている（朝日火災海上保険〔高田〕事件・最判平8・3・26）[4]。

「同種の労働者」

「同種の労働者」については，当該拡張適用される労働協約の規定がいかなる労働者をその適用対象として念頭に置き定められたかによって判断すべきであるとの見解が近年有力である。しばしば争われるのは，管理職と非管理職（平社員）とが同種の労働者であるか否かであるが（多くの労働組合は管理職を非組合員としている），たとえば，退職金に関する定めは，一般に，非管理職の段階にとどまる組合員に限定することなく適用が予定されていると考えられるので，当該定めとの関係では，管理職も，同種の労働者と解されることになる。

他の労働組合の組合員への拡張適用

労組法17条は，文言上，拡張適用の対象となる同種の労働者が，拡張適用される労働協約を締結している労働組合以外の労働組合の組合員であるか否かで区別をしておらず，他の労働組合に所属する労働者にも拡張適用が認められるとする見解もなくはない。しかし，それぞれの労働組合に独自の団体交渉権が認められていることを踏まえ⇒227頁，拡張適用を否定する見解が支配的である。

一般的拘束力による不利益変更

判例（前掲朝日火災海上保険〔高田〕事件）は，労組法17条の規定が有利・不利を区別していないこと等を踏まえて，不利益な変更であっても，それゆえに拡張適用がなされないとはいえないとしている。もっとも，労組法16条により規範的効力が及ぶ組合員には，労働協約を締結している労働組合の一員として，労働協約締結についての当該労働組合の意思決定に関与する権利が認められているのに対して，事業場単位の一般的拘束力の対象となる労働者は，当該

notes

[4] **事業場単位の一般的拘束力の趣旨についての学説**　学説上は，①少数派の労働者が労働力を安売りすることで多数組合に対する労働条件切下げ等の圧力となることを防止し，多数組合の労働条件規制権限を強化するための規定であるとの説，②多数組合の組合員と同じ労働条件を享受させることにより，非組合員を保護するための規定であるとの説，③当該工場事業場の労働条件を統一するための規定であるとの説，などが主張されている。

労働組合の組合員ではなく，そのような意思決定には関与できないという違いがある。

このようなことを踏まえ，判例（前掲朝日火災海上保険〔高田〕事件）は，①不利益の程度・内容，②労働協約が締結されるに至った経緯（具体的には，不利益変更の必要性），③不利益変更の効力を争う労働者が当該組合の組合員資格を認められているか否か等を踏まえて，一般的拘束力を及ぼすことが「著しく不合理であると認められる特段の事情」があるときには，当該労働者には拡張適用が例外的に認められないとしている。規範的拘束力による不利益変更の場合と比較すると，不利益変更の必要性，不利益の程度・内容といった，内容面により注目する判断がなされている。

SCENE 14-2 の「非組合員の知合い」については，まず，同人が所属する事業場において当該労働協約が４分の３以上の同種の労働者に適用されており，かつ，「非組合員の知合い」が同種の労働者に該当するのでなければ，一般的拘束力は及ばない。さらに，これらが認められるとしても，当該労働協約は労働条件を不利益に変更する（退職金の支給率を引き下げる）ものであり，そのような労働協約について一般的拘束力が及ぶか否かが問題となる。上記の通り，不利益な変更であっても一般的拘束力は及び得るが，当該労働協約を締結した労働組合の組合員資格を認められているか等の手続面に加えて，不利益変更の必要性や，不利益の内容および程度の内容面に照らして，「非組合員の知合い」に一般的拘束力を及ぼすことが「著しく不合理であると認められる特段の事情」があれば，同人に一般的拘束力は及ばない。

3　地域単位の一般的拘束力

労組法 18 条は，ある１つの地域の同種の労働者の大部分がある１つの労働協約の適用を受けるに至った場合，当該労働協約の当事者の双方または一方の申立てに基づき，労働委員会の決議により，厚生労働大臣または都道府県知事は，当該地域の他の同種の労働者およびその使用者も当該労働協約の適用を受けるとの決定をできる旨定めている（労働委員会は，決議にあたり，当該労働協約のうち拡張適用させるのが不適当な部分について修正することができる。同条２項）。これを，地域単位の一般的拘束力という。

この規定は，主に，産業別，地域別労働組合の存在を念頭に置いた規定である。第 13 章 1 1 ⇒211頁 で述べた通り，日本では企業別労働組合が主な組織形態であり，また，地域別労働組合といい得る合同労組等の活動は，実質的に個別労働関係紛争の解決であることが多く ⇒211頁，地域単位の一般的拘束力制度が利用された例はほとんど存在しない（もっとも，近時，拡張適用する旨の決定がなされた事例がある〔厚生労働大臣決定令 3・9・22〕）。

12 労働協約の終了

1 労働協約の終了にかかわる法規制

労働協約については，3 年を超える期間を定めることはできず，仮に 3 年を超える期間を定めたとしても，3 年の期間を定めたものとみなされる（労組法 15 条 1 項・2 項）。

また，期間の定めのない労働協約を締結することも可能であるが，このような労働協約については，一方当事者による解約権が認められている（労組法 15 条 3 項。労働協約の成立と同じく，署名または記名押印がなされた文書による必要がある）。ただし，労働協約が突然に効力を失うことによる労使関係の混乱を避けるため，少なくとも 90 日の予告期間が必要とされている（同条 4 項）。

2 労働協約の一部解約

一般に，労働協約は，労使間における様々な事項についての利害調整を経て一体的なものとして締結されるものであり，一方的解約は，原則，当該労働協約全体についてなされるべきものであって，一部のみの一方的解約は，例外的にのみ許容されるにすぎない。裁判例は，このような立場をとった上で，規定内容，締結経緯等に照らして，他の条項と独立する部分について，例外的に一部のみを一方的に解約し得るとしている。

3 労働協約の終了と労働契約の内容

労働協約が終了して効力を失った場合，規範的効力によって規律されていた労働契約の内容はどうなるか。これは，規範的効力が労働契約内容を規律する効力をどのような効力として理解するかの問題でもある。裁判例上は，規範的効力は，労働協約が有効に存続する期間中，いわば，外部から労働契約の内容を規律するにすぎないとの説（これを「外部規律説」という）を前提に，労働協約終了後の労働契約内容については，当事者の意思解釈により定まるとするものが比較的多くみられる（鈴蘭交通事件・札幌地判平 11・8・30 等）。もっとも，この考え方においても，当事者の意思解釈として，従来労働協約が定めていた労働条件が引き続き妥当するとされることが多い[5]。

CHECK

① 団体交渉とはどのような交渉のことか。
② 義務的団体交渉事項とは何か。
③ 使用者が負う団体交渉義務は，具体的には，どのような義務か。
④ 労働協約とは何か。労働協約の成立には，労組法上，どのような要件が満たされなければならないか。
⑤ 労働協約の規範的効力とはどのような効力か。また，債務的効力とはどのような効力か。
⑥ 労働条件を労働者にとって不利益に変更する労働協約は効力を認められるか。

notes

[5] **労働協約の終了と労働条件をめぐる学説**　学説上は，①規範的効力は，いわば労働契約の内容に入り込む形で労働契約の内容を規律するものであるとの説（これを「化体説」という）に立ち，労働協約の終了後も，当該労働協約が定めていた労働条件が労働契約の内容であり続けるとの立場と，②本文で述べた外部規律説とが対立している。本文で述べた通り，②の説でも，当事者の意思解釈として従来労働協約が定めていた労働条件によるとすることが多く，両説の実際上の差異は小さい。

CHAPTER

第 15 章

団体行動

憲法 28 条は，労働者（勤労者）に対して，団結権，団体交渉権と並んで，「その他の団体行動」を行う権利（団体行動権）を保障している。団体行動には，一般に，争議行為と組合活動とが含まれていると考えられている。憲法 28 条による団体行動権保障の下，正当な争議行為および組合活動については，刑事免責，民事免責がなされ，また，使用者による不利益取扱いから保護される。

それでは，いかなる争議行為や組合活動が，正当なものとされるのであろうか。また，団体行動が正当でない場合には，刑事責任が生じ得るほか，民事上の責任追及として，使用者による損害賠償や懲戒処分が行われ得るが，このような責任追及は，どの程度許されるのであろうか。

1 争議行為の正当性

争議行為[1]の正当性は，①主体，②目的，③手続，④態様の4点に照らして検討がなされる。いずれかの点で正当性を欠く場合，当該争議行為は正当性を有しないと判断されることになる。

1 主体面での正当性

主体面では，労組法の定義（労組法2条）に合致する労働組合のほか，一時的な団結体であるいわゆる「争議団」，および，「自主性不備組合」⇒215頁であっても，正当性が認められる。これに対し，労働組合の一部の組合員が組合の正式な承認なく独自に争議行為を行う場合（英語で wildcat strike といわれ，この訳で「山猫スト」と呼ばれる）は，主体面での正当性を否定する学説が多数である。

2 目的面での正当性

目的面については，賃上げ，労働時間の短縮など，労働者の労働条件の維持，向上を目的とする場合には，正当性が認められる。経営や生産に関する事項についての主張の実現を掲げる場合も，それが労働条件の維持，向上のためのものと認められる限り，目的面での正当性は失われない。

問題となるのは，政治的主張の実現を目的として行われる争議行為（「政治スト」）である。判例は，使用者に対する経済的地位の向上の要請とは直接関係のない政治的目的のために争議行為を行うことは，憲法28条の保障とは無関係なものであるとして，政治ストの正当性を認めていない（三菱重工長崎造船所事件・最判平4・9・25）[2]。

notes

[1] **争議行為の定義をめぐる学説**　多数説は，争議行為を使用者の業務の正常な運営を阻害する一切の行為と広くとらえている。これに対し少数説は，争議行為を団体交渉における経済的圧力行為ととらえ，労務の完全または不完全な停止を中心にこれを維持するための行為（ピケッティング等）に限定している（それ以外の行動は組合活動に分類している）。争議行為の正当性判断と組合活動の正当性判断には違いがあり（1 および 2 参照），上記の定義の違いは，団体行動についての正当性判断の違いをもたらし得る。

3 手続面での正当性

手続面に関しては，①団体交渉を全く行うことなく実施される争議行為の正当性，②実施の予告なしに，または，予告と異なる形（前倒しするなど）で行われる争議行為の正当性，③平和義務（相対的平和義務 ⇒240頁）に違反して行われる争議行為の正当性が問題となる。いずれについても，学説は，正当性は否定されないとする説と，正当性は否定されるとする説とに分かれている。

4 態様面での正当性

SCENE 15-1

私は，タクシー会社の社長です。先日，会社のタクシー運転手の労働組合との賃上げをめぐる団体交渉が決裂し，組合がストライキに突入しました。会社としては，管理職を動員して営業を継続する考えだったのですが，組合は，このストライキの一環と称して，営業用の車両が格納されている車庫の前に組合員を座り込ませるなどして，車両を営業に利用できないようにしています。営業ができず会社に損失が生じて困り果てています。組合や組合員に対して何らかの責任追及はできないのでしょうか。

総説

態様面に関しては，まず，労務提供の完全な停止（このような争議行為を特に同盟罷業，ストライキと呼ぶ）は，正当性が認められる。また，労務の不完全な提供である怠業（作業速度等を落とすこと）も，同様に，正当性が認められる。暴力の行使を伴うものは，正当性が認められない（刑事責任との関係では，労組法1条2項に規定がある）。

notes

2 **政治ストについての学説**　学説上は，団体交渉における解決可能性がないので，政治ストは目的面での正当性が認められないとする説がある一方，労働関係立法の改正を求める等，労働者の経済的地位の向上に関する政治的主張の実現を目的とする争議行為（「経済的政治スト」）については，目的面での正当性が認められるとの有力説がある。

ピケッティング

ストライキ実施の際，その維持や強化のため，ストライキ中の組合員が，ストライキの現場付近に立ち並び，他の労働者，使用者側の人員，取引先等に対し，業務遂行の中止やストライキへの協力等を求めて働きかけを行うことがある。このような行為は，「ピケッティング」と呼ばれる。

民事事件の裁判例では，ピケッティングについて，平和的説得に限り正当性が認められるとするものや，スクラムを組んで労働歌を歌うなど，団結の示威を行うことまでは正当性が認められるとするものがある。もっとも，主流は，働きかけの相手方の自由意思を抑圧する態様のものは正当性を欠くとするものである。刑事事件では，「法秩序全体の見地」から検討するとした上で，実力行使については正当性を容易には認めない立場がとられている（国労久留米駅事件・最大判昭 48・4・25）。

使用者の所有権，財産権との調和

このほか，態様面に関しては，使用者の所有権や財産権との調和も問題となる。企業別組合が主流である日本では，ストライキの際に職場を占拠して集会が行われたりするが，このような職場占拠は，裁判例上，使用者の占有を排除しない限りで，正当性が認められている（岡惣事件・東京高判平 13・11・8 等）。

タクシー会社やバス会社などでは，営業に必要不可欠な車両を労働組合の監視と管理の下に置いて使用者に利用させない態様での争議行為（「車両確保戦術」）が行われることがある。しかし，判例（御国ハイヤー事件・最判平 4・10・2）は，ストライキは必然的に企業の業務の正常な運営を阻害するものであるが，その本質は，労働者が労働契約上負担する労務供給義務を履行しないことにあり，その手段方法は，労働者が団結して労働力を使用者に利用させないことにあり，不法に使用者側の自由意思を抑圧しあるいはその財産に対する支配を阻止するような行為をすることは許されない，として，平和的説得を超え，使用者の財産を排他的占有下に置く場合には，正当性が認められないとしている。

SCENE 15-1 では，組合は，争議行為の態様として，組合員を車庫の前に座り込ませるなどして，使用者がその財産である車両を利用できないようにしている。これは，使用者の財産を排他的占有下に置いている行為であるといえる。したがって，争議行為に正当性は認められず，使用者は，組合に対して損害賠償を請求したり，組合役員の責任を追及して懲戒処分を行ったりすることが認められ得る。

様々な争議行為戦術と態様面での正当性

労働者が労務提供を拒否する（自己の労働力を利用させない）形の争議行為（ストライキ）については，態様面で正当性が否定されることはない。このような形での争議戦術としては，組合員全員がストライキに入る全面ストのほか，一部組合員だけを指名してストライキに入らせる指名スト，また，期間に関して，期限を定めない無期限スト，時間を限って行う時限ストなどがある（時限ストを繰り返す波状ストと呼ばれるものもある）。指名スト，時限ストは，労務不提供を通じた圧力を使用者に加えると同時に，ストライキによる賃金の喪失（賃金請求権の不発生）をなるべく少なくするという狙いがある。争議目的での年休権行使（「一斉休暇闘争」）は，そもそも年休権の行使とは認められていないが，争議行為としては，態様面で正当性が否定されるものではない。労務を不完全にしか提供しない（部分的に労務提供を拒否する）怠業についても正当性は否定されない。怠業としては，たとえば，法規制を厳格に守ることを通じて作業能率を低下させる「順法闘争」と呼ばれる戦術がある。

⇒122 頁 notes⑤

このような労務提供を拒否する形のもののほか，争議戦術としては，本文で述べた通り，車両確保戦術，職場占拠などがある。これらも，使用者の業務を阻害して圧力を加える点では，労務を提供させない形の争議行為と共通するが，使用者の財産に対して積極的に干渉することを通じてのものである点に違いがある。もっとも，車両確保戦術についての判断にみられるように，判例は，このような積極的な業務阻害については正当性を厳しく判断している。

争議戦術としては，このほかにも，使用者の製品やサービスの不買を組合員が行ったり，公衆を含む第三者に呼びかけたりするボイコットなどが挙げられる。ボイコットは，虚偽の事実等を述べて行うのでなければ，態様としては正当な争議行為である。

2 組合活動の正当性

組合活動は，団体行動のうち争議行為を除いたものを指す。いかなる活動が組合活動に該当するかは，争議行為をどのように定義するかに左右されるが，⇒247頁 notes 1 ①組合の組織運営のための活動（組合大会の開催など），②組合員ないし非組合員に対する情報宣伝活動（ビラ配布など），③使用者に対する要求活動ないしこれを実現するための圧力活動（職場集会の開催，ビラ貼り，いわゆる「リボン闘争」など）は，組合活動に該当すると考えられている[3]。

組合活動の正当性について主に問題となるのは，態様の点であり，特に，労働義務との関係，使用者の施設管理権との関係が問題となる。

1 労働義務との関係

労働者は，就業時間中，労働義務の一内容として，職務専念義務があると考えられている。⇒21頁 この職務専念義務との関係では，就業時間中の組合活動，具体的には，「要求貫徹」といった，メッセージ性のあるリボンやワッペンなどを着用しながら就労すること（「リボン闘争」と呼ばれる）の正当性が問題となる。

判例は，職務専念義務を，勤務時間および職務上の注意力のすべてを職務遂行のために用いる義務と理解した上で，「リボン闘争」などの組合活動は同義務に違反するとして，正当性を否定する傾向にある（大成観光事件・最判昭57・4・13）。これに対し，学説上は，職務専念義務を，労働契約に基づく職務を誠実に遂行する義務と，より緩やかに理解した上で，この義務と両立し，使用者の業務を具体的に阻害することのない組合行動は，職務専念義務に違反せず，正当性を失わないとする立場が支配的である。

notes

[3] **第三者に対する組合活動（団体行動）** （使用者ではない）第三者に対して行われる，労働条件改善を目的とする団体行動（使用者との紛争に関連して取引先等を相手として行われる，街頭でのビラ配布や呼びかけ，文書送付といった情報宣伝活動など）も，憲法28条の団体行動権の保障が及び得る。裁判例は，その上で，団体行動を受ける者の有する権利，利益を侵害することは許されないとの観点から，比較的厳格に（狭く）正当性を判断している（フジビグループ分会組合員ら〔富士美術印刷〕事件・東京高判平28・7・4）。

2　施設管理権との関係

使用者の施設管理権との関係では，会社の施設（食堂等）を利用した組合の職場集会開催や，会社の施設へのビラ貼りなどの正当性が問題となる。判例（国鉄札幌運転区事件・最判昭54・10・30）は，使用者の許諾を得ない企業施設利用は，それが使用者の施設管理権の濫用と認められる特段の事情が存する場合を除き，正当性が認められないとして，正当性を厳格に判断する立場をとっている（「許諾説」）[4]。

なお，企業施設を利用する組合活動に対する制約と不当労働行為（支配介入）の成否との関係については，第13章 10 5 ⇒227頁 参照。

3　違法な団体行動と民事責任

正当性を欠くなどして違法な団体行動が行われた場合，使用者は，労働組合や組合員に対して，損害賠償請求や懲戒処分を通じて，民事責任を追及することができる。

1　損害賠償責任

使用者は，正当性のない団体行動に従事した組合員個人に対して，団体行動に従事していた間の労務不提供が労働義務違反の債務不履行に該当することや，正当性のないピケッティング等の遂行が不法行為に該当することを理由に，損害賠償責任を追及し得る（民法415条・709条など）。また，正当性のない団体行動を指導するなどした組合役員に対しては，不法行為責任を追及することができる。労働組合に対しても，正当性のない団体行動については，不法行為責任を追及することができる。

notes

[4] **施設管理権と組合活動の正当性をめぐる学説**　判例の立場に対して，学説上は，①企業別組合が主流であることを踏まえて，組合による企業施設の利用について一定の限度で使用者に受忍義務があるとする説（「受忍義務説」），②組合側の企業施設利用の必要性が大きく，使用者側の事業活動ないし施設管理についての支障が小さい場合には，違法性が阻却されるとする説（「違法性阻却説」）などが主張されている。

団体行動が集団的な行為であることとの関係で，違法な団体行動について，組合が責任を負うことに加え，労働者個人も責任を負うか否かについては議論がある。もっとも，判例（前掲御国ハイヤー事件等）および通説は，違法な団体行動について，労働者個人も責任を負うことがあり得ることを認めている[5]。

2　懲戒処分を通じた責任追及

正当性のない団体行動については，使用者は，損害賠償請求を通じた責任追及のほかに，それに参加した組合員や，組合役員に対する懲戒処分を通じても責任を追及することができる（判例および通説）。組合役員については，その地位から当然に責任が加重され，より重い懲戒処分が課されるわけではないが，現に違法な団体行動を指導する立場にあった場合には，単に違法な団体行動に参加したにすぎない組合員に比べ，より重い懲戒処分を課されることがあり得る。もちろん，当該懲戒処分が適法とされるためには，処分の重さなどの点で，懲戒権の濫用にあたらないことが必要である（労契法 15 条）。

4　争議行為と賃金

1　争議行為参加者の賃金請求権

争議行為に参加して労務を提供していない労働者については，「ノーワーク・ノーペイ」の原則により，賃金請求権は発生しない。もっとも，これは契約を解釈する上での原則であり，当事者が異なる定めをすることは妨げられない。また，賃金のうちどの部分がカットの対象となる（または，ならない）かについても，当事者の意思を解釈して判断される（三菱重工長崎造船所事件・最判昭 56・9・18 参照）。

怠業の場合，ノーワーク・ノーペイの原則に関して，労務が不提供となった

notes

[5] **違法な団体行動についての個人責任に関する学説**　学説上は，本文で述べた通説のほか，労働者個人については責任を否定する見解や，組合と個人とが全く並列的に責任を負うのではなく，第一義的には組合が責任を負い，組合が責任を果たさない場合，個人が責任を負うとの見解もある。

割合に応じて賃金カットをなし得るとするのが通説および裁判例である。もっとも，裁判例上，この割合の算定は厳格になされるべきとされており，賃金カットが現実に認められる余地は小さい。

2 争議行為不参加者の賃金請求権・休業手当請求権

SCENE 15-2

私はある航空会社の整備士で，整備士で組織する労働組合に加入しています。勤務地は，千歳空港です。先ごろ，組合は，会社による賃金引下げに反対し，羽田空港で勤務する整備士にストライキに入るよう命じました。このストライキにより，会社は羽田から千歳に向かう航空機を全く運航できなくなりました。私は千歳空港で仕事に備えて待機していたのですが，会社は整備する航空機がないとして就労を拒否し，かつ，ストライキ期間中の賃金も支払いませんでした。ストライキに入ったのは羽田空港の整備士であって，私を含む千歳空港の整備士はストライキに参加していません。きちんと賃金を支払って欲しいと思います。少なくとも休業手当は支払われるべきだと思います。

争議行為不参加者については，SCENE 15-2 のように，争議行為不参加者の就労が意味をなさなくなったため使用者が就労させなかった場合の賃金請求権，休業手当請求権の有無が特に問題となる[6]。

賃金請求権の有無

まず，賃金請求権の有無については，民法 536 条 2 項にいう「債権者［＝使用者］の責めに帰すべき事由」による就労不能といえるか否かが問題となる。この点について，判例（ノース・ウエスト航空事件・最判昭 62・7・17）は，ストライキが労働者に保障された争議権の行使であり，使用者には譲歩の義務もないことから，団体交渉の決裂の結果ストライキに突入しても，一般に使用者に帰責されるべきものとはいえず，使用者が不当労働行為の意思その他不当な目

notes

[6] **使用者が就労させた場合等の取扱い**　争議行為不参加者の就労が意味をなさなくなったかどうかにかかわりなく，使用者が争議行為不参加者を就労させ労務を受領した場合には，労働契約に基づき，賃金請求権が発生する。また，争議行為不参加者の就労が意味をなさないとはいえないにもかかわらず，使用者が就労させなかった場合には，使用者の責めに帰すべき就労不能に該当し，民法 536 条 2 項に基づき，争議行為不参加の労働者は賃金請求をなし得る。

的をもってことさらストライキを行わしめたなどの特別の事情がない限り，使用者の責めに帰すべき就労不能に該当しないと判示している（したがって，争議行為不参加者は，同条に基づく賃金請求をなし得ない）。

この判例は「部分スト」，すなわち，争議行為不参加者がストライキを実施している組合の組合員である争議行為の事案に関するものである。もっとも，特に部分ストと「一部スト」，すなわち，争議行為不参加者が，ストライキを実施している組合の組合員ではない（他組合の組合員である，あるいは非組合員である）争議行為とを区別することなく，労働者の一部による争議行為を理由とした就労不能の場合の争議行為不参加者の賃金請求権の有無について論じており，部分スト，一部ストを問わず，同旨の立場をとるものと解される。

休業手当請求権の有無

次に，賃金請求権が発生しないとしても，労基法 26 条の休業手当請求権が発生しないかが問題となる。この点について，判例（ノース・ウエスト航空事件・最判昭 62・7・17）は，労基法 26 条が労働者の生活保障の観点から設けられた規定であることを指摘し，同条の「使用者の責に帰すべき事由」は，民法 536 条 2 項の「債権者［＝使用者］の責めに帰すべき事由」よりも広く，使用者側に起因する経営，管理上の障害を含むとの判断を示している。

もっとも，上記判例は，部分ストの事例について，当該ストライキは，争議行為不参加者らの所属する組合が自らの主体的判断とその責任に基づいて行ったものであって，会社側に起因する事象ではないと判断し，休業手当請求権を否定している。

一部ストについての最高裁判例は存在しないが，下級審裁判例には，休業手当請求権が認められるとしたものがある（明星電気事件・前橋地判昭 38・11・14）。

SCENE 15-2 における，使用者による「私」の就労拒否は，整備士組合のストライキによるものであり，使用者が不当労働行為意思に基づきストライキを実施させたといえる特段の事情がない限り，民法 536 条 2 項にいう「債権者の責めに帰すべき事由」による就労不能とはいえない。また，ストライキが，「私」の所属する組合によるものであることを踏まえると，労基法 26 条にいう「使用者の責に帰すべき事由」

による就労不能ともいい難い。したがって，「私」は，就労できなかった期間の賃金請求権も，休業手当請求権も認められないと解される。

5 ロックアウトと賃金請求権

ロックアウトとは，一般に，使用者が，労働組合による争議行為に対抗するため，集団的に労務受領を拒否する，あるいは，労働者を事業場から締め出すことを指す。ロックアウトについては，いかなる要件を備えれば，使用者が賃金支払義務を免れるかが主な問題となる。

この点について，判例は，「衡平の原則」に照らし，使用者にロックアウト権が認められるとした上で，正当なロックアウトが行われた場合には，賃金支払義務を免れるとしている（丸島水門事件・最判昭 50・4・25）。ロックアウトの正当性が認められるのは，労働者側の争議行為により使用者側が著しく不利な圧力を受ける場合に，労使間の勢力の均衡を回復するため「対抗防衛手段」として行う，受動的かつ防衛的なものに限られるとされている（前掲丸島水門事件。正当性が認められた例として，安威川生コンクリート工業事件・最判平 18・4・18 参照）。

労働争議の調整

厚生労働省「労働争議統計調査」によると，日本において，争議行為を伴う形の労働争議（労働争議については，後述します）は，ピーク時（1974 年）には約 9600 件に達することもありましたが，1991 年以降は 1000 件を下回り，2021 年にはわずか 55 件が発生しているにすぎません。現在の日本では，争議行為が行われることは，非常にまれです。

けれども，争議行為は，いったん行われると，労働者および使用者，ひいては社会にも大きな影響を及ぼします。このため，労働関係調整法が，労使当事者による自主的解決を基本としつつ，争議行為を含む労働争議について労働委員会が関与して解決を促す制度として，労働争議の調整制度を設けています。

労調法が調整の対象とする「労働争議」とは，「労働関係の当事者間において，労働関係に関する主張が一致しないで，そのために争議行為が発生してゐる状態又は発生する虞（おそれ）がある状態」（同法6条）を意味します。争議行為が現に発生している場合には限定されていません。また，実際には，労使間で意見の対立があればよいというように，「争議行為が……発生する虞」は緩やかに解釈されており，労使間の集団的紛争について，調整制度の門戸を広く開く形になっています。

労調法上の労働争議調整手続としては，あっせん（労調法では「斡旋」と漢字で表記されています），調停，仲裁の3つがあります。

これらの手続のうち，現在，もっぱら利用されるのが，あっせんです（中央労働委員会ホームページ「労働争議の調整」の「調整事件取扱状況」によると，2021年における新規係属争議調整件数の約98％は，あっせんによって占められています）。あっせんは，当事者の一方のみの申請でも開始され得る点で最も利用しやすいものですが，当事者は，手続に応じる義務はなく，また，解決にあたるあっせん員が解決案を提示したとしても（提示しないこともあります），これを受け入れる義務はないというように，拘束の度合いが緩やかな手続でもあります。もっとも，あっせん事件のおよそ5割から5割半ばは解決に至っており（前掲中央労働委員会ホームページ），労使間の集団的な紛争の解決に相当の貢献をしています。

CHECK

① 正当な団体行動にはどのような保護が及ぶか。
② 争議行為の正当性はどのようにして判断されるか。
③ 組合活動の正当性はどのようにして判断されるか。
④ 争議行為不参加者の賃金請求権，休業手当請求権は，認められるか。
⑤ 使用者によるロックアウトが正当とされるのはどのような場合か。

事項索引

あ　行

か　行

さ　行

た　行

な　行

は　行

ま 行

や 行

ら・わ行

判例索引

著者紹介　小畑 史子（おばた ふみこ）
京都大学教授

緒方 桂子（おがた けいこ）
南山大学教授

竹内（奥野）寿（たけうち〔おくの〕ひさし）
早稲田大学教授

【有斐閣ストゥディア】

労働法〔第4版〕

Labor and Employment Law, 4th ed.

2013年12月20日　初　版第1刷発行
2016年4月1日　第2版第1刷発行
2019年4月1日　第3版第1刷発行
2023年4月15日　第4版第1刷発行
2024年10月10日　第4版第4刷発行

著　者　小畑史子，緒方桂子，竹内（奥野）寿
発行者　江草貞治
発行所　株式会社有斐閣
〒101-0051 東京都千代田区神田神保町 2-17
https://www.yuhikaku.co.jp/
装　丁　キタダデザイン
印　刷　大日本法令印刷株式会社
製　本　大口製本印刷株式会社
装丁印刷　株式会社亨有堂印刷所

落丁・乱丁本はお取替えいたします。定価はカバーに表示してあります。

Printed in Japan ISBN 978-4-641-15113-0